中国特色乡村振兴研究丛书

主编／黄承伟 向德平

中国特色乡村发展

ZHONGGUO TESE
XIANGCUN FAZHAN

王 进 孙惠夏 程可心 吴 杰／著

武汉出版社
WUHAN PUBLISHING HOUSE

（鄂）新登字08号

图书在版编目（CIP）数据

中国特色乡村发展 / 王进等著. -- 武汉：武汉出版社，2024.12. --（中国特色乡村振兴研究丛书 / 黄承伟，向德平主编）. -- ISBN 978-7-5582-7218-9

Ⅰ.F320.3

中国国家版本馆 CIP 数据核字第 2024EM5433 号

中国特色乡村发展

著　　者：	王　进　孙惠夏　程可心　吴　杰
责任编辑：	黄仪萱
封面设计：	刘福珊
出　　版：	武汉出版社
社　　址：	武汉市江岸区兴业路 136 号　　邮　　编：430014
电　　话：	（027）85606403　　85600625
	http://www.whcbs.com　　E-mail: whcbszbs@163.com
印　　刷：	湖北金港彩印有限公司　　经　　销：新华书店
开　　本：	787 mm×1092 mm　　1/16
印　　张：	18.25　　字　　数：240 千字
版　　次：	2024 年 12 月第 1 版　　2024 年 12 月第 1 次印刷
定　　价：	98.00 元

版权所有·翻印必究
如有质量问题，由本社负责调换。

目 录

第一章　发展的理论分析 …………………………………………………1
一、发展的概念 ……………………………………………………………1
二、发展的理论源流 ………………………………………………………7
三、发展的条件与层级 ……………………………………………………29

第二章　乡村发展的理论问题 ……………………………………………39
一、乡村发展目标的理论问题 ……………………………………………39
二、乡村发展主体的理论问题 ……………………………………………47
三、乡村发展路径的理论问题 ……………………………………………64

第三章　乡村发展的现状 …………………………………………………65
一、乡村的社会现状 ………………………………………………………65
二、乡村的人口现状 ………………………………………………………75
三、乡村的经济现状 ………………………………………………………92
四、乡村的组织现状 ………………………………………………………103

第四章　乡村发展目标 ……………………………………………………126
一、改革开放以来我国乡村发展目标及其演变 …………………………126
二、我国乡村发展目标的定义 ……………………………………………133
三、乡村发展目标的实现效果及反思 ……………………………………138

第五章　乡村发展主体···················145
一、乡村发展的参与主体···················147
二、乡村发展的主体错位及重构···················156

第六章　乡村发展路径···················164
一、乡村发展的路径选择···················164
二、乡村发展路径的可行性分析···················179
三、乡村发展路径的国际实践···················187

第七章　乡村实证调研···················203
一、逃离与归宿："四无"村组下流动的村民···················208
二、公共意识萌发与公共规则实施之间的沟壑···················228
三、与神的交往···················246
四、雏鸟悲鸣：同胞与个体教育获得···················259

第一章
发展的理论分析

一、发展的概念

(一)发展的含义

广义的"发展"与生长、增加、进化等词相近,描述事物由小到大、由简单到复杂、由低级到高级的变化。发展社会学中,"发展"一词除了表示一个社会的经济、制度、文化、影响力等方面的进步之外,往往与进化、现代化等词有着密不可分的联系。

发展的主要任务是现代化,但现代化不代表发展的完成。发展与现代化都可以用于描述现代社会各个民族国家政治层面、科学技术层面、人文艺术层面等各方面的动态变化过程和相对静态的社会形态特征。大工业时代来临后社会物质生活、文化形态、制度等方面发生的巨大变化,尤其是发达国家所获得的各方面进步,是现代化的主要内涵。现代化还有一个重要的意义是社会在摆脱传统形态上成功的努力。然而发达国家率先发展过程中也逐渐暴露和遇到了人与自然、人与人、人与技术等棘手的问题,这些问题仅通过现代化本身是难以解决的。所以现代化可以但不能够全面描述人类社会的未来发展。黑格尔认为,"发展"有三个环节,由"自在"到"自为"再到"自在自为"的过程就是"发展"。英国社会学家布兰特认为："发展是社会有意识地逐渐向科学化和成熟变化的过程。目的是实现既定的、估计可行的社会和经济的进步。"① 美国经济学家迈克尔·P·托达罗提出："应把发展看为包括整个经济和社会体制的重组和重整在内的多维过程。除了收入和产品的提高外，发展显然还包括制度、社会和管理结构的习惯和信仰的基本变化。"② 马克思主义受到黑格尔的影响，强调人的自由发展，把人的解放和人的全面发展作为社会发展的目标。按照马克思主义的发展观，人、社会和自然界是统一的，人的全面发展和社会经济的发展是相一致的。人类在改造自然的过程中同时改造着他们自身。发展的目标不仅在于经济增长和消除贫困，而且还应包括社会平等、政治民主、环境优美和使每一个人都得到自由发展。因此，发展是人类为改善自身的生存和生活状况而从事的实践活动所导致的各种演进与变革，是社会系统结构和运行机制不断优化，以实现社会系统及其各子系统与自然系统的协调和最佳功能耦合，它表现为经济、政治、文化、社会、生态、环境以及人本身等各个领域和层面的全面进步。人类既是发展的主体，又是发展的客体，人类在发展中不断实现对自身的超越。发展既是一种主观意愿，又是一种客观活动，是主观见之于客观的一种实践活动。发展是从不全面到全面，从不协调到协调。但发展也是偶然性与必然性、成长性与曲折性的统一，是事物的自然性、主体性、顺序性的演进与动态平衡。

（二）发展是运动的过程

发展作为描述人类社会生活变迁的过程的词语，描述的是一个

---

① 吴寒光：《社会发展与社会指标》，中国社会出版社，1991，第1页。
② 迈克尔·P·托达罗：《经济发展与第三世界》，印金强、赵荣美等译，中国经济出版社，1992，第50页。

向前、向上行进的动态过程,在唯物主义视角下兼具时间和空间的属性。以工业革命为代表的技术革命带来人类生产活动效率的提升、生存环境的剧烈改变、沟通方式的演化,不仅震撼普通大众,更使得经济学、哲学、生物学、政治学、社会学等各个学科的学者怀着极大的兴趣去描绘、解读、预言人类发展的整个过程。而身处不同历史时期、不同生活场域的众多学者围绕"发展"这一议题的主张势必是庞杂的,例如从不同阶级、东西方国家、自然与人类等视角所建立起的"发展"理论是截然不同的。资产阶级把生产进步带来的经济迅速增长、劳动生产率的不断提高放在发展最重要的位置,而资本原始积累时期饱受压迫的早期社会主义者把改变不平等、不公正的社会制度视为发展的首要任务。发达国家得益于资本迅速扩张而在其发展的巅峰时期构建的现代化理论带有极强的西方中心主义色彩,刘易斯、罗斯托等学者确立"唯西方"的发展标杆,而缪尔达尔、赫希曼等人从发展中国家的利益看待资本推动发展过程中的消极影响,指出发展的"传播效应"小于"回波效应"。在达尔文进化论刚被提出的时代,社会进化论认为社会进化的规则也是既定的,社会是线性进化的,而在现代化浪潮深刻改造自然的背景下,人类意志左右发展的理论成为主流,自然资源被过度消耗破坏了生态环境,又迫使人类开始意识到发展的极限,转而追求自然与人类均衡发展的状态。

　　社会学中的"发展"理论有着各自一以贯之的理论脉络和学术传承,兼有采纳多学科视角综合探讨人类社会生活发展的规律,但都指向了发展具有的运动属性。既往理论间的对话既可能存在冲突,也可能达成共识。当以本体论来看发展理论,"发展"一词本身就是在试图聚焦于一系列能被触摸到、观测到、感受到、意识到的"实在"的变动。无论是随技术变革、商业社会而来的物质生活产生的变化，还是科学、哲学发现的主客观规律，人文艺术对人类精神生活产生的影响，以及政治、法律约定的规则和秩序，它们的变动都不同程度地被大众和学者触摸到、观测到、感受到、意识到。发展是"实在"的变动。迪尔凯姆指出："一切行为方式，不论它是固定的还是不固定的，凡是能从外部给予个人以约束的，或者换一句话说，普遍存在于该社会各处并具有其固有存在的，不管其在个人身上表现如何，都叫做社会事实。"[①] 社会事实与自然现象相似，且都服从某种确定的规律，他主张社会事实可以像自然科学一样进行实证研究。彼时，孔德、斯宾塞、迪尔凯姆都在努力突出社会学具有的偏向自然科学的学科属性。而摆脱社会达尔文主义的社会学在发展研究中不仅对社会事实的变化进行了深入的研究，同时对自然科学的变化，技术、商业等涉及国家和个人生活方方面面的"实在"都表现出了浓厚的兴趣。发展是与变动紧密相连的。马克思主义的运动观认为物质是运动的，没有不运动的物质。这说明运动是普遍的、永恒的、无条件的，因而是绝对的。物质也有某种静止的状态和稳定的形式，但这种静止和稳定总是暂时的、有条件的，因而是相对的。与发展相联系，运动是绝对的，静止是相对的，说明"实在"总是处于变动中，也可能表现出相对停滞。发展就是具有某个确定方向的变动，方向指向不同的目标，由不同的主体实施，因而会有不同的路径，达至目标需要不同的能量推动。但发展总是在进行中，并且总是在被评判，所以关于发展会形成不同的价值判断。发展有缓慢和飞速阶段，甚至可能表现出倒退，但即使倒退也绝不是历史的循环，正如"人不能两次踏入同一条河流"。

发展具有的特征是多方面的，以往的发展社会学理论也都对发展的多方面特征进行了描述和解释，兼有基于不同发展价值的争

---

① E.迪尔凯姆：《社会学方法的准则》，狄玉明译，商务印书馆，1995，第34页。

论，从时空的运动特征和运动能量来源进行解释仍非常有必要。以往发展理论中关于发展特征的描述总是受到强烈的历史人文和地理环境等因素影响。这是不可避免的，当代对过去理论的解读也总是受限于当代的历史人文和地理环境等因素。并且当代社会学对寻找能够解释所有的一般理论的兴趣并不强烈，"实在"过于复杂又总处于变动中，能够部分地理解和解释发展便是有意义的工作。如果能够在各种发展理论中找到共识的线索，也会加深对理论间冲突的理解，更有利于探寻发展的实质。得益于先前理论史料的积累，当代发展研究的资料更为丰富，从马克思主义运动观的角度进行深入的发展研究，有助于探究发展背后潜在的规律，预测发展可能遇到的问题，更好、更有效率抑或是少走弯路地促进社会发展。此外，虽然发展研究起步于20世纪40年代，且总是围绕着第二次世界大战后的发展中国家——具有时空定位的局限性，但发展思想的源头可以追溯到18世纪，法国、德国、英国的启蒙思想家们已经在思考人口、手工业和城市、教育等方面在人类社会生活发展中所起到的作用。发展是人类社会生活中无处不在的主题，即便代表着现代性的发达国家，也会面对发展速度减慢、环境污染、能源短缺、消费主义盛行、官僚机构膨胀等问题，会思考现代性是否枯竭、后现代社会有何特征、超越现代性何以可能。在世界体系理论模糊民族国家的角色，对世界体系的起源、动力、运动方式提出创新见解之后，全球化理论继续综合以往的社会发展理论，基于时间和空间上的全球社会互相影响来进行发展研究，发展概念更具流动性，既适应日益更新的世界格局，又顺应社会理论流动性转向。新马克思主义者、新自由主义者亦贡献了许多对全球化理论的探讨。然而处在多极化、多元化的当代世界，全球化理论又面临着新的挑战。可见，对发展进行时间和空间运动特征的研究和运动能量来源的讨论总是具有重要的意义,有助于明确发展的运动方向、路径,提供全球化理论正当性的证据。

(三)发展的运动特征和动力来源

运动需由时空视角下呈现出的变化体现,同时运动的进行离不开动力的作用。本节试图透过时空视角对发展的运动特征进行挖掘,并且通过分析历史上及现今流行的发展理论中的发展是如何持续和展开的来探究发展的动力来源。根据牛顿的绝对时空观,运动具有时间和空间上的变化特征。虽然牛顿的绝对时空观被证明在宏观、低速的运动领域中是成立的,而在高速、微观运动中因更多不确定性、复杂性并不奏效,且人类社会的发展也不能被简单还原成单纯的物质运动,但就发展这一过程在人类社会所展开的可见特征,目前发展仍然是可以在三维的绝对时空观下被理解的。当然,相对时空观下对发展的理解更复杂,也具有研究的重要意义,但使用绝对时空观能够对发展的运动特性进行更充分的探讨,得出发展更本质的特点和规律,有助于更好认识发展研究的内在规律。此外,如果要更加深入地理解事物的各种联系,就必须用另外一些离直接经验领域较远的概念来代替这些概念,当发展作为在人类社会中进行的运动被理解时,它本身具有的时间、空间上的运动特征,和运动的动力来源就值得被梳理和整合成为一个更一般、更简洁且具有一定说服力的理论体系。本节所探讨的是发展理论在时间和空间维度上的展开,而不是时间和空间在发展理论内的形态,希望有助于读者认识发展理论的演进,但并不是要还原到对时间和空间的讨论。

发展的运动特质分别包括时间和空间上的变化性。时间具上有持续性和顺序性两个特征。那么在发展这一运动中,持续性就表现为:发展是循环的还是单向的?直线的还是曲线的?连续的还是间断的？顺序性就表现为：发展中的主要矛盾，利益上谁更优先（a优先于b）？发生的时序上谁先发生（a先发于b）？空间上具有伸张性和广延性两个特征。发展这一运动中，伸张性就表现为：发展的领域如何拓展？是从经济中心向制度、文化等领域拓展？还是制度改革先行，社会其他部门随之而动？广延性就表现为：发展在地域上如何拓展？是否带有价值取向的差异？运动需要动力输入，而由于发展具有复杂性，发展理论中对于发展动力的描绘与现实并不是完全对等的。但梳理发展动力来源具有重要的意义，这是解释发展规律最核心的部分，可以起到指导发展的作用。发展的动力来源中，动力是来自发展主体内部还是外部、多大程度上可以被主体操纵是重要的考察维度，发展的动力是来源于冲突矛盾还是整合联结也有待探究。

二、发展的理论源流

（一）古典社会进化理论

古典社会进化理论受到18世纪启蒙学者的影响，带有强烈的自然进化倾向，认为发展是必然的、在固定法则支配下不可逆的。主要代表人物有：孔德、斯宾塞、迪尔凯姆等人。古典社会进化理论把人类社会的发展视为一个自然进化的过程，一个不间断更新的、不可逆的过程。孔德眼中的社会和自然具有相同的属性，都为"自然法则"所支配。他认为家庭就是社会的细胞或元素，阶级是社会特有的组织，城市和公社是社会的器官，社会就是具有结构和职能的社会有机体，进化就是社会各个器官对环境的适应。斯宾塞认为社会是一个有机体，同生物有机体有许多类似之处，社会相对于精密的生物而言更松散。社会和有机生物体一样由简单向复杂进化，即从原始群落经由氏族社会和部落社会向民族社会进化。社会要发展就必须尊重优胜劣汰的自然法则，社会通过自然地排除低劣者来不断净化自身。迪尔凯姆认为社会发展是社会内部专业化程度由低到高的过程，社会分工的功能首先是增加生产技巧，这是社会精神与物质发达的必需条件。分化是结构功能的变异、分离与专门化的过程。社会组织由简单到复杂、多样化，由同质性较强逐步走向异质性较强，结构由多功能、综合性走向功能单一、专门化。19世纪的社会进化理论确信社会进步是必然的趋势，社会自动地向着更高级的阶段演化，从农业社会走向工业社会，从野蛮走向文明，从专制走向民主，推动社会前进的动力是科学技术的发展、生产力的提高、人性的改善。

  古典进化理论否定了历史循环论，认为发展是一个单向的、向上的、持续的、不可逆转的过程。斯宾塞指出了发展存在暂时倒退的可能，但从整体上看，发展仍具有纯粹的积极意涵。孔德从社会和谐一致的角度出发，反对过高估计个人主义和自由竞争的作用，强调维持社会生存必须实行纪律和限制，把个人融合到社会和集体中。可见，孔德理论中发展的顺序性体现在整体优先于部分。孔德认为人类社会因征服、防御和工业得以进化，人类思想经历神学、玄学和实证哲学的影响而进化。可见，其发展的伸张性体现在人类进化既有身体走出自然束缚的过程，也有思想摆脱神灵束缚的过程。发展的广延性体现在从自然到人类的拓展。斯宾塞认为虽然生物性的个体的身体各部分为了整体而存在，但在社会中，整体是为了社会成员的幸福而存在，斯宾塞理论中的发展的顺序性体现在部分优先于整体，部分的利益优先于整体利益，社会是增进个人目标的工具和手段。斯宾塞认为社会这个有机体的结构差异伴随着功能差异出现，分化是整合的次生特征。斯宾塞发展理论中的顺序性，其一是功能优先于结构，意即结构服务于功能以维持整个系统的生命；其二是整合优先于分化，他认为，与进化的首要特征即整合相伴而生的是，社会还在相当程度上展现出次生特征，即分化。斯宾塞指出社会发展形成的不同形式，"尚武社会"重视军事活动，集权独裁，以强制性合作为主，社会地位僵化，集体性企业属于国家，经济上自给自足；"工业社会"以自愿合作和自我控制为主，各利益群体通过协商达成共识，资源分配通过契约和自由交流完成而非指定，社会流动性高。发展的伸张性体现在社会资源和能量的分配侧重点不同、统治方式不同、社会协作和社会流动性的不同等方面。斯宾塞将自然进化分为无机进化、有机进化、超机进化三个阶段，人类的进化发生在超机进化阶段，其理论中发展的广延性同孔德所认为的一样是从自然到人类。值得注意的是，他认为未开化民族和文明民族所显示出的社会的不同形式，不是同一种形式的社会在进化中表现出的不同阶段，而是平面进化所产生的不同类型的社会，也就是说，发展的广延性没有表现为国家间的拓展。迪尔凯姆理论中的发展的顺序性体现在社会组织是由简单到复杂，由同质到异质；社会结构由多功能走向功能单一。迪尔凯姆理论中的社会有机体更加复杂，社会组织是结构和功能、整体和局部兼备并相互融合的，发展的顺序性主要体现在社会组织的性质变化上。

孔德认为发展是必然的，就像生物进化由自然决定，社会发展的动力仿佛是先赋的。理性的进步是社会进化的基础，人类通过合理的行动可以加快进化的进程，但如同生物进化的方向只能是适应环境，人类也必须先了解进化规律。斯宾塞认为发展包括有机体的进化和人类社会的进化，这些都是多样化的过程。他认为多样化也是必然的，人类要取得进步，就需要尊重优胜劣汰的自然法则，合理的社会结构就应该鼓励自由竞争，发展的动力是社会结构的自发性多样化，经自然的选择留下适应的人类群体、淘汰不适应的人类群体。迪尔凯姆根据劳动分工程度，区分出以机械团结为基础的环节社会和以有机团结为基础的组织社会。劳动分工的日益完善是由人口增长造成的资源竞争加剧导致的。迪尔凯姆观点中发展的动力已经不再是人类社会和自然环境的必然性进化，而是人类不仅有生存的需要，还有对秩序的需要，随着人与人、人与自然之间的竞争逐渐激烈，人类社会发展出的劳动分工也变得更细致，削弱了竞争的残酷性，演变为大部分人类能够适应的形态。

（二）新社会进化理论

第二次世界大战后，由于经济的持续繁荣和工业化的飞速发展，科学界系统论、突变论、耗散结构论、系统进化论等理论的提出，使得社会进化的思潮再次涌起。主要代表有帕森斯和卢曼，萨林斯和塞维斯，哈贝马斯等。结构功能主义认为社会是一个大系统，各个组成部分相互依存。社会各部分与整体系统之间的联系是功能上的联系，社会与系统各部分之间的相互依存是功能上的依存。结构指一套相对稳定的、模式化的社会单位或系统，功能则指整体及其组成部分满足某种需求所起的作用。帕森斯重视用"分化"和"整合"的概念描述发展。社会分化是社会的单位和子系统分离成具有不同结构和功能的单位的过程，原先承担着多种功能的单一结构类型转化为各自承担单一功能的多种结构类型，它意味着新结构的产生、结构的多样化和功能的专门化。整合则是指对分化的子结构进行协调和组织，使它们成为功能统一的整体的有机组成部分，以满足整个系统生存的要求，使社会保持一致性和完整性。帕森斯认为，人类行动的大系统有四个子系统，即行为有机体、人格、社会和文化子系统，这些子系统相互联系并制约人类的行动。进化就是各系统之间的差异日益增加；每个子系统内部的差异日益增加；整合的升级和新的整合结构的形成；每个行动子系统的适应能力逐级增加，同时也就是整个行动系统对它的环境的适应能力逐级增加。帕森斯认为社会具有四种功能：适应、完成目标、整合、维持模式。这四种功能是任何行动系统都必须满足的功能要求。结构分化层次是社会现代化程度的重要标志。与帕森斯的文化和平传播观点不同，萨林斯和塞维斯强调了文化统治的概念。他们认为进化具有两重性，一方面是文化作为一个整体由"阶段到阶段"的一般发展，另一方面是各种类型的文化的特殊进化。一般进化是由更高级类型的文化向低级类型的文化拓展实现的，特殊进化则是通过适应过程中种群成员的被改善了的功能和结构这两方面来完成的，是特定种群对其环境的适应，从而沿着自身谱系的衍生和发展，即遗传变异。两种进化形式分别揭示了人类文化进化的不同侧面和不同的内在机制。新进化论强调进化是对环境的适应过程，强调进化过程中文化的作用。他们强调进化了的社会能用更多方法探寻环境中的能源，能从环境控制下获得相对的自由，会力图统治非进化的社会。

帕森斯的理论中的发展是间断性的跳跃式发展，社会结构的分化和社会适应能力的提高是交替进行的，这与古典社会进化论主张的发展是连续的不同。结构功能主义表明系统总体的出现早于部分，部分具有保持整体平衡的功能，因此发展的顺序是整体先于部分，各部分和谐共存以维持整体平稳。社会生活能够维持是因为结构能够满足功能的需要，因此尽管在发生的顺序上结构先发于功能，但在重要性的顺序上功能是先于结构的。帕森斯综合讨论了社会进化的多方面特征，从人类行动的子系统来看，发展的伸张性体现在发展是人类生理需要、心理活动、社会规范和文化价值等领域的共同变化，此外还包括结构功能主义讨论的社会团体、宗教与政治、社会制度等多个领域。帕森斯认为现代社会体系只有以美国为领导的西方社会体系，这种具有强烈意识形态的论断是典型的西方中心主义，帕森斯的结构功能主义同时也是发展理论谱系中现代化理论的代表，与其他现代化理论一起受到批判。其理论中发展的广延性体现在把西方世界与东方世界分割，认为美国的发展是其他民族国家发展的样本。萨林斯和塞维斯的多线进化观点强调了进化过程中的文化要素，体现出其理论中发展的多线性，这与古典社会进化论和结构功能主义的单线进化观不同。其对于文化进化的阶段性划分，表明发展不是连续的。其理论中发展的顺序性体现为环境适应能力在社会的其他能力中占统治位置，以及文化的重要性胜过社会其他方面。至于发展的伸张性方面，萨林斯和塞维斯主要涉及生物和社会文化方面，并对这两个领域做了明确的区分，认为这两个领域具有不同但相似的进化机制。其理论中发展的广延性主要体现为高级类型文化向低级类型文化的扩张，并且这个过程不是和平的，而是低级类型文化要么被毁灭，要么被孤立。

帕森斯认为行为有机体、人格、社会和文化子系统间的信息和能量交换引起了社会体系结构的变化，当能量或信息供不应求或过剩时，可能引起结构的调整和重组，改变文化价值观的取向。信息的冲突引起规范方面的冲突，并影响到人格系统和社会有机体系统。结合帕森斯对进化的定义、对进化阶段的描述和社会功能的建构可以发现，结构功能主义中发展的动力主要表现为系统间能量的交换导致不平衡，而不平衡引起结构变化，结构变化促使整合升级，新结构形成，系统的适应环境、维持等各方面功能趋于完善。发展的动力从总体上看是以系统内部作用为主。萨林斯认为在文化和生物领域，进化同时向两个方向推进，一方面，进化通过调试性的变动创造多样性，从旧形式中诞生出新的形式；另一方面，进化产生了进步，较高级的形式从较低级的形式中产生出来。生物界多样性来自基因突变，文化多样性来自知识积累、理性增长、科学进步，而这些也是发展的动力。动力来源受到环境的约束，生物和文化在适应环境的过程中得以发展。

（三）经典现代化理论

现代化理论描述了中世纪以来以西欧、美国为主的国家和地区现代化大工业迅速诞生、世界市场迅速成型、物质生活飞跃的历史阶段里发生的社会文化变迁的过程，诠释了社会中传统与现代的对立与转化。政治学、经济学中的现代化理论代表人物刘易斯、亨廷顿等学者提出的二元经济形态、文明冲突理论等观点也充分表达了传统与现代的二元对立特征。帕森斯的结构功能主义提出的行为模式变量理论也是用对立概念下的结构功能转化来分析的，并且有传统与现代对立的价值，因此，我们可以认为帕森斯也是现代化理论的代表人物。现代化源于英国工业革命和法国大革命，存在于先发展的社会的政治进步和经济发展的过程中，也存在于后来者沿着同样道路追随的过程中。与现代化相联系的概念有工业化、城市化、理性化、世俗化、知识化、人格化等。技术发展带来的工业革命提升了劳动生产率，使得经济发展、就业机会增加、城市人口聚集，城市居民生活水平提高是振奋人心的成就，工业化和城市化是现代化在物质实体层面上的主要表现。理性化推崇理性主义原则，以科学和事实为观念标准，以利益和效率为经济生活标准，用普遍主义的理性化契约和制度来取代以信仰和情感为根据的宗教信条、宗法观念、风俗习惯和伦理规范。世俗化更是侧重于摆脱宗教对人类活动的固有影响，使宗教不再与公共权力相联系。理性化和世俗化反映了现代化在制度观念层面上的特征。教育普及提高大众的文化程度，知识经济兴起，同时，现代化改变了人们的心理态度、价值观和生活方式，使人们成为具有现代人格的现代人。知识化和人格化是现代化在精神意识层面的特征。在早期，传统与现代之间的对立是绝对的，布莱克、艾森斯塔特、查普夫等人则主张传统与现代共存在工业社会中，它们不是完全对立的，而是总在相互转化、相互渗透、相互促进。现代化是传统的制度和价值观念在功能上不断适应现代性的要求的过程，每个社会的传统性内部都有发展出现代性的可能。传统性被破坏并不会有利于现代化，还有可能引起混乱，传统性不能被割断，但我们必须对之加以改造。现代化的成功取决于能否顺利实现现代与传统的整合，并获得社会的认同。

现代化理论的形成是多个学科、多位学者的整合，受到18世纪末至19世纪初西方国家崛起与第二次世界大战后一批发展中国家崛起的影响，现代化理论也呈现出"传统与现代完全对立"以及"传统与现代互相促进"前后两种不同的特征。前一阶段中的发展仍然是有着分界线的，发展不是连续的。后一阶段中的发展没有全盘否认传统的作用，现代化是在传统与现代的互相渗透中发生的，发展是连续的过程。前一阶段中发展的顺序性体现在现代优于传统。后一阶段中学者们则认为现代与传统的二元划分法过于简单，且把不属于现代的社会全部视作传统社会的分类方式，忽视了其他非现代社会之间的异质性。在这两个阶段，发展的伸张性都体现为发展在工业、政治、经济、文化等各个领域的蔓延，现代化理论综合了社会各方面得以改变的特征。发展的广延性体现在发展是以西方国家为标准，向非西方国家拓展。

刘易斯、罗斯托认为经济增长、经济结构变化是发展的主要动力，现代化理论的代表人勒纳、里格斯、阿尔蒙德认为发展是不发达社会通过社会变革获得发达社会特征的过程。以上观点反映出发展的动力多是来自外部,外在目标的吸引、榜样作用就能带动欠发达地区的发展。然而并不是所有模仿了西方现代化之路的地区都顺利进入了发达国家之列,这使得学者们反思发展的动力还有什么特点。布莱克认为传统对现代的适应性是发展的动力,在现代的冲击下,使传统的制度适应新的功能比照搬先进社会的制度更有效率。卡斯特认为现代化是本土传统与西方影响之间的互动与重构。民族想象与认同是现代化的重要动力。以上观点反映出发展的动力不只来自外部,内部的自驱力同样重要。

(四)后现代化理论

率先步入现代化的国家也更早一步面临现代化带来的问题。1973年第一次石油危机爆发,非常依赖石油能源的工业化社会的发展遇到挑战。发达国家的经济结构由以工业为主导逐渐转向以第三产业为主导,大城市中心区萎缩,出现逆城市化现象。面对这些问题,现代化理论的解释力下降,贝克认为后工业时代来临,众多学者对社会发展的问题进行了更多的思考,后现代化思潮产生,主要代表人物有贝尔、鲍曼、吉登斯等。贝尔的《后工业社会的来临——对社会预测的一项探索》指出前工业社会的生活的主要内容是对付自然,在诸如农业、采矿、捕鱼、林产等榨取自然资源的行业中,劳动力起决定作用,土地是较重要的资源。工业社会的主要任务是对付制作的世界,机器是较重要的资源,生活的节奏由机器来调节,能源利用取代了人的体力,大大提高了生产率,以此为基础的标准产品大批量生产便成为工业社会的标记。后工业社会的经济以第三产业为主,后工业社会以人的服务、职业和技术的服务为中心,知识是较重要的资源,主要目标是处理人际关系。鲍曼认为,前现代的以自给自足的社群和宗教文化心理建立的地方性社会,因不能应对商业贸易的扩张而退出历史舞台。现代社会的核心是政府，政府以其控制社会和自然环境的使命表达了现代性的基本精神，现代性是一种残酷无情的冲动，旨在扫除一切混乱、模糊、暧昧、差异的不确定性。现代政府、启蒙运动的思维方式、社会科学及规训机构无不带有这种监控和不容忍的精神。后现代性则更加复杂，后现代性并不必然意味着现代性的终结，而是意味着对现代性的怀疑和拒斥。后现代性是从远方而不是从内部反观自身的现代性，是一种能够与自身的不可能性相妥协，能够进行自我监控，并能有意识地摆脱从前错误的现代性。吉登斯认为现代性可从资本主义、工业主义、监控能力、军事力量等四个维度来定义。现代性具有极权增长、生态破坏和灾难、核冲突和大规模战争、经济增长机制崩溃等极其严重的风险。后现代性代表了超越现代性的一种运动，它包括超越匮乏型体系、多层次的民主参与、技术的人道化、非军事化。

　　后现代化理论同样以传统与现代为讨论的主轴，但更关注现代化的后果和未来，怀着担忧、反思、超越的态度去面对现代化可能出现的结果、现代性的发展趋势等。消极如鲍德里亚甚至认为现代社会已经结束，信息时代使得世界只剩下幻象和碎片，一切都被符号化与消费化。积极如格里芬的建设性后现代主义，认为发展的趋势是，在生态保护的理念下，人与人、人与自然和谐相处构成更具建设性的现代化社会。结合贝尔、鲍曼、吉登斯等人的观点，后现代理论中的发展仍然是一个连续的过程，所谓"终结"也只是呈现了阶段性的特征，发展不会停止，问题只是发展是继续以抛弃现代化的方式进行还是以改造现代化的方式进行。虽然早期社会学家们在提出结构化、科层制时也预感到过度的结构化可能带来问题，但他们认为这些问题都是可以通过功能的演进、通过整合解决的，后现代主义者对此表示了反对。以德里达为代表的解构主义者认为社会原来没有结构,结构不过是人们在自然科学成就的诱惑下,按主观与客观二元对立的思维方式,为了控制以无限偶然性和变动性而存在的社会而编造出来的概念模式。现代性在带来丰富物质的同时催生出理性的专制、人性的淡漠、精神的空虚、生态的灾难。发展的顺序性研究中,围绕着整体与部分、结构与功能的讨论不再是关键,人们更倾向于突出人性对理性的重要性,人性优于理性。由于计算机与网络的发展,信息社会带来的嬗变当然也引发了学者们的思考,发展的伸张性体现为从传统的人与自然、人与物、人与人拓展到人与信息、人与风险等领域,发展除了在进步领域延伸,还会在延伸的同时出现在进步并不明显的领域,在这些领域里发展呈现的是静止(如福柯所指人性并没有因为理性进步而变化)甚至是倒退(如鲍德里亚所指受消费主义影响的人)的形态。后现代主义理论基本上是从发达国家或较发达国家的现状出发去进行深入讨论的,所以发展的广延性体现为,发展的后现代特征会在部分地区率先呈现出来,但由于世界联系日益紧密,传播至其他地区所用的时间会更短。

  贝尔认为后现代化的主要变化不只是劳动力从农业、制造业向服务业流动,更重要的是知识的作用日益凸显。卡斯特认为网络社会的形成使得生活的空间和时间不过分依赖物质的形态,网络化逻辑的扩散从实质上改变了生产、经验、权力与文化过程中的操作和结果。托夫勒认为超工业革命带来的多样性催生了物质生产的非标准化,以及艺术、教育和大众文化方面的非标准化。知识成为质量最高的力量来源,未来争夺权力的斗争将逐渐发展成一场围绕着知识分配和知识获得机会的斗争。鲍德里亚指出消费社会中对符号价值的推崇,消费不只是物质的交换,更是对消除差异的想象。因此,后现代理论中发展的动力是知识,知识可以构建积极意义上的社会网络(由知识交流联通形成的网络,不仅仅指互联网),但知识也可以构建符号化的虚拟的世界（由知识符号化的物质，不仅仅是互联网中对现实世界的映射）。这一理论在讨论发展的动力时也强调内部性，只有在发展主体内部进行反思、创新、革新、超越，才能使发展顺利进行。但是发展的动力也充满了危险性，过于依赖知识而造成的知识的霸权和争夺、内部反思的失败都是发展面临的危机的来源。

（五）依附理论

发达国家在世界范围内有着巨大影响力，但发展中国家在发展过程中则并不顺利，对发展的思考和审视也不再只是以发达国家的视角展开，拉丁美洲、非洲以及部分欧洲国家的学者开始针对发展中国家的发展过程发表观点，由此形成了依附理论，主要代表人物有劳尔·普雷维什、萨米尔·阿明、弗兰克等。20世纪40年代末，普雷维什提出了"中心"和"外围"的概念，他认为世界经济体系是由中心和外围两极组成的。中心国家是技术起步早、商业行为地位较高、政治权力占优势的发达国家。外围国家处在为中心国家经济贸易服务体系服务的边缘地带，以原料出口、提供自然资源、提供廉价劳动力等形式与中心国家产生联系。部分发展中国家持续贫困的根源在于中心国家和外围国家在经济关系上的不平等以及前者对后者的霸权和剥削。普雷维什提出了依附性的概念，依附性指的是中心与外围之间的关系，一个国家受制于中心国家的决策，这不但体现在经济事务上，而且包括政治事务以及内外政策的战略，其结果是，由于外部的压力，这个国家不能自主地决定它应当做什么或不做什么。他概念中的依附是外围对中心的单向性依赖和附属。这种依附性会造成外围国家永远不能摆脱依附地位。针对这样的困局，他主张发展中国家要规划、干预、保护本国的产业发展。普雷维什主张的是通过经济发展消除外围与中心之间差异的发展主义，弗兰克则是主张通过政治变革来打破这种差异的激进派。弗兰克认为第三世界国家落后的原因在于外部，而不在于内部的封建主义和传统主义。不发达并不是孤立于世界历史主流之外的那些地区中古老体制的存在和缺乏资本等原因所造成的，不论过去还是现在，造成不发达状态的与促使经济发达（资本主义本身的发展）的正是同一历程。弗兰克提出"宗主—卫星"结构，当宗主与卫星关系密切时，宗主总是得到发展而卫星只能处于低程度发展中；两者关系淡化时，卫星的经济发展特别是传统资本主义工业的发展反而加快。萨米尔·阿明指出中心资本主义的特征是单一的资本主义生产方式和内生的自我集中的积累，而外围资本主义的特征是多种生产方式（如资本主义生产方式、封建的生产方式等）和资本积累的外向性和依附性。外围向中心提供廉价的劳动力、原料、粮食和其他农产品，中心处于统治和支配的地位，外围则处于依附和从属的地位。资本原始积累存在于资本主义的整个发展过程中，主要特征就是不平等交换。外围国家并没有形成真正成熟的、独立的民族资产阶级，而只有受中心国家垄断资本控制的买办资产阶级，他们依附于中心国家的垄断资产阶级，模仿他们的生活方式，按照他们的旨意行事，缺乏发展民族经济的动力。外围国家的经济完全依靠外来投资，是生产国外所需要的原材料和初级产品的面向出口的经济。交换是不平等的，生产率相同的劳动在外围国家只能得到较低的报酬。解决中心与外围的矛盾的希望应寄托在外围的无产阶级身上，外围的解放既是民族的、大众民主的，又是社会主义的。

依附理论讨论"中心—外围"的依附性结构的应对策略时呈现出不同的理论取向，有改良派的发展主义论，有激进派的脱钩论和停滞论，以及共存派的相互矛盾论（卡多佐）。但总体上来看，在依附理论中的"发展"的状态是断裂的、突变的,而不是连续的、渐变的。中心的自主型国家和外围的依附型国家始终处于零和博弈的状态,发展对于依附型国家来说只是谋求一时生存状态的改变,发展不具有平稳连续变化的可能。而且不同阵营的国家永远处于冲突对立的状态,发展在阵营内部和阵营之间的流动永远是不均衡的。依附理论的核心观点都是围绕着依附和外围国家的发展,探讨外围国家是先发展经济再摆脱依附(改良派),还是先摆脱依附才能谋求发展(激进派),抑或是摆脱依附与发展同时发生(共存派)。发展的顺序性并不统一与明确。托马斯·E.韦斯托夫的新依附理论肯定了中心进步作用,欧洲殖民帝国瓦解、第三世界大部分地区获得独立、第三世界各国获利越来越大等现象,使得依附理论中的核心矛盾受到挑战。依附理论从历史和制度的角度对发展问题进行分析,对富国剥削穷国和发展中国家上层阶级剥削广大劳动人民的不合理行为进行了批判,但却否定了马克思关于资本主义在殖民地所起的历史进步作用的观点,思想方法上十分片面、形而上学且略有偏激,这同马克思主义实事求是的科学态度是不相符的,并且在部分第三世界国家的发展实践中也被证明是行不通的。依附理论各流派虽然在发展经济和摆脱依附的先后问题上存在分歧,但都非常重视经济发展的作用,认为工业生产、进出口贸易在国家发展中具有至关重要的地位。弗兰克还提出了技术帝国主义,突出技术优势在"中心—外围"的关联中起到的作用。依附理论还对分配制度的改革和社会体制改革有较多论述。发展的伸张性体现为以经济为起始点扩散到技术、制度等各方面。无论是"中心—外围"结构、"宗主—卫星"结构还是桑托斯的三种依附形态(殖民地商业—出口依附、金融—工业依附、技术—工业依附),发展在中心总是更显著,在外围则总是更受限制,发展的广延性未能得到很好的体现,发展是固化的。

　　普雷维什构建"中心—外围"体系时指出,体系的动力实质上取决于不平等。因为剩余是以不平等为基础的,而体系的动力要求剩余不断增长,以增加积累。但与此同时,剩余又推动着特权消费社会的发展。如果违反这一要求,危机就会不可避免地到来。弗兰克认为由于宗主国从自身的卫星国榨取资本或经济剩余,第三世界不可能取得真正自主的发展,不发达的根源应当从少数人剥夺和占有多数人的经济盈余而造成的矛盾中寻找,要摆脱不发达就得摆脱资本主义。依据依附理论的观点,发展的外部动力起主导作用,甚至外部动力会损耗内部动力,发展主要是依赖于外部影响,内部的调整与提升的影响都是很有限的。社会要想获得自主性发展,要么在内部动力和外部动力的拉扯中,不断充实,争取与外部动力抗衡,要么放弃与外部动力的结合,只依靠内部动力促进发展。然而,如果按照依附理论的观点,中心对外围的制约力非常强悍,那么即使外围通过技术、制度等方面的努力使得内部动力的力量获得增长,外部动力也会在同时实现更快的增长,在依附性发展中达到内部动力和外部动力平衡的状态是不可能的,或者说要使两者相抗衡仅依靠内部动力的强化是难以实现的。另一方面,如果外围摆脱依附就能获得发展,那么最初的依附是如何产生的?依附理论中对此并没有明确的解释。因此,依附理论的一大问题就是过分夸大了"依附"对于欠发达国家发展问题的解释能力,夸大了第三世界国家对工业发达国家的依附性,片面地把不发达的根源统统归诸外部原因,从而在解决问题的对策上陷入悖论。尽管依附理论有许多缺陷和不足,其仍对不平等的国际政治经济秩序进行了深刻的批判,打破了对现代化理论的迷信,对西方中心论提出了挑战,开阔了人们的视野,并对第三世界的发展提出了许多有意义的见解,丰富了发展研究。

(六)世界体系理论

20世纪70年代世界体系理论兴起于美国,彼时美国正经历经济滞涨、环境污染频发等问题,经济、文化、社会等各领域出现了理论转向。依附理论讨论不发达地区和国家的发展问题,虽然有片面和偏激之处,但为发展研究提供了重要的视角,世界体系理论就是在依附理论的基础上发展而来的,主要代表人物有沃勒斯坦。他为解决现代化理论和发展主义无法回答的非西方社会不发达的问题,以马克思关于资本积累的观点为指导,借鉴了以布罗代尔为代表的年鉴学派的历史研究方法和观点,还吸收了结构主义和系统论的一些观点,运用多学科的系统分析方法,对发达与不发达关系的问题进行了理论上的探索。沃勒斯坦提出人类历史上先后存在微型体系、世界帝国和世界经济体三种体系。其中,微型体系仅仅是一种小规模的劳动分工,世界帝国和世界经济体构成了世界体系。为了寻求一个合适的分析单位,他放弃了采用主权国家或国家社会作为分析单位的想法,而把世界体系作为典型的分析单位,主权国家的变迁可以作为世界体系演进和相互作用的结果加以解释。世界体系理论采用了布罗代尔的中心、边缘、半边缘的三分法。沃勒斯坦认为,各民族的历史是相互联系的,不是孤立地发展,而是形成一定的世界性体系。世界体系是一个社会体系,它具有范围、结构、成员集团、合理规则和凝聚力。他认为现代世界体系是资本主义世界经济体,其本质特征是为市场销售而进行生产,目的是获取最大利润。也就是说,支配它的是无休止的资本积累,有时称为价值法则。这个世界体系是在16世纪出现的,它原来的分工范围包括大部分欧洲及一些美洲地区。这个世界体系经过几个世纪的扩张,将世界其他地区陆续纳入其分工范围，东亚是它最后吸收进来的大地区。自此以后，可以说现代世界体系变成了真正在世界范围内的，即包括全球的第一个世界体系。由于中心社会统治力量控制下的军事力量和意识形态的作用，以及半边缘的存在削弱了与中心对抗的潜在力量，资本主义世界经济体系得以维持它的稳定性。16世纪，现代世界体系的中心区是英格兰、荷兰和法兰西北部，半边缘区集中在地中海地区，包括意大利、法兰西南部和西班牙，美洲和东欧属于边缘区。在长达三个多世纪的历史中，英国和法国在现代世界体系的中心区进行了争夺领导权的斗争。在17世纪晚期到18世纪之间，荷兰的优势被法国和英国所摧毁。法国依靠强大的王权克服了各种离心倾向，但过于强大的中央集权却抑制了商业企业的发展，法国的资产阶级被封建化了。英国的贵族很早就带有资产阶级性质，中央集权的国家服务于以伦敦为基地的强大的商业机构的利益。1763年的《巴黎和约》标志着英国的胜利。到19世纪早期，英国成为世界体系的真正霸主。从18世纪中期开始，俄国、奥斯曼帝国、印度和西非等国家和地区也被并入边缘区，美洲一些殖民地逐渐发展成独立国家并且力争进入半边缘区。当时的半边缘区包括南德意志、北意大利、西班牙和葡萄牙。进入半边缘区的典型途径是加强国家机器，保护国内工业，充分利用地区垄断。瑞典和普鲁士有效地采取了这种策略。到19世纪晚期，德意志帝国和美国从半边缘区向英国霸权发出了强有力的挑战，二者都确立了制造业集团对边缘的农业部门的支配地位。在这个时候，俄国和日本也进入半边缘区。二战以来，中心区的主要成员是美国、苏联、日本和欧共体国家，波兰、匈牙利等国也属于半边缘区，第三世界构成边缘区。

　　沃勒斯坦的世界体系理论将发展的运动特征进行了较为清晰

的描绘。世界体系是一个历史体系，它建立在世界范围内的劳动分工之上，是一个无休止的资本积累过程，也是一个经济有规律地扩张和收缩的过程，并且呈现出周期性的特征。世界体系论者对这一经济周期进行了阐述。技术的创新和需求的增加，使世界经济进入增长的上升阶段（A阶段）；当生产超过需求时，供给过剩、消费者购买力不足、企业倒闭、工人失业，世界经济进入衰退阶段（B阶段）；两个阶段之间还会出现过渡阶段（T阶段）。在经济周期中，一般是停滞阶段先于扩张阶段。在停滞阶段阶级斗争引起的收入再分配会扩大需求，并为资本的集中提供机会。资本家通过兼并小企业对经济实行重组，并到边缘地区寻求廉价劳动力和原料，从而为新一轮的经济复苏和扩张奠定了基础。这就揭示出世界体系论中的发展具有连续性，但不是线性地、单方向地进行，而是有一定的周期，随着资本积累和危机在不同劳动分工区域间流转。因此，世界体系理论也被批判为循环论。此理论中发展的顺序性就体现在，中心占据绝对的支配地位，资本总是在向中心积累，即使中心的地理区位可能会变，但资本积累的地方必是中心，半边缘和边缘地区除了随着中心力量周期性衰弱可能利用短暂时间空当获得一定的发展外，长久来看仍是难以得到真正发展的。世界体系理论根据经济发展状况进行的劳动分工地区的划分，体现着经济的重要地位。此外，科学、社会制度、政治、外交等各个领域的变化也是发展的重要特征，此理论中发展的延伸性与依附理论一样，发展仍然是以经济为核心向外扩展的。沃勒斯坦对中心、边缘、半边缘的划分，也体现出发展的广延性特点，发展的主导权在中心区域，中心向外的辐射作用决定着发展空间的延伸程度。而中心主要仍是西方国家，忽视中国等其他东亚国家对于世界范围内劳动分工、工业发展、商业发展的重要作用，带有典型的西方中心主义色彩。

世界体系具有有机体的特征，体系内的生活大体上是独立自主的，体系发展的原动力大体上是内在的，世界体系的生命力由冲突的各种力量构成。世界体系既存在着周期的节律，通过繁荣—稳定—上升—衰退这样周而复始的现象，使体系恢复平衡，又具有长期的发展趋势，即由于结构的不断演化，体系偏离原有的平衡状态。世界体系具有很强的自我调节能力，在长达五个世纪的历程中，它能够渡过一次次的危机，不断得到巩固和扩展。在沃勒斯坦的观点中，发展规律是有如自然进化论一般的固定规律，这个规律不是神秘的、自然的，而是与人类劳动分工、资本积累等过程紧密相关的经济运行规律。霸权国的形成是由于其资本积累效率最高，但每个霸权都是短暂的。后来者凭借模仿学习先进国家成功经验而具有"后发优势"，在部分领域甚至可以反超霸权国。而霸权国为了维持国内和平，付给工人较高的工资，提供较好的社会福利保障，从而导致经济竞争力下降，再加上战线过长、军事开支过大、经济负担过重，霸权随之结束。但霸权结束的主要原因是经济原因而不是政治和军事原因。可见，对于后发国家来说，世界体系论指出的发展动力仍然是外部性的，虽然沃勒斯坦表示世界具有内在的自我调节能力，但他在后发国家不发达问题的解决上，仍然是以"等待"周期结束来完成转换为主要思路。世界体系论用动态的模式考察了资本主义世界体系的兴衰和变迁，提出了中心下降为半外围、半外围上升为中心的可能性，与依附理论相比视野更加开阔。

（七）全球化理论

全球化理论是在现代化理论和世界体系理论的基础上形成的，试图从时间和空间上的全球社会互相影响来观察世界，对以往的社会发展理论进行综合，对全球历史进程作出新的解释。美国的罗兰·罗伯森认为，全球化指全球相互依赖性和全球整体意识的增强。安东尼·吉登斯认为，全球化可以视为世界范围内的社会性联系加强，由此发生在各个地域的事件的影响可以波及原来被认为是遥不可及的地方和人群。阿尔布劳认为，全球化主要是指世界各民族融合成一个单一社会、全球社会的变化过程。在全球化盛行的20世纪90年代，交通运输技术、数字信息技术的发展，促使世界贸易、文化等交流日益频繁，各国间的相互依赖程度加深，全球化理论顺应国际形势，不同国家和领域的学者对全球化都进行了视角丰富的研究。全球化是一个改变、调整以致最后消除各国之间各种自然的和人为的疆界的过程。世界范围内信息物质的交换程度超过人类以往任何一个历史时期，全球化带来空间的压缩——人们的生活、工作、收入和健康状况受到地球上其他地方所发生的事件的影响；全球化带来时间的压缩——市场和技术以前所未有的速度发生变化，影响到遥远地方的人们的生活。戴维·赫尔德认为，全球化既不是一个全新的社会现象，也不主要是一个现代社会现象，它的形态随着时间的变化而变化。前现代全球化的主要特征是欧亚大陆上的地区间或者文明间的相遇，它的关键因素有三个：政治和军事帝国、世界性宗教以及游牧民族的迁移和农业社会向有人烟但尚未开发的地区扩展，长距离贸易在当时作用相对较小。现代早期的全球化大约从1500年到1850年，推动全球化的是欧洲、美洲以及大洋洲之间的人口流动、环境转变以及流行病的传播。现代的全球化大约从1850年到1945年，欧洲借助于先进的工业和武器进行经济、政治和军事扩张，西方的势力扩展到全球几乎每个角落。1945年以来属于当代的全球化，它构成了一个完全不同的历史形态。尤其是20世纪末通信和运输技术的革命，极大地提高了全球交往能力，推动了社会活动所有领域的全球化。罗伯森认为全球化可以分为五个阶段：萌芽阶段、开始阶段、起飞阶段、争霸阶段、不确定阶段。全球化基本是在技术和资本的推动下进行的，这个过程既加快了世界经济的发展，推动了生产力的进步，为少数发展中国家追赶发达国家提供了一个难得的历史机遇，又加剧了国际竞争，增加了风险，对国家主权和发展中国家民族工业造成了严重的冲击，在全球范围内扩大了贫富差距。鲍曼认为全球化并不是一个通过市场的整合大家的生活质量都得到提高的过程，而是在将人们不断分化成全球性的富人和地区性的穷人，穷人被分解到了世界角落、边缘的地方，富人们则形成了一个全球化的阶级。哈贝马斯认为，在全球化的经济框架中，民族国家要想保持其经济基地的国际竞争力，只能走国家自我限制塑造力量的道路，即采取有害于社会团结、使社会的民主稳定性面临严峻考验的"削减"政策。社会福利国家曾经抑制住的危机趋势重新抬头，收入差距日益扩大导致贫困者和无社会保障者增多。丹·希勒指出，如果说网络是未来世界的经济金矿，那么美国就掌握着这座金矿的金脉。美国占有着最上游的资源、最优秀的人才和最尖端的技术。它通过网络将全世界的每个角落连接起来，世界成了地球村，全世界的信息可以不受阻碍"自由"地流向美国，全世界的金钱也是如此。而从美国这个网络的中心流向全世界的，是各种各样的规则、资本和商品。

全球化理论中发展最主要的矛盾就是全球化和本土化。全球化的发展促使利益和习俗超越既定的边界范围，而本土化的发展则限制或缩小利益和习俗的活动范围。当代世界事务的核心是由全球化动力和本土化动力之间的紧张关系构成的，两股动力互为因果、相互推进。全球化的每一次扩张都会导致本土化的增加。本土化的分裂力量和全球化的整合力量相互对抗。在全球化理论中，要实现最大程度的发展，全球化是必须的。本土化在全球化过程中总会出现，虽然会在一定程度上表现出对于外来商业、文化、制度的抗拒，但本土化在接受和改造外来冲击的同时也是在成就全球化的适应性特点。本土化也是合理化文化扩张的一种方式，对于加深全球化和缓和全球化中的部分问题有一定的积极作用。全球化以经济全球化为主，得益于运输费用和通信费用的降低，新技术和新金融工具使政府控制资本流动的效率降低，资本运动更加自由，极大地促进和强化了经济全球化。在经济全球化的带动下，对国际规则的要求也更加广泛。安东尼·麦克格鲁指出全球治理不仅意味着正式的制度和组织——国家机构、政府间合作等——制定和维持管理世界秩序的规则和规范，而且意味着所有其他组织和压力团体——从多国公司、跨国社会运动到众多的非政府组织——都追求对跨国规则和权威体系产生影响的目标和对象。全球化的重要特征之一是民族国家的主权及政府的权力日益削弱，而跨国组织和超国组织的影响日益增大，相对独立于政治国家与市场经济组织的公民结社和活动领域也更加活跃。经济发展催生出一批全球化大都市，全球文化产业交流愈发广泛，不同生活方式、消费模式、观念意识相互认同、相互渗透、相互吸收，文化的全球化也随之发生。世界体系中，政治单元之间的军事关系也日益扩展和加深。发展从经济领域延伸至政治、文化、军事等多个方面，这体现出发展的伸张性表现为从经济逐步向社会生活其他方面渗入。全球化的主导仍然是在世界贸易体系中掌握更多技术资源、占据更优势地位的发达国家，后发国家陆续自主加入，因此发展的广延性体现为从发达国家向后发国家扩展，只是唯西方中心的价值观不再是显性的，文化等各方面的交流更加扁平，相互融合和接受多样性是此时的价值主流。

全球化发展的动力是技术创新和制度创新。货运业的革命以及地理区位优势使得英国、日本和美国等国率先成为工业化强国，信息技术的进步降低了远距离控制的成本，企业追求利润上涨从而向全球其他国家扩张，这使得经济全球化先行发展。资本运动自由度提高，私有化和市场化在世界范围内兴起，新自由主义经济制度抬头，市场经济极大地促进了全球化的发展。

三、发展的条件与层级

根据朴素的运动观将"发展"作为一种描述社会政治、经济、文化等各领域系统性、整体性变化的内涵进行重新建构和分析可以发现，主要的发展理论都刻画了发展的时空特征和发展的动力来源。理解理论的提出和建立过程都不能将其与对应的历史时期和地缘特征割裂，因此得出发展理论的共识性认识是一个艰巨的任务。在社会进化论提出的19世纪，世界各国间的交流远不像现当代世界一样频繁和容易，因此社会进化论中西方世界视角的发展概念与现代化理论中西方世界视角的发展概念在价值倾向的形成上有所区别。前一种是地缘因素起主要作用，后一种则在地缘因素上叠加了既往历史思想的影响。

（一）发展的条件

对发展这一概念还需要讨论的是发展作为一种运动在普遍条件下和特定条件下有无区别、有什么特征。普遍条件下和特殊条件下发展的表现有相似之处。不同特殊条件下发展的表现彼此间总是存在完全不同的部分。即是说，不同特殊条件下发展的表现可能是完全相斥的，也可能有部分相同点。从时间上的持续性、顺序性，空间上的伸张性、广延性等方面对发展的运动特征进行分析可以发现，不同理论视域下的发展虽然都具有确切的运动特征，但具体表现存在差异，一方面是发展的外部条件即历史阶段和地缘不同，另一方面是发展的内部条件即发展的主体、目标和路径不同。之所以将历史阶段和地缘作为发展的外部条件理解，是因为发展是一种实际存在的过程，无时无刻不在进行、无时无地不在发生，截取某个时间段和地区的发展去观察，自会看到发展呈现的一定特征，而这种特征随着截取的时间段和地区的改变也会产生相应变化，但发展的特征并不会反过来影响时间流逝和地域区隔。发展可以随着外部条件调整，但不能左右外部条件，外部条件对于发展的主体来说具有不可控性。将发展的主体、目标和路径视为发展的内部条件是因为这些都是随着一定的认知共识、价值取向、意志调动而形成的，内部条件对于发展的主体来说具有可控性。

普遍条件、特殊条件与外部条件、内部条件之间存在相互对应的关系。当外部条件中的历史阶段被拉长到人类从诞生至今再到未来、地区扩展到世界范围，内部条件中发展的主体是全人类、发展的目标和路径依照的是全人类范围内最广泛的共识，在这个层面上探讨的发展就是最普遍条件下的发展，寻求发展最普遍的规律，解决最基本的发展问题。在如此宏观层面上能够得到的发展规律的粒度是非常大的，数量是最少的，影响是最广泛的。或许在此类规律是否有意义的问题上也会有非常大的争议，因为问题足够具体才会有张力。当历史阶段局限在以诸如国家建立、工业革命等人类近现代以来某些标志性事件作为发端的一段时期，以某些国家或地区为界限，发展的主体是国民或种族，目标和路径围绕主体量身定制，在这个层面上探讨的发展就是特殊条件下的发展，能够得到的发展规律、解决的发展问题较为具体。中观层面上得到的发展规律粒度适中，对于某一发展主体来说，更容易理解、感知、借鉴。发展社会学中对发展的研究大多集中于此。居于中观层面的发展理论一旦被更大范围认可，能使得其具有更大影响力，并产生更接近于宏观层面的推动力，因此，对中观层面的发展的争议是最激烈的。当历史阶段被局限在十年、二十年等较短时间内，地区也进一步具体到城市、乡村或者某一特定的范围内，发展的主体为被包含在国家中的某一联系紧密的聚集群体、组织，目标和路径由当前主体和对其有管辖、约束权力的更大的群体或组织共同制定，在这一层面上探讨的发展就是特殊条件下的发展，所总结出的发展规律、解决的发展问题更加具体。微观层面上得到的发展规律粒度最小，发展主体不仅容易理解、感知、借鉴发展的规律，同时更容易影响规律的形成。不同于宏观和中观层面，微观层面上发展的主体具有的自主性相对较低，主体更加依赖于影响范围更大的主体，也受到更多约束，但主体的创造性更容易发挥、行动力更容易体现。值得一提的是对于微观层面的发展来说，个人在其中是更加微观的存在，这也是作为一种社会运动的发展与个体的成长和发展之间的区别。个体的发展在任何组织、集体的发展中都具有重要的意义。即使如此，根据系统功能理论的观点，组织或集体成为一个系统之后，它的发展从本质上便不同于个体的发展，其运动规律也不同于个体。然而当讨论微观层面发展的主体时，在某些时刻主体也可以是个体——不仅仅是作为一个人的个体，更是作为群体中的个体而出现。

（二）发展的层级

宏观、中观与微观层面的发展是相互联系的。由于区分宏观、中观、微观的主要依据是发展外部条件和内部条件的特点，而三个层面上的发展条件是层层包含关系，所以三个层面上的发展也是层层递进的。如内部条件中的发展主体有世界、国家、城市/乡村，它们分别对应的就是宏观发展、中观发展、微观发展。在不同层级之间，宏观发展包含中观发展，中观发展包含微观发展，彼此是相互促进关系。例如城市得到快速发展，变得更有生机活力，那么城市所在的地区甚至国家也会收获发展进步的表现，国家发达其内部的主要城市或乡村会受到带动，因而也得到发展。例如：上海的发展带动长江三角洲城市群的发展，从整体看国家也得到发展，也会更有能力去扶持更多其他城市和乡村发展，最终人们的生活水平得以在不同程度上提升。当然并不是每一个城市和乡村都会得到发展，这又涉及发展的顺序性特征，后面会分析。多个国家的发展会带来宏观层面的发展，人类世界呈现繁荣景象，世界整体的发展也会带动和波及其他国家的发展，例如与前工业社会相比，在工业社会，人类整体的生产水平进步，生产效率提升，更多的人在生活上要舒适和方便许多，当然并不是所有的人都得到了同等程度的发展，这在后面也会提及。在同一层次中发展也会表现为相互竞争的关系，两个中观发展主体之间必然存在竞争，两个微观发展主体之间同样如此。例如：受限于物质资源、人力资源等因素，同一国家内的各个城市难以在同一时间获得同样的发展机遇，世界上的各个国家也难以在面对有限的发展窗口时同时上车，总是有发达、发展中和欠发达的差异，差异是相对的且必然存在的。

　　无论哪个层面的发展都具有连续性、顺序性、伸张性、广延性的运动特征，且需要动力推动。发展的运动特征可以解释同一层次内发展的复杂性。结合社会进化论、经典现代化理论、后现代化理论、依附理论、世界体系理论和全球化理论中对发展运动特征的描述，以及辩证唯物主义的认识，本研究认为发展是必然的、单向前进的、连续的、曲线性的。历史循环论认为人类社会的发展是周而复始地循环，这是一种唯心主义和形而上学的发展观，人类社会发展过程中呈现的相似特征是发展曲线式前进的表现，并不是发展的回退。发展所带有的时空上的扩张是必然的，这使得发展在同一层级的主体间是具有竞争性的，某一主体的发展可能会导致对同一层级其他主体发展机会的相对剥夺。改革开放前的一段时期，在社会资源极其有限的条件下，为了实现工业化，我国决定优先发展重工业，当时的农民、农业都作出了贡献，这就是在发展资源紧张时期，为了抓住主要矛盾，发展的顺序性产生的效果。而发展在不同领域的逐步伸张和不同地域的延展，既表明发展具有一定的带动作用，同时也表明发展不会是齐头并进的。得益于自然资源、人力资源、政策资源等优势条件，我国城市发展迅速，截至2022年城镇化率达65.22%，从过程上说这使得更多的、更大范围的人享受到了城市生活，但从结果上看乡村日益衰落也成为突出的问题。宏观、中观、微观各个层面中的发展相互间竞争性更强，但也并不是不会产生合作。根据博弈论的观点，如果合作所得大于不合作所得，则合作是稳定的策略；如果不合作所得大于合作所得，则竞争是稳定策略；如果合作所得与不合作所得相等，则合作与竞争可能长时间共存。不同主体在相同利益驱使下，在相同目标或相同路径的指引下，并且还要在合作效果大于不合作的情况下才更倾向于合作。因此合作的产生条件更严苛，再加上合作所形成的团体之间依然存在竞争，所以同一层级的发展中竞争性更强。不同层级之间的发展是相互促进的，某一层级的发展相对于其他层级的发展来说是"外部"动力。发展的动力总体上来看是来自不平衡，即是发展不同层级之间状态的不平衡，抑或是同一层级不同主体间状态的不平衡。发展的动力来源于这种不平衡性。既往发展理论对发展动力的描述不完全相同，但都体现着不平衡的结构、系统、功能对发展的推动作用。孔德认为社会发展是自然的演进过程，迪尔凯姆认为社会分工越来越精细，斯宾塞主张社会多样性演变是发展的动力。社会结构的丰富不仅仅是发展的标志，更会拉开主体间差异，主体间差异既可以视作发展的状态，也可以是发展的伏笔，当分工更加精细、分化程度更高的时候，又会出现过于原子化的问题，社会公平也会得到更多的讨论，依旧会有推动新的发展变化的效果。帕森斯的结构功能主义主张发展的动力源于结构功能的不平衡状态，依附理论、世界体系理论认为国家间发展存在复杂的相互影响，这些同样指向了不平衡对于发展的作用。只是根据宏观、中观、微观的发展分布，本研究认为发展的不平衡存在于不同层级间和同一层级不同主体间，这种不平衡是发展动力的根本来源。

发展不同层级之间状态的不平衡带来发展最典型的例子是，技术革命带来自微观到宏观、再由宏观到微观的发展推动力。例如，第一次产业革命以蒸汽机、纺织机的发明和普遍使用为主要标志，用现代大工业代替了工场手工业，广泛确定并巩固了资产阶级的社会制度和政治制度。第二次产业革命以电的发明和广泛使用为主要标志，它使社会生活的各个方面都产生了过去难以想象的划时代的变化，使人类跨上了一个新的台阶。汽车、电话、无线电通信的发明改变了人们的生活习惯和思维方式，贸易、电信和旅游事业的发展使世界各地的交往变得空前频繁。从 20 世纪 50 年代起，科学技术领域发生了新的深刻变革，有人把它称为第三次科技革命，而日本和其他一些国家的学者则把它称为"新产业革命"或"新科技革命"。这场革命使科学技术发展出现质的飞跃，它将使整个物质生产过程发生革命性变化，并且使社会、政治和文化领域产生巨大的变革。信息革命和微电子革命大大加快了人类社会进步的速度。人类进入宇宙、人工智能计算机的生成、纳米技术和生物遗传工程上的成就，标志着人类已进入一个飞速发展的新时期，科学技术已成为解放生产力、推动社会进步的强大动力。新技术的发明本是一种在微观、中观范围出现的发展，它因显著改变了人类的基本生活方式而带来宏观层面的发展，进而更大范围影响人类，再推动其他微观、中观层面的发展。微观、中观的发展是相对较多、较频繁的，但这些发展中只有对宏观发展有推动作用的才能够将影响传播至世界每个角落。

同一层级不同主体间状态的不平衡推动发展最典型的例子是社会功能分化带来发展。德国社会学家卢曼认为，社会发展涉及三种不同的分化方式。第一种方式是分割。当最简单的社会开始分化时，它们通过分割创造相似或相同的子系统，这些子系统运行酷似原系统，是原系统的复制品，分割难以增加社会的复杂性和适应环境的能力，主要原因是生产不发展，而人口增加。第二种方式是分层。虽然分层时，社会子系统增加，权力、财产等相互有别，系统与环境关系更加复杂，但有一定限度。第三种方式是功能分化。这种方式的沟通过程围绕系统的特定功能而形成，经济功能有优先权，其他领域的组织是经济的环境。现代社会作为功能分化的社会，不再依靠共有的价值理念和道德共识而整合发展，而是通过各系统功能的不断分化，将许多个人安置在同一个空间和权利秩序之中。所以说，社会的发展与社会分化是紧密相连的。从社会分化的三个维度来看，社会分化一般体现在社会分工、社会分层和系统功能分化三个领域。社会分工使得人们处在一定的社会结构之中，让人们在生产中不断地适应社会结构的改变和社会关系的变动。涂尔干认为，在劳动分工的背景下，不仅社会的劳动生产率提高了，而且分工后的紧密结合的功能使得社会分化成为可能。故社会分工是社会分化的基础，也是社会发展的基础。同时，社会阶层的分化标志着社会整体不再是单一同质的，而产生了更多不同的社会角色，只有社会阶层结构不断优化整合，才能够实现经济、政治等各个领域的现代化，实现社会的可持续发展。而系统功能的分化对于社会中各个系统的组织和运行具有重要意义，系统功能的分化程度反映了社会发展的不同阶段，现代社会就是一个功能分化的系统。社会分工固然是社会发展的一个标志，但从社会结构的角度看，社会分化更能体现社会发展程度。分化意味着各结构要素之间相互依存关系的加强，整体与部分的关系从而改变，给整个社会带来影响。社会是在适应环境的过程中，通过不断分化来提高系统的有序程度和整体功效的。社会分工与社会分化同样都是社会进步和发展中显露在外面的主要表征，有许多相同的、难以分解清楚的地方，会把它们混同起来是很正常的事。而它们的一个主要区别在于，社会分化是社会发展的主要标志，而社会分工是古代社会在自然分工基础上进行的初步分化的表现。古典社会学家斯宾塞在其《社会学原理》中主张社会是一个实体，并且是一个有机实体。社会有机体与生物有机体有几个相似之处，即在生长过程、结构进化、功能分化和相互依赖这几个方面相似。他认为在结构简单的原始社会里，社会的各个部分基本相似，其中一部分很容易被另一部分所代替，社会内容缺少分化，因而原始社会具有同质性和综合性较强的特点，而在工业社会则相反。古典社会学家孔德特别重视研究社会结构与社会分化问题，他最早把社会学叫作"社会物理学"，后来他把社会学类比为生物学，认为社会存在着结构和分化。20世纪40年代美国社会学家帕森斯提出的结构功能主义可以说是关于社会系统与功能相联系的结构形成与结构变动的理论，它将结构与功能结合起来，从功能的角度说明结构存在和变动的原因以及变动的过程，这一过程即社会分化。社会发展的动力来自社会行动者希望其欲望得到更大程度满足的需求，这种满足永无止境的欲望的需求要求社会系统具有更高的满足需求的功能，这就导致社会结构分化并产生新的结构，即社会分工的普遍化。伴随结构分化的是功能的分化，因为只有功能的分化才能更好地满足社会成员不断增长的需求。社会分化是社会发展的标识，也是社会发展的动力。微观社会分化带来的主体间的不平衡状态是催生发展的内部动力，也是中观层面社会制度改革的动力，进一步推动社会发展。而能够达到宏观发展层面的制度的变革也同样会推动更广泛的发展。从宏观层面向中观、微观层面扩散的发展影响有着管辖、约束、引导的作用，三个层次间发展动力是双向的，存在相互影响。

梳理发展的概念、理论源流，结合马克思主义的运动观，辨析发展的运动特征，厘清发展的动力来源以及不同条件下的发展意涵后，可以明确发展作为一种运动的理论内涵。普遍意义的发展是在普遍条件下的宏观发展，即发展外部条件中的时空范围非常广阔，内部条件中主体包含最广大的人类群体，目标和路径围绕所有人类的共同需求和共识性的行为活动、制度规范、技术演进、博弈规律而展开细化。较为特殊意义的发展是在较为特殊的条件下的中观发展，即发展的外部条件中的时空为百年到千年范围内的某个洲、国大小的地区，内部条件中主体为以种族、国籍等为固定纽带的人类群体，目标和路径围绕主体的需求和共识性的行为活动、制度规范、技术演进、博弈规律而展开细化。特殊意义的发展是在特殊条件下的微观发展，即发展的外部条件中的时空是百年范围以内的某个受到洲、国管辖的某类地区，内部条件中的主体是与这些地域相联系或具有这些区位特征的人类群体，目标和路径围绕主体的需求和共识性的行为活动、制度规范、技术演进、博弈规律而展开细化，并且在相应的中观发展目标和路径的指引和约束下进行。任何一种发展形式都具有发展的时空运动特征，即持续性、顺序性、伸张性和广延性，发展的动力来源于发展不同层级间状态的不平衡或同一层级不同主体间状态的不平衡。

另外需要说明的是,本研究对发展的划分以人类社会的发展为主要范例,并不意味着人类中心主义的主张。谈及经济社会发展,人类活动在其中的作用是最不容忽视的,因此以人类群体为范例进行分析是符合普遍的研究价值取向的,也最容易被理解。宏观发展是一个过于宽泛的范畴,如果将所有主体都囊括其中,难免会陷入虚无而失去讨论的意义。人类与自然相对应但不应相对立,主体间的相互竞争、协作是主旋律,人类以自己为中心的发展过度侵犯到自然发展时会受到反噬,自然具有惩罚人类的力量,人类发展要尊重和保护自然,这已得到了世界范围内各领域的重视和支持,但本章重点在发展理论的基本含义的梳理上,没有深入该领域。发展的多层次中,各个主体除了对同一层次主体产生影响,对其他层次的主体也会产生影响,如国家和城市/乡村之间存在中观和微观发展主体间的相互影响。在发展目标和路径方面也同样存在类似的影响。与不同层次发展间的相互促进作用类似,不同层次中主体、目标和路径之间的关系以相互促进为主。由于发展的运动特征,中观层面的发展无法对包含于其中的各种微观发展起到同等的促进作用,但其仍是以促进发展为主要目标,以实现更长期的整体的发展。同层级的主体、目标和路径之间可能存在竞争与合作的博弈过程。

第二章
乡村发展的理论问题

在我国，乡村是包括城市以外所有地域的一个空间地域系统。我国的乡村发展在2017年后进入乡村振兴的阶段，2022年中国共产党二十大报告指出要全面推进乡村振兴，当前至2050年我国的乡村发展将要解决后工业时代农业发展停滞、乡村空心化、环境污染等问题，实现乡村全面振兴。在上述外部条件下确立的微观层面的乡村发展具有深入研究的空间，需考察乡村发展的确切的主体何以确定、目标何以具体、路径何以高效等问题。本章从理论的角度探讨乡村发展的目标、主体和路径，第四、五、六章将从实证的角度呈现乡村发展进程中的目标定义、多元主体和路径选择。

一、乡村发展目标的理论问题

（一）发展目标

根据马克思主义的发展观，发展是人类为改善自身的生存和生活状况而从事的实践活动所导致的各种演进与变革，是社会系统结构和运行机制不断优化，以实现社会系统及其各子系统与自然系统的协调和最佳功能耦合的过程，它表现为经济、政治、文化、社会、生态以及人本身等各个领域和层面的全面进步。由此可知宏观层面发展的目标是经济增长和贫困消除，更是社会平等、政治民主、环境优美，以及每一个人都得到自由充分的发展。

具体到我国，2017年中国共产党第十九次全国代表大会对新时代中国特色社会主义发展作出了战略安排：到2020年，实现第一个百年奋斗目标，即全面建成小康社会；从2020年到2035年，在全面建成小康社会的基础上，再奋斗十五年，基本实现社会主义现代化；从2035年到21世纪中叶，在基本实现现代化的基础上，再奋斗十五年，把我国建成富强、民主、文明、和谐、美丽的社会主义现代化强国。这是中观层面的发展目标。

对于微观层面的我国乡村发展的目标来说，2017年提出的乡村振兴的时间表是：到2020年，乡村振兴取得重要进展，制度框架和政策体系基本形成；到2035年，乡村振兴取得决定性进展，农业农村现代化基本实现；到2050年，乡村全面振兴，农业强、农村美、农民富全面实现。

2019年习近平总书记在参加十三届全国人大二次会议河南代表团审议时发表讲话，他说道："乡村振兴是包括产业振兴、人才振兴、文化振兴、生态振兴、组织振兴的全面振兴，实施乡村振兴战略的总目标是农业农村现代化，总方针是坚持农业农村优先发展，总要求是产业兴旺、生态宜居、乡风文明、治理有效、生活富裕，制度保障是建立健全城乡融合发展体制机制和政策体系。"

民族要复兴，乡村必振兴。实施乡村振兴战略，是党的十九大作出的重大决策部署，以"产业兴旺、生态宜居、乡风文明、治理有效、生活富裕"为总要求，为实现农业农村现代化指明了发展方向。

（二）发展指标

发展指标的研究以中观、微观层面的发展指标建立和改进为主。最流行最常用的指标有GDP（国内生产总值）指标，此外还有贫困发生率等负向衡量指标和社会指标。GDP 指标是一项比较全面反映一个国家或地区经济运行规模的综合指标。GDP 指标开始只是政府用来管理经济的一项指标。凯恩斯对这项指标特别推崇，认为其可以作为反映经济领域中有关供给、需求、失业等方面情况的依据。在第二次世界大战后，GDP 指标逐渐成为衡量一个国家或地区经济状况和发展水平的最重要指标。与此类似的还有 GNP（国民生产总值），GNP 虽然能反映一个国家的总体经济实力，但不能具体反映一个国家的发展水平。一般来说，大国的国民生产总值要高于小国。一些小国虽然国民生产总值比不上大国，但发展程度要比某些大国高得多。为了更好地衡量一个国家的发展程度，经济学家提出了按人口平均计算国民生产总值，即把一国的产品和劳务的全部价值除以该国的人口数。世界银行把世界各国按人均 GNI（国民总收入，与 GNP 在实质意义上具有等价性）分为低收入国家、中等偏下收入国家、中等偏上收入国家和高收入国家。这类指标的主要缺点是：它只计算总产出，不计成本，不关心产出如何分配、分配得是否公正，也不顾产出的效益好坏，原子弹、毒品、香烟和教育、服务等都被一视同仁地算在经济指标中；它认为自然资源是无须付费的，只有劳动和服务才能产生价值，环境污染也不必付出成本，如污染产生了疾病，医疗消费因此增加，则 GDP 也随之增加；它只计算看得见、可以价格化的劳务，而家庭主妇的劳动和社会义务劳动的贡献都不计在内；它只能测定具有抽象货币价值的各种经济活动，而不能反映净收益问题，穷国的国民收入往往容易被低估，尤其是穷国中自给自足或物物交换部分不一定被统计在内；它也不能确切反映各国的消费情况和生活水平，各国的物价水平和生活条件各不相同，同样的一美元在不同国家和地区的购买力各不相同，同样的人均收入水平并不意味着同等的生活水平；另外，在将数据换算成美元时，官方汇率同实际汇率的差距也会影响各国数据的可比性。能对这些问题进行改进的指标有净福利指标、国民净福利指标、可持续经济福利指标、绿色 GDP 等。

一些社会学家认为单纯的经济增长并不代表发展，他们主张用贫困、失业、不平等状况的变化来衡量一个国家的发展情况。关注发展问题不能仅仅看到国内产值的增加，还应注意到加剧的穷人贫困化问题。人们常常用最低生活保障线作为测量贫困的标准，生活在最低生活保障线以下的人口即为贫困人口。多数发展中国家的贫困线接近于绝对贫困，而发达国家的贫困线往往指相对贫困。由于贫困是一个社会的、历史的范畴，维持最低生存需要的标准会随着时间而变化，所以贫困线也会随着社会政治、经济、文化的发展而变化。国际上常用的确定最低生活保障线的方法有恩格尔系数法、市场菜篮法、生活形态法和国际贫困标准法。德国统计学家恩斯特·恩格尔 1857 年在一份报告中指出，一个家庭的收入越低，总支出中用于购买食品的支出就越多，用于教育、健康和文娱的支出就越少。这项发现由于具有普适性而被称为恩格尔定律。联合国粮农组织根据恩格尔系数，即居民食品支出金额占消费总支出金额的比重，来划分国家的贫富状态。恩格尔系数在 59% 以上为绝对贫困，50%~59% 为勉强度日，40%~50% 为小康水平，30%~40% 为富裕，30% 以下为最富裕。公平率常被用来衡量贫富差距，公平率是指人口中 20% 最富者所得收入除以 20% 最贫穷者的所得收入。这里所说的收入包括各种非货币收益，如住房津贴和生活上的特殊待遇。衡量收入不公平程度的方法还有洛伦兹曲线和基尼系数。洛伦兹曲线为实际收入分配曲线，它描述了从最穷的个人或家庭开始与收入获得者的累计百分比相对照得到的总收入的累积百分比，即多少比例的人口占有多少比例的收入，曲率越大，收入分配越不平等。基尼系数是在洛伦兹曲线的基础上提出的判断收入分配平均程度的指标。基尼系数为 0，表示居民之间的收入分配绝对平均；基尼系数为 1，则表示绝对不平均。基尼系数越小，收入分配就越平均。基尼系数在 0.2 以下，表示收入分配高度平均，0.2～0.3 表示相对平均，0.3～0.4 为比较合理，0.4 为贫富差距的警戒线，0.4～0.6 为差距偏大，0.6 以上为高度不平均。

20 世纪 60 年代中期至 70 年代末期，西方国家掀起了一个研究社会指标的高潮，许多学者从各个角度建立了一些衡量社会发展的指标体系，试图从政治、经济、文化、教育、卫生等各方面比较全面地反映社会现实。联合国社会发展研究所的 M.麦格拉纳汉于 1972 年发表了名为《社会经济发展的内容及其衡量》的研究报告，他根据 115 个国家的资料选择出 73 个指标，最后从中选取了 18 个相关程度最高的指标（相关度大于 0.9），其中经济和社会指标各占一半。将这 18 个指标的分数乘以权数得出的总的综合指数，被称为"发展指数"。美国商务部人口调查局 1980 年编制的"美国社会指标"包括 11 个方面：人口和家庭，健康与营养，住房和环境，交通和运输，公共安全，教育和训练，工作，社会保险和福利，收入与生产率，参与社会活动，文化、闲暇和时间的利用。其中的每一方面又分为一些具体的二级指标（共 61 个）和大量的三级指标。

在联合国人权委员会专家的密切合作下，联合国开发计划署的专家们于 1990 年制定了新的指标，即"人类发展指数"（IDH）。他们指出 GDP 的增长并不一定表示人们生活质量的提高，人类发展的目的在于扩大人们的选择，有三个选择是主要的：一是过长寿而健康的生活，二是要获得知识，三是要得到适合生活水平的资源。他们认为国民收入在达到一定程度之后，给人类带来的效益就会逐渐减少，这打破了传统的国民收入越高就一定越幸福的观念。经过研究，联合国开发计划署制定了一个收入标准（1993年为5711美元），高于这个标准的，其效益逐渐减少。除了对国民收入进行调整外，人类发展指数还加上了三项指标：人口平均预期寿命、成人识字率、学龄儿童就学率。人类发展指数的计算首先是确定一国在平均寿命、识字率、实际人均国内生产总值方面的贫困程度，其次确定平均贫困指数，最后用1减去平均贫困指数，就得到人类发展指数。人类发展指数最高值为1，大于0.8的属于高度发展国家或地区，在0.8与0.5之间的属于中等发展国家或地区，小于0.5的属于低度发展国家或地区。国民收入高的国家人类发展指数不一定就比较高。

（三）目标设置

目标设置理论认为，目标具有激励作用，目标可以把人的需要转变为动机，为人们的努力设定方向，并使人们将自己的行为结果与目标对照，及时调整和修正，从而实现目标。[①] 目标激励效果受目标本身的特征和周围其他变量的影响，目标激励研究表明，目标的明确度和难度影响目标激励效果。内容模糊的目标不利于引导参与者的行为，也可能因为不同参与者对其的不同理解而造成具有不确定性的后果；难度过大的目标难以实现，打击参与者的积极性；难度过小的目标没有挑战性，不能激发参与者进步。因此，内容明确且难度适宜的目标更有可能激发参与者的潜力，帮助其取得更好的成绩。

目标激励功能的实现及其效果也与目标本身之外的一些其他因素相关。一是参与者的能力。目标的难度设置要考虑参与者的能力，难度适宜的目标就是结合参与者能力而考量出的结果。二是参

---

① 张美兰、车宏生：《目标设置理论及其新进展》，《心理学动态》1999年第2期。

与者之间的关系。一方面，目标，尤其是复杂目标，需要多个参与者的合作才能实现；另一方面，由于角色、立场的不同，同一个目标对于不同的参与者而言具有不同的价值，并非所有参与者的目标都与整体目标相契合。因此，参与者之间结成何种类型的关系、是否能够合作、各方参与者的目标是否与整体目标相符，都影响目标激励效果。三是实现目标的环境，涉及该目标的利益相关者、他们之间的关系，以及目标实现的激励机制。目标的利益相关者包括实现目标的参与者、监督者、受益者等。参与者和受益者通过何种方式受益，监督者如何监管和评估目标实现的结果，都会影响目标激励效果。如果参与者不是目标实现的直接受益者，那么为了激励其积极推动目标的实现，就要有完善的激励机制。而如何评估目标的实现结果是另一个重要的问题。将目标拆解为一系列具体指标固然具有方便评估的优点，但是生硬的量表仅仅看重数字，可能会导致一些其他内容被忽视，出现如过于追求目标的实现而对其他领域造成负面影响、虚报结果等问题。因此，要设置明确且难度适宜的目标，并且关注目标实现过程中的利益相关者和制度环境，这样才能充分发挥目标的激励作用。

目标的制定有自上而下和自下而上两种方式。自上而下地设置目标即上级直接为下级指定目标，因为只有上级做决策，所以效率很高，但是由于上级与下级之间具有沟通成本，上级无法在完全了解下级的现实状况和意愿的基础上做决策，因此决策可能偏离实际和下级的愿望；自下而上地设置目标可以使下级的声音得到充分表达，但是这一方面会导致效率低下，另一方面还可能因各个层级和同层级中分散的下级的具体目标不一致而导致缺乏总体规划。完美的目标设置方案固然是没有的，但是无论采用哪种方式制定目标，毫无疑问的一点是目标的各方利益相关者都应该参与其中，目标不能由某一方单方面决定。假如目标的指向是人，那么其指向的这一方更应该参与其中，设置目标时要听取他们的愿望和声音，制定符合他们期望的目标，否则会出现目标不切合实际或目标偏离的问题。

（四）乡村发展指标

杨胜强等人利用熵权TOPSIS法对2019年重庆市各个区县的乡村振兴综合水平进行评价排名。[1]徐雪等人使用熵值法测算2011—2019年全国乡村振兴水平综合指数及五个子系统指数，并借助了Dagum基尼系数和Kernel密度估计方法揭示乡村振兴及各子系统水平的区域差异及演进趋势。[2]杜国明等人以东北黑土区典型地区——拜泉县为例，在实地调研的基础上结合官方数据，使用层次分析法和熵权法的平均值作为综合权重，对2019年该地区乡村振兴水平进行评价并探讨其推进路径。[3]张挺等人选择了全国11个省份的35个村，用层次分析法和熵权法计算权重并对样本村2013—2016年的乡村振兴水平进行评价。[4]闫周府等人利用熵权法求得各指标权重并计算综合得分进行排名来描述2016年全国各省的乡村振兴发展水平。[5]张雪等人从乡村振兴战略的五个方面出发并结合辽宁省的区域特征构建指标体系，对2018年辽宁省106个村的乡

---

[1] 杨胜强、廖和平、刘洛甫等:《重庆市县域乡村振兴水平评价及发展路径研究》，《西南大学学报（自然科学版）》2022年第5期。

[2] 徐雪、王永瑜:《中国乡村振兴水平测度、区域差异分解及动态演进》，《数量经济技术经济研究》2022年第5期。

[3] 杜国明、薛濡壕、王介勇:《村域尺度乡村振兴评价及推进路径——以黑龙江省拜泉县为例》，《经济地理》2021年第8期。

[4] 张挺、李闽榕、徐艳梅:《乡村振兴评价指标体系构建与实证研究》，《管理世界》2018年第8期。

[5] 闫周府、吴方卫:《从二元分割走向融合发展——乡村振兴评价指标体系研究》，《经济学家》2019年第6期。

村振兴战略实施现状进行评价。[1]韦家华等人以乡村振兴总要求为基础构建指标体系,并对广西壮族自治区荔浦市荔城镇D村的调研数据进行评价,检验评价指标体系的适用性。[2]蔡文伯和贺薇宇依据乡村振兴战略总要求,从"产业兴旺、生态宜居、乡风文明、治理有效、生活富裕"五个维度构建包含21个基础指标的省域乡村振兴评价指标体系,运用熵权TOPSIS法以及莫兰指数对我国31个省级行政区乡村振兴发展水平以及变化趋势进行分析,证明我国乡村振兴总体水平呈增长态势,尤以2018年后的上升幅度最明显。[3]

二、乡村发展主体的理论问题

全面推进乡村振兴是中国构建新发展格局的重要环节,对解决中国现代化发展过程中的乡村问题意义重大。回顾乡村发展研究会发现乡村发展主体的构成并不明晰,这会导致农民积极性不高、乡村人才流失、地方政府乏力、发展资金缺乏等不利于乡村发展的现象,而只有明确乡村发展的主体,才能确定在轰轰烈烈的乡村发展活动中谁出力、谁受益,从而有针对性地提高主体的积极性,提升乡村发展的效率。

(一)乡村发展的多重主体

1. 地方各级党委和政府

地方政府在推进乡村发展方面扮演着重要的角色,他们需要负

---

[1] 张雪、周密、黄利等:《乡村振兴战略实施现状的评价及路径优化——基于辽宁省调研数据》,《农业经济问题》2020年第2期。
[2] 韦家华、连漪:《乡村振兴评价指标体系研究》,《价格理论与实践》2018年第9期。
[3] 蔡文伯、贺薇宇:《我国乡村振兴发展水平综合评价研究》,《重庆大学学报(社会科学版)》2023年第1期。

·47·

责制定相关的政策，协调各种资源，推广和实施相关项目等。在我国处于社会转型的特殊时期，乡村治理面临着极其复杂的社会问题，既要面对计划经济时期积存下来的众多老问题和市场经济发展引发的各种新矛盾，又要面对分化程度很高而组织化程度很低的社会及个人，所以实施体制改革的难度很大。如果政府收缩其管理职能的同时治理能力并没有得到同步提升，就有可能带来严重的后果，如乡政改革推进中一些地方出现的"人心更散了，大家的事更没人管了"。但这不是乡政改革的本质意义，减小乡政规模和行动范围，显然不是为了削弱其对乡村社会的管理效果和服务能力，而是要在解构现行乡村治理体制的同时，构建一种拥有深厚的权力资源、实现公共产品供给的更优配置、对乡村社会秩序更具渗透和动员能力的新型政权体制。从具体实践看，要着力避免在乡政权力上收、职能上移后，出现政府治理乡村社会能力缺失的问题。

2. 新型农业经营主体

农产品二次加工、经营销售等方面的商业化是提升乡村收入的方式之一，民营企业的活跃能够为乡村发展起到推动作用。在乡村科教文卫等公共设施的建设中，民营企业也可以提供支持。民营企业通过引入技术和资本、提供工作机会、改善当地经济条件等方式推动着乡村经济的发展，保留农村人口。农业农村部乡村产业发展司的调查研究显示，乡村民营企业包括三个部分：一是由农民在乡（镇）村兴办的个人独资企业和合伙企业，二是返乡下乡新农民创办的个人独资企业、合伙企业和工商资本在乡村创办的各类企业，三是乡村集体企业通过改制而成的各类混合所有制企业。据统计，2017年，乡村民营企业3200万个，其中农民办私营企业51万个、个体工商户2500万个，返乡下乡新农民和工商资本兴办的企业630多万个，集体改制的混合所有制企业 13 万个。涉及行业有"五小"工业、建筑建材业、一般制造业,以及农产品加工业、休闲农业、手工艺文化产业等第三产业。这些企业在增加农民收入,承担以工补农建农的责任,承担社会性支出,带动返乡农民工、大中专学生、退役军人和科技人员到乡村创新创业,促进城乡融合等方面都起到了积极的作用。

乡村民营企业的发展和乡村建设促使农民的金融需求愈加多样化,但是,目前农村金融机构面对着来自农村地区的因经济社会结构和金融需求结构变化而形成的诸多挑战,例如受农村人口结构老龄化、少子化影响,与老年人和儿童相关的金融服务需求会变化。绝大多数农村中青年选择到大中城市去工作生活或者居住在本地小城镇,不再务农,这会影响其储蓄、消费和投资地点的选择,导致农村储蓄增长缓慢甚至下降。老龄人口成为务农骨干的现象在农村地区越来越普遍,农村空心化和农业人口近乎断档的问题为农业金融服务带来新需求。农村金融机构需要评估能够在多大程度上弥补农业人口断档问题,新的农业经营主体能带来怎样的农业业态变化和农业金融服务需求变化。未来农村人口结构和人口总量均会发生改变,这可能会影响到农村金融资源总量和农村金融需求。金融科技作为颠覆性技术,今后可能使得农村金融需求由完全不同于当前的金融供给系统与方式来满足。据统计,截至 2016 年底,我国农村信用社系统金融机构包括 1114 家农村商业银行、40 家农村合作银行以及 1125 家农村信用社。[①] 另外,中国邮政储蓄银行、中国农业发展银行等金融机构,在农民存贷款、重点支持粮棉油收储、农业农村基础设施建设等"三农"问题上提供了资金的保障,为搞活农村经济提供了动力。

---

① 中国银行业监督管理委员会宣传部编著:《中国银行业监督管理委员会 2016 年报》,中国金融出版社,2017。

《中共中央　国务院关于实施乡村振兴战略的意见》以及《乡村振兴战略规划（2018—2022年）》要求的新型农村集体经济，是指在乡村地域范围内，以农民为主体，相关利益方通过联合与合作，形成的具有明晰的产权关系、清晰的成员边界、合理的治理机制和利益分享机制，实行平等协商、民主管理、利益共享的经济形态。如今探索的新型集体经济形态并不是在经历"地主"式个体、"合作社"式集体、"家庭联产承包责任制"式个体之后对"集体"的字面意义上的回归，而是对以往"集体"的否定之否定，是在充分总结历史经验的基础上探索的新型治理方案，同"三权分置"等制度创新一样是中国乡村发展中的理论与实践的发展。个体积极性与集体优越性的调和，经济效益与社会效益的平衡，可以在马克思主义哲学中寻求到理论上的支点。资本是自然属性和社会属性的结合体，新型乡村集体经济在进行集体资本运行时必然面临两种价值逻辑。一是适应社会主义市场经济的资本逻辑，即集体资本不断增殖的逻辑。资本与市场经济相连，"资本是一种客观的存在，只要市场经济存在，企业作为市场经济的活动主体存在，就必然存在着资本现象"[1]，资本一般的、自然的属性表现为资本逻辑，是"在市场交易中基于价值规律而追求利润和价值增殖最大化的规则"[2]，是集体资本运行要遵循的首要经济规律。因此，乡村集体资本的投资、运作、经营要遵守等价交换、供求平衡、价格机制等规律，以最小投入获得最大产出。目前，我国乡村推进的"资源变资产、资金变股金、农民变股东"的"三变"改革就是顺应资本逻辑的重要举措。二是凸显社会主义资本的运行收益主体决定了资本的社会属性。在资本

---

[1] 王宏波：《资本的双重属性与经济全球化的两种走向》，《教学与研究》2002年第8期，第35页。
[2] 胡敏中：《论作为经济手段的资本逻辑》，《学习与探索》2015年第1期，第18页。

主义社会，资本的社会主体是无偿占有工人剩余价值的资本家，资本表现出"剥削"和"吃人"的本性。在以公有制为基础的社会主义社会，公有资本运行和收益的主体是广大人民群众，体现出"以人民为中心"的发展思想。乡村集体资本的运行和收益主体是广大农民，"坚持把依法维护农民权益作为出发点和落脚点"的"农民立场"体现了集体资本运行的社会属性，是驾驭资本逻辑的价值原则。这一原则表现在乡村新型集体经济建设中，就是集体资本的运作以集体成员的根本利益为取向。新型集体经济可以帮助小农在乡村发展中摆脱家庭式耕作方式的低效率缺点，以自愿为原则的参与方式能带来更高的积极性。

3. 村党组织、村委会和其他村民组织

在封建社会的运行机制中，很重要的一环是民间的士绅阶层在县令、农民之间所起到的斡旋和协商的作用，因此才有"皇权不下县"一说。这显示的是治理模式和治理逻辑的一种传统，这种思想在中国的传统社会乃至现当代社会中都有着持久的影响。20世纪40年代，费孝通在《基层行政的僵化》《再论双轨政治》等文献中都发表了对"双轨制"体系的认识。他认为中国的封建社会构成一方面是自上而下的皇权，另一方面是自下而上的绅权和族权，二者平行运作，互相作用，形成了"皇帝无为而天下治"的乡村治理模式，构建出一个形象而又独特的描述传统中国政治运作逻辑的双轨政治模型。乡绅填补了县以下的权力真空，乡绅拥有的权力是一种"非正式权力"，实现的是"相对"自治，依然处于县级官员的管辖之下。温铁军于1999年发表了《半个世纪的农村制度变迁》一文，再次议及传统社会中的基层管理模式，论述了县以下自治的重要性："由于小农经济剩余太少，自秦置郡县以来，历史上从来是'皇权不下县'。解放前县以下虽然设立派驻性质的区、乡公所,但并不设财政,不是一级完全政府。农村仍然维持乡村自治,地主与自耕农纳税,贫雇农则只交租。这种政治制度得以延续几千年的原因在于统治层次简单、冗员少,运行成本低。"[1] 温氏认为历史时期出现县以下的自治传统,主要原因是小农经济高度分散,政府直接面对小农的交易成本过高。在这一历史依据下,温氏提出了改革乡镇体制的设想。在2000年出版的《中国农村基本经济制度研究——"三农"问题的世纪反思》一书中,温铁军针对其时正在试点的"税费改革"阐述历史时期出现税费制度的特征时,再次重申了县以下自治的概念。但乡村自治不能解决的问题也逐渐暴露出来,如基层村民自治组织除了承担村民日常生活的管理协调职责外,还需要承担一部分对上负责的行政职责,这导致基层自治组织的负责人工作负荷重;商议村庄公共事务时基层自治组织负责人很容易被村民视为政府代理人而不能够被村民信任,由于村委会并不具有行政组织的性质和地位,也就没有行政组织的权威,在完成行政任务时并不得心应手,村委会名义上的自治、实际上的行政化,又使它得不到村民的信任和支持。[2] 从过去的士绅,到村中德高望重的老人,再到敢闯敢拼的农村能人,乡村中总是需要一种能量去平衡普通农民和管理者之间的关系。传统社会的自我整合是在国家、精英和民众三层互动结构中通过乡村精英治理而实现地方自治。当前,随着我国农村治理秩序效率的提升,同样需要一批富有公共理性的乡村精英在普通村民和国家之间形成一支高素质、强有力的乡村自治队伍。从民主发展的学理角度来说,社会充分给出合法的私人生活空间,给民间自组织力量以相对独立的发展空间,便能形成一种民主的秩序。

---

[1] 温铁军:《半个世纪的农村制度变迁》,《战略与管理》1999年第6期,第81页。
[2] 张厚安主编:《中国农村基层政权》,四川人民出版社,1992。

现代社会的乡村精英不是传统乡绅的复活，而是现代社会与乡村传统特色相结合的产物。传统社会乡村精英是在儒家文化领域内的，而不是在知识生产领域。现代社会乡村精英应该是一个接受过一定现代知识和思想教育、具有公共理性和乡土情怀的群体，并且具有跨区域的影响力。村支书、村委会主任可以成为乡村精英群体的一部分，但乡村精英不应只有乡村的治理者。乡村精英参与或承担公共事务的商议，为乡村发展提供不同的视角。乡村精英与传统乡绅的区别还体现在二者所处政治制度环境不同。传统乡绅身处等级森严的专制统治下，他们维持着地方秩序的稳定并承担利益调节的责任。他们主要扮演着让政府、官府政令在乡村社会贯通并领头执行这些政令的角色，充当乡村社会的政治首领或政治代言人，是连接统治者与下层农民之间的桥梁。尽管他们中有些人曾经掌握过有限的权力，极少数人可能升迁官衙，但从整体而言，他们始终处在封建社会的清议派和统治集团的在野派位置，因此难以有真正的"民主"可言。乡村精英则身处民主和自治的政治环境中。自从我国确立了基层群众自治的政治制度，农村的基层民主建设得到了长足的发展，已经逐渐形成了村民实行自治、群众当家作主的社会局面。在这样的政治制度环境中，设置乡村精英这一角色实际上是对广大农村地区推行和完善村民自治制度的一种有益补充。同时，乡村精英可以通过村民委员会来实现自我管理、自我教育和自我服务，并依法实现自身的民主选举、民主决策、民主管理和民主监督权力，这是一种真正的民主。二者的核心价值观念也不同。传统乡绅始终是儒家思想的忠诚信徒。他们遵守贵贱、尊卑、长幼、亲疏有别的规范，致力于实现"大同"的理想社会；他们主张用道德去感化教育人，并通过这种心理改造使人心良善，明白耻辱而无奸邪之心；他们信奉"为政在人""有治人无治法"等较为极端的"人治"主义。特别是在朝代更替、皇权易主的年代，乡绅捍卫儒学的决心和勇气甚至更胜官吏一筹。乡村精英则在批判继承儒家思想的基础上，以中国特色社会主义文化为精神给养，是社会主义核心价值观的传播者，也是推动社会主义新农村建设的践行者。二者的社会认同方式不同。传统乡绅身处"士农工商"的等级结构以及"绅为一邑之望，士为四民之首"的普遍性社会认同中，其社会地位更多基于一种身份等级取向。乡村精英的社会权威必须建立在民众认同的基础上才具备权威来源的合法性。具体来说，乡村精英是当前我国乡村社会建设和发展中难得的精英人才，并且需要通过群众评议来产生和认定，这使得他们具有更为广泛的群众基础，也更能得到农村社会的普遍认同。这也为乡村精英在乡村治理中发挥更大积极作用提供了重要保障。

4. 社会力量

市场和国家是资源配置的重要主体，但是市场和国家内在的局限性，有可能导致市场失灵和政府失灵。市场以盈利为目的，由于不能盈利或盈利太少，市场主体承担提供公共物品职能的意愿很低。在乡村发展过程中，由于乡村的现代化程度比较低，需要投入比较多的公共产品才能打好乡村发展的基础，因此，只依赖市场主体的力量很难实现乡村发展。

政府是公共物品的主要提供者，但是在此过程中，政府也有一些不足。由于政府的决策和行为具有整体性和普遍性，因此难以满足乡村对公共物品的差异化需求。我国不同地区发展差异大，不同的乡村有不同的区位、历史、资源、文化条件，在发展过程中，每个乡村都有不同的诉求。在精准扶贫的过程中，通常存在一个地区内的扶贫策略一致的情况，这忽视了不同贫困个体的不同诉求。

市场和政府的局限性为社会力量参与乡村发展提供了一定的实践空间,社会组织因其非营利性、非政府性的特征可以在一定程度上弥补市场和政府的局限,为乡村地区和乡村居民提供更为精准和更具发展性的资源和服务。

5. 农民

我国是一个历史悠久的农业国家,但漫长的古代历史中农业始终停留在自然经济状态,没有由农民自发催生出农业技术的改革和经营方式的改变。古代君王多重农抑商,但面朝黄土背朝天辛勤耕耘的农民实际上却从没有成为过社会中具有重要地位的群体。春秋时期农民集体耕作的"井田制"瓦解转向"初税亩",承认了私有土地合法化,唐朝的均田制及租庸调制本意"均富均摊"实则加大贫富差距而造成农民分化。封建制度下的土地政策概而化之具有不断"集中"和"分化"的特点——为保障农业生产在"普天之下莫非王土"的基础上分地于民,农民手上的土地又被地主阶级掠夺出现大地主,大地主割据一方导致冲突迭起,冲突引起王朝更迭形成大一统格局,大一统的基础上再分地于民,后分地被兼并,割据战争频发……直至封建统治被推翻。可以说在古代的农业农村治理中,普通农民是隐形的。正如王夫之所指,通力合作、计亩均收是不切实际的,因为人有能力、勤懒的差异,通力合作、计亩均收会使"奸者得以欺冒而多取",可取的是"人各自治其田而自收之"。王夫之虽然肯定了农民个体的积极性,但他的观点实际上是在为豪强掠夺土地辩护,他认为:"村野愚懦之民以有田为祸,以得有强豪兼并者为苟免逃亡、起死回生之计。唯强豪者乃能与墨吏猾胥相浮沉,以应无艺之征。"[①]地主阶级的利益被肯定了一段时间后,往往导致贫

---

① 叶世昌:《古代中国经济思想史》(修订本),复旦大学出版社,2021,第400页。

富差距过大等社会问题凸显,此时"抑制兼并"又会被统治阶级重新重视,进而出现均田等措施的回归。在封建社会,在大多数对农民利益和国家治理问题的讨论中,地主成为农民的代表,君王对其采取的策略是利用扶持和提防打压相交替,而农民本身的利益是没有得到重视的。

  古代乡村发展思想论及的农业经营等思想都是失之偏颇的,近现代对于农业技术和农民经营理念的讨论中逐渐出现小农的身影。近代诸如郑观应,虽然强调以商强国,但其也非常重视农业的现代化发展,主张"讲农学,利水道,化瘠土为良田,使地尽其利"①,并且认识到农业和商业的相互关系:"商以贸迁有无,平物价,济急需,有益于民,有利于国,与士、农、工互相表里。士无商则格致之学不宏,农无商则种植之类不广,工无商则制造之物不能销。是商贾具生财之大道,而握四民之纲领也。"②孙中山"耕者有其田"的主张,是中国近代资产阶级革命派提出的最彻底的反封建土地制度的战斗纲领,表现出对普通农民的关注,即要求"全体的农民来同政府合作,慢慢商量来解决农民同地主的办法。让农民可以得利益,地主不受损失"③。但是他并没有阐述具体的政策措施,并且希望和平解决农民和地主之间的矛盾,这反映出孙中山土地理论的不彻底性。而中华人民共和国成立以来的农业发展切实做到了对普通农民利益的肯定。毛泽东指出:"在'耕者有其田'的基础上所发展起来的各种合作经济,也具有社会主义的因素。"④早在1927年考察

---

① 夏东元编:《郑观应集》上册,上海人民出版社,1982,第234页。
② 夏东元编:《郑观应集》上册,上海人民出版社,1982,第607页。
③ 广东省社会科学院历史研究所、中国社会科学院近代史研究所中华民国史研究室、中山大学历史系孙中山研究室合编:《孙中山全集》第10卷,中华书局,1986,第558页。
④《毛泽东选集》第2卷,人民出版社,1991,第678页。

湖南农民运动时，在发展农业生产的组织形式问题上，毛泽东就对乡村中的消费、贩卖、信用合作社持肯定态度。张闻天在新民主主义革命时期，对于农民之间的"以一副大犁为单位的生产互助组"也大加赞赏，并指出："新的生产关系，是农民与农民结合的互助合作的平等互惠的劳动关系，这就是新民主主义的生产关系。……这种新的生产关系，由于没有封建剥削的存在，所以能够大大提高乡村生产力，改善农民生活。我们今后的任务，就是通过大生产运动把这种新的生产关系巩固的建立起来。"[1]可见中国共产党向来重视农民生活条件提升，鼓励农民集体生产提高效率，虽然当时能达到的生产形式还比较初级。梁漱溟在主张农业技术提升之外，也提出农业社会化，主要形式就是合作社，"将劳力资本凑到一块，同去生产，将产品供给大家使用"，梁漱溟认为，"在个人资本主义之下固以土地私有、工资、劳动、营利等关系，根本已使农业不得发达，不易走到社会化"[2]，以及"想要真的发展农业促进农业社会化，则只有此协同合作之一途"[3]。晏阳初认为有针对性地开展文艺、生计、卫生、公民教育，则能从根本上消除农村存在的"愚、贫、弱、私"的落后现象。在平民教育实践中，晏阳初明确规定了生计教育的目标："要训练农民生计上的现代知识和技术，以增加其生产；要创设乡村合作经营组织；要养成国民经济意识与控制经济环境的能力。"[4]

改革开放前后家庭农场等方式被视为乡村发展的一个关键点。林毅夫对比1978年前后农业改革的发展情况后认为："大多数发展

---

[1]《张闻天选集》，人民出版社，1985，第378—379页。
[2]《梁漱溟全集》第5卷，山东人民出版社，2005，第644页。
[3]《梁漱溟全集》第5卷，山东人民出版社，2005，第646—647页。
[4] 宋恩荣编：《晏阳初文集》，教育科学出版社，1989，第94页。

中国家所面临的一个重要问题是,他们应如何加速发展他们的农业以支持工业化,并满足由人口爆炸性增长所致的对食物日益增长的需求。小规模的分散土地持有制——这是大多数人口密集性发展中国家的特征,常常被认为是机械化、灌溉、作物保护、投入的有效配置等等的重大障碍。因而,不仅在中国而且在其他许多发展中国家的许多政策制定者和学者,都认为,集体农作是土地集中和生产率提高的一种吸引人的方式。不过,我们的结果表明,家庭农场是发展中国家农业经济增长的更为适当的制度,中国的未来改革应该加强刚刚建立起来的农户制度的地位。"①林毅夫的观点肯定了小农户在乡村发展中的重要作用。除了调动个体积极性,温铁军还指出了保障农民积极性在实现国家和乡村可持续发展问题中的关键作用。他提出了研究中国乡村制度问题的一个前提性假设:"中国的问题是'一个资源禀赋较差的发展中的农民国家,通过内向型自我积累追求被西方主导的工业化的发展问题'。"②他强调:"50年新中国制度变迁、25年农村改革和10年试验区正反两个方面的经验证明,只有在国家重新确立可持续发展战略的前提下,通过深化农村第二步改革来加快城镇化改变外部条件,同时加强小农村社经济内部化制度建设。这二者并重推进,才可能在调整城乡关系的前提下改善农村经济结构、提高农业经营规模、实现市场经济条件下农村的可持续发展。"③对于20世纪80年代以后出现并加剧的农业停滞、农民贫困和农村衰败的"三农"问题,有观点认为问题在于以家庭经营为基础的农业生产经营制度不适应已经得到发展的生产力的需要,应当从集体化找出路,吴敬琏持有不同的看法。他认为问题不出在

---

① 林毅夫:《制度、技术与中国农业发展》,上海人民出版社,2005,第85页。
② 温铁军:《三农问题与世纪反思》,生活·读书·新知三联书店,2005,自序第3页。
③ 温铁军:《三农问题与世纪反思》,生活·读书·新知三联书店,2005,自序第5页。

家庭农场制度,而在于与之相配套的其他经济制度和政府政策还不够完善。为了切实推进农业经济的发展,他提出五项建议:(1)改革农产品购销体制;(2)完善土地制度;(3)减轻农民的负担;(4)解决小农户与大市场的矛盾;(5)解决农村剩余劳动力转移问题。[1]陈锡文认为导致农业周期性地成为国民经济不稳定因素的原因极为复杂,其中有两个原因不可忽视:(1)"农业和乡村的发展,始终没能有机地成为整个国民经济发展战略的组成部分"[2];(2)"对农业问题,重视的是农产品的供给,忽视的是农民自身的发展。农产品是农民的劳动结果,如果对农民缺乏稳定而有效的激励方式,农产品的供给显然就会缺乏'长治久安'的基础"[3]。

而到当代城乡一体化发展、龙头企业发展,以及社会主义新农村建设、乡村振兴等阶段,广大农民的需求已经受到充分关注,落实农民需求、完善农村建设、提升农业效率也被放在了重要的位置。进入新时代以来,乡村发展越来越重视经济效益与社会效益的平衡,试图进行治理方式上的改进和创新,个体与集体并重,做到经济效益与社会效益的协同发展。2013年起,农村土地"三权分置"的推进是中国农村改革的一项重大制度创新,在家庭承包基础上,坚持农村土地集体所有,集体土地的承包经营权分离成承包权和经营权,从而形成农村土地所有权、承包权和经营权分置并行状态。党的十九大提出,保持土地承包关系稳定并长久不变,第二轮土地承包到期后再延长三十年。以上政策措施在充分保障农民个体生产资料的基础上,进一步释放乡村的劳动力,增加个体自主选择的方式,为生产规模扩大和集体经济发展提供条件,且减少土地纠

---

[1] 钟祥财:《中国农业思想史》,上海交通大学出版社,2017。
[2] 陈锡文:《陈锡文改革论集》,中国发展出版社,2008,第40页。
[3] 陈锡文:《陈锡文改革论集》,中国发展出版社,2008,第41页。

纷，促进社会稳定。

（二）多重主体参与下的乡村发展

乡村发展的过程作为治理过程，必然有多重主体的参与。[①] 格里·斯托克指出，治理明确肯定了在涉及集体行为的各个社会公共机构之间存在着权力依赖。进一步说，致力于集体行动的组织必须依靠其他组织。为达到目的，各个组织必须交换资源、就共同的目标展开谈判。交换的结果不仅取决于各参与者的资源，而且也取决于游戏规则以及进行交换的环境。因此，对社会的公共治理造就的是一种赋权的环境，能够使公众尽可能广泛地参与发展决策，保障公众政治自由和参与决策权利的政治意愿，同时形成一套保证人类自由和参与的规范、制度和法律框架。詹姆斯·N.罗西瑙在强调治理与政府统治的区别时说，治理是只有被多数人接受才会生效的规则体系。如果普通农民、乡村精英、地方政府以及商业机构共同参与到乡村发展中去，治理过程就能得到最大程度的肯定和认可，参与其中才更能感受到其中的不易，更能够激发主人翁意识，肯定付出获得的成果。多重主体参与比单一主体参与更容易取得乡村发展的成功，很多时候发展停滞正是因为某个主体的缺位使得问题难以解决。

乡村发展作为微观发展运动，受到中观和宏观发展规律的约束。本章罗列出的是本研究认为最重要的几个主体，还有更细微的没有列出，但可以肯定的是这些主体间存在密不可分的联系，且共同受到更高一层级——中观层面发展运动的主体的管理和约束。而且，在同一地区内，普通农民、乡村精英、地方政府、商业机构的统筹协调能力各有不同，彼此间存在领导、监管等复杂的关系。

---

① 俞可平主编：《治理与善治》，社会科学文献出版社，2000。

（三）重塑乡村发展多重主体的力量

保障农民权益，确保农民主体性地位，提升农民积极性。农村土地"三权分置"的制度创新，充分凸显社会主义原则的"农民立场"，即以农民为资本运作和收益的社会主体，实现农民的根本利益，确定了农民的主体身份不变。在乡村精英和普通农民的互动过程中，普通农民的主体积极性也能够得到提升。普通农民往往充当着单一的农业生产角色，忍受微薄的农业利润，或是充当被动的外出务工角色，总而言之是一直扮演着"场外人"的单一角色，缺乏选择的自主性、积极发展的能动性、遵守规则的受动性。与农民的"场外人"的单一角色相对应，乡村精英在经济实力、政治领导力、社会号召力方面都表现得比较突出，在乡村建设中发挥着不可替代的作用。乡村精英有着不同的分类标准，如经济精英、政治精英和社会精英的三类划分，体制内精英与体制外精英的二类划分，在地村治精英和回流村治精英的二类划分等。中国的乡村精英在政治、经济和文化资源的占有上占据优势地位。本书在借鉴上述定义的基础上，将乡村精英定义为具备丰富的政治、经济、社会资源，在村庄中富有感召力和领导力，且在村庄经济、政治、社会事务等方面均发挥着引导、推动、规范作用的综合型精英。通过观察乡村精英与农民间的互动，可发现农民由单一的"场外人"角色逐渐演变为自主选择意识增强、主动服务于村庄发展的综合型角色，农民的积极性得以提升。[1]

吸引培育乡村精英，增加其发挥主体性作用的空间。乡村经济社会发展落后往往使得人才在乡村的生活需求难以得到满足，政策的缺失与迟滞导致社会人才在参与乡村振兴时缺乏集体行动的逻

---

[1] 周立、庞欣、马荟等：《乡村建设中的农民主体性提升——基于角色互动理论的Y村案例分析》，《行政管理改革》2021年第4期。

辑。制度上的阶段性帮助和优待能够短时间吸引人才到农村去，但难以长时间留下这些人才。因此要给予人才足够的发展空间，人才作为乡村精英参与治村，其权力的获得、运用和监督，都须严格依据村民自治有关法律制度运作，这样乡村精英参与乡村治理过程中的权益才能受到法律的保护与约束。可从中央和地方立法层面寻找法律法规依据，因地制宜制定相应的实施条例和地方性法规，为"新乡贤"治村提供更为恰当具体的规定。

　　留住人才还要使乡村生活更方便、更现代化，能够满足人们多样化的需求。建设美丽的乡村是无论在家乡还是离开家乡的村民都想看到的，但是对于本来就很拮据的乡村来说，建设是需要投入的。国家统计数据显示，2000年中国约有360万个自然村，2010年，自然村减少到约270万个，10年间消失了约90万个自然村，平均每天有将近250个自然村消失。当常住人口城镇化率达到"十四五"规划中的65%的目标时，还会有部分村落消失。因此，吸引乡村精英的规划、乡村振兴涉及的建设等投入较大的项目就需要由更高一级的地方政府进行充分研判再作出决定。

　　发挥多重主体的力量不是要削弱地方政府的主体性地位，而是为了促进其改革转型。由于社会结构分化程度高而组织化程度低，治理能力提升也是一个巨大挑战。如果政府只收缩管理职能而没有同时提升治理能力，就可能造成严重的治理后果，例如乡政改革过程中一些地方出现的"人心更散了，大家的事更没人管了"。减小乡政规模和行动范围并不是为了削弱它对乡村社会的管理效力和服务能力。相反，我们应该解构现有乡村治理体制，并构建新型、基于权力资源的、实现公共产品供给更优配置的、对乡村社会秩序更具渗透和动员能力的政权体制。如此就更应该吸纳社会和商业的力量，维护发展的多重主体性。从改革的具体实践看，我们应该着力避免在乡政权力上作出收缩、职能上移的决策，从而防止政府治理乡村社会能力的缺失。这是当前乡政改革所面临的紧迫任务。

营造乡村民营企业发展的有利环境，吸引资金投入农村，实现不只农业还有农村的现代化。2021年《农业农村部关于促进农业产业化龙头企业做大做强的意见》出台，为贯彻落实2021年中央一号文件精神，加强对农业产业化龙头企业的支持、引导与服务，更好发挥龙头企业的引领带动作用，农业农村部在深入研究、广泛征求意见的基础上，制定出台了《意见》，旨在从促进龙头企业高质量发展、提升龙头企业联农带农水平、构建龙头企业发展梯队、优化龙头企业发展环境等方面，进一步明确支持龙头企业发展的总体要求、目标任务，进一步统一思想、形成共识，为促进龙头企业做大做强、创新发展提供指导。可见民营企业在农业现代化中对提升农业生产效率发挥了重要作用。并且在乡村旅游领域，民营企业是乡村旅游资源与市场对接的桥梁，提供的各类旅游产品是连接乡村和游客的纽带。民营企业具备一定的资源统筹与协调能力，能够助力打通乡村旅游脉络，盘活旅游资源。2014年，《国务院关于促进旅游业改革发展的若干意见》首次明确提出加大对小型微型旅游企业和乡村旅游的信贷支持。此后，国家几乎每年都会出台乡村旅游发展相关的政策，不乏对民营企业在乡村旅游建设中的支持。如2020年9月，农业农村部对第8434号建议答复时表示，鼓励支持民营企业到乡村投资兴业，加强民营企业的政策创设。相关政策的密集出台和不断完善激活了乡村旅游市场要素，增强了民营企业参与乡村旅游发展的信心和动力。民营企业应把握政策支持的绝好时机，充分利用政策红利形成的杠杆效应，进一步开拓乡村旅游发展的版图。民营企业积极参与到乡村发展中，也是填补了多重主体的空缺。

此外，学者和研究机构对于推进乡村发展研究具有非常重要的作用。他们可以通过深入调研和分析，提出具体的政策建议，并向决策层提供专业的意见和支持。因此，要培养和鼓励更多的学者和研究机构参与到乡村发展的相关研究中。多重主体包括但不限于上面罗列出的这些主体，因地制宜地对多重主体进行充分挖掘，并有针对性地提升其积极性就是发展的一个直接的路径。

三、乡村发展路径的理论问题

为全力推进共同富裕，在乡村发展中尤其要注意形成共建共享的模式。在能够保障较好的生活的情形下，农民参与家乡建设的热情是非常高的。政府要为人民增强发展能力创造更加普惠公平的条件，畅通向上流动通道，给更多人创造致富机会；特别是要将"鼓励勤劳创新致富"的要求落实到各项工作的细节中，政策的制定和执行都需体现这一鲜明导向，切实增强政策的针对性和有效性；要坚持基本经济制度，坚持"两个毫不动摇"，充分激发广大农民勤劳致富、创新致富的热情；要坚持公有制为主体、多种所有制经济共同发展，允许一部分人先富起来，重点鼓励辛勤劳动、合法经营、敢于创业的致富带头人，以先富带后富、帮后富，要形成乡村精英的带动作用。乡村的基础性、普惠性、兜底性民生保障建设仍需要一定的投入，届时要充分调动多重主体的参与热情，共同参与后就能形成更强烈的共享的快乐，正反馈激发良性循环，形成共建共享模式。

此外，创新是实现乡村可持续发展的重要支撑。通过创新技术、产品和服务，可以拓宽乡村经济增长的空间，丰富经济增长的路径。乡村发展要推动乡村创新，在创新领域开展合作及科技转移，并探索与其他地区连接的可能，以此进一步推动乡村的发展，这些问题也是值得关注的。

第三章
乡村发展的现状

党的二十大报告指出，要全面推进乡村振兴，全面建设社会主义现代化国家，最艰巨最繁重的任务仍然在农村。现代化过程是社会、人口、经济、组织全面转型的过程，现代化过程是在历史文化背景和现实发展状况的基础上提高、优化的过程。要实现乡村现代化，实现中国式现代化，必然不能脱离我国乡村发展的历史和现状，必然要在乡村的社会、人口、经济、组织现状的基础上，明确适合我国乡村发展的方向和道路，实现乡村的全面发展和转型。本章将从社会、人口、经济、组织四个层面梳理我国乡村发展的现状。

一、乡村的社会现状

传统乡村社会的规模较小，且往往由家族聚居而成，因此乡村社区一直都具有"熟人社会"的特征，人与人直接结成了不同类型的关系，形成了比较复杂的社会结构，人与人之间的社会互动比较多，处于互助网络之中。不同于具有"陌生人社会"特征的城市，乡村社区能使农民体验到比较多的归属感和融入感，传统的乡村社会具有比较明显的社区特征。但是，随着城市化的推进，以及乡村社会向现代化转型，乡村社会发生了很大变化。随着大量人口流入城市，乡村出现了空心化的现象，人口急剧减少，同时，由于外出务工的绝大多数是青壮年劳动力，因此乡村老龄化现象严重。随着乡村生产经营方式变化，为了集约利用土地，乡村居民的生活生产方式发生了很大变化。乡村的这些变化对社区造成了什么影响？乡村还能否成为一个社区？这些都需要我们认真思考和寻找对策。

（一）我国乡村社会的社会结构

我国是乡村社区最典型、最发达的国家，我国经历了漫长的传统社会时期，传统社会主要是农业社会，农村社区是社会的主要组成部分。中华人民共和国成立之后的相当长一段时间内，我国的城市化发展水平很低，绝大多数地域仍然是乡村，绝大多数人口是农村人口。一直到改革开放之后，尤其是 21 世纪以来，我国城市化水平逐渐提升，常住人口城镇化率超过 60%，但仍然有相当一部分人口是农村人口。

血缘关系是农村社区中占支配地位的社会关系，社区居民大多数可以在本社区内找到与自己有血缘关系的人，同宗同族是这种血缘关系的基础。在传统的农业社区，相邻而居的地缘关系常常与血缘关系相重合，这是由世代繁衍和同族相邻而居的传统造成的。血缘关系在社区的政治、经济和社会生活中发挥着重要作用。一般来说，血缘关系的亲疏对人们的经济活动、政治活动的取向有明显的影响。在社会生活领域，血缘关系的作用表现得更加明显，许多日常生活是以家族为基础来组织的。费孝通将这种基于血缘关系之亲疏而形成的，人们在经济和社会生活方面的关系存在差别的现象称为"差序格局"。

传统农村的职业分化程度很低，男耕女织式的自然分工是职业分化的主要形式。几乎所有家庭都以农业生产为主要的，甚至是唯一的生计来源，这样，农民几乎成为农村社区中唯一的职业。一个家庭在社区中的经济地位基本上以该家庭所占用的土地及家庭的经营能力为转移。1949年以前，在我国农村，务工、经商收入只是农民家庭经济收入的补充。集体经济时期，受国家的城乡分工政策的影响，农村在相当长的时期内职业结构更加单一。直到20世纪70年代，由于社队企业的发展，农村的产业结构、职业结构才发生新的变化，农村社区也在发生新的变化。

我国城镇化的一个重要特点是户籍和居住地的分离，20世纪90年代之后，大批乡村人口进入城市务工，但他们中只有很少的人获得了城市居民身份，绝大多数人仍然保留农村户口。所以，我国的实际城镇化水平是高于户籍城镇化水平的。尽管目前我国的户籍和实际城镇化水平都已经超过50%，但是由于人口基数大，仍然有大批人口生活在乡村。我国存在数以亿计的进城务工人员，尽管他们大多数时间都在城市工作和生活，但是他们依然没有脱离乡村社会，他们主要的社会关系还保留在乡村，因此，乡村的传统依旧存在。

（二）农村社区

每个人社会角色的扮演、与他人的社会互动都需要一定的布景与道具，在这些布景与道具中，最基本的是一定的空间。在现实社会中，人们总是在一定的地域空间内与他人共同生存与发展的，在社会学中与其相关的范畴是社区。当今社会学中社区的概念是经德国社会学家滕尼斯提出并发生演化的。1887年滕尼斯的《社区与社会》（*Gemeinschaft und Gesellschaft*）一书论述了社会的变迁。他认为，社区（Gemeinschaft）是指由具有共同习俗和价值观念的同质人口所形成的、关系密切的、富有人情味的社会组合，社会（Gesellschaft）是由契约关系和理性意志形成的社会组合。他用这两个概念来说明这两种社会组合中人们之间的社会关系性质的不同：前者是一种依存关系，即共同体状态；后者是利益关系，人们因谋求自己的利益而结合。滕尼斯认为，社会在由前一种状态向后一种状态变化。

19世纪末到20世纪初，美国发生了大规模的、剧烈的城市化运动。在研究城市中人际关系密切的生活共同体的过程中，美国社会学家发现这种现象与地域有一定的相关性，他们在研究中使用了Community和Society两个概念，并使这两个概念与滕尼斯所使用的两个概念相对应。20世纪30年代，美国芝加哥大学社会学家帕克来华讲学，介绍了美国当时社会学研究的新趋势——关于Community的研究。之后，我国的社会学者在翻译英文文献时，将Community翻译成社区，并赋予其在一定地域内共同生活的社会群体的含义。

社区具有社会性，其实质是相互联系的一群人，即具有一定规模的社会群体。由一定的经济、社会和文化关系联系起来的人群从事共同的社会生活，这就是社区的基础。地域是人们活动的场所，是人们进行共同的社会活动的依托。地域向人们提供了基本的生存空间，这不仅包括土地资源，而且包括该地域中的各种设施。进行共同的社会生活是社区的本质特征，人们共同的社会活动或社会互动包括经济的、文化的、社会的和精神方面的活动。这些活动是该地域中人们联系的纽带，也使人们形成共同的利益，相互认同。社区文化是社区居民在长期的共同生活中积淀而成的社区居民共享的价值观念、行为规范的总和。它既满足社区居民的需要，也为他们之间的共同生活提供了规则和约束。在比较典型的社区，社区文化常常表现为社区风俗和基本相同的价值观念。作为一种底蕴，社区文化在维持社区的存续方面发挥着重要作用。归属感和认同感是社区居民对自己所属社区的依恋感和责任感。这种归属感和认同感是社区居民愿意成为社区之一员的心理倾向，而其基础则是他们在社会中所得到的支持以及成员之间良好的感情。居民对社区的归属感、认同感可以成为社区意识,这种社区意识是社区形成和存续的心理基础,它也是衡量社区发育程度的最重要的指标。

对于传统乡村而言,家族聚集而居意味着一定数量的人口生活在一定的地域范围内,共同生产和生活。他们一般共享家族文化传统和价值观念,相互帮助相互扶持,个体对家族具有比较强的归属感和认同感。因此,传统乡村具有比较明显的社区的特征。开始现代化转型之后,乡村社会发生了很大变化。青壮年劳动力进城务工,留下大量留守老人和留守儿童。当一个社区内的人口几乎全部都是老人和儿童时,那么这个社区就会由于缺乏一些基本的要素而很难成为一个真正的社区。农村社区需要农民对公共事务的参与,但是老人和儿童由于缺乏参与能力和参与意识,很少能够参与公共事务,社区因此难以维系。

在现代化转型的过程中,乡村的生活和居住方式发生很大变化,改变了乡村社区的形态。在传统乡村社区,居住区是沿河流或道路分布,在平原地区则是聚集在一起。农民生活在一个熟人社会中,因此,社会互动和交往非常频繁。乡村中往往会自发发展出一个公共空间。比如北方平原乡村村口的树下,在辛苦劳作之余,在茶余饭后,甚至在吃饭时,村民们总是会聚集在这个地点聊天、互动。尽管他们在这里往往只是闲聊,聊天的内容中并没有重要的信息,对于个人提升和发展并无实质性作用,但是这里也形成了一个公共的空间,形成了乡村居民能够发出声音、表达诉求的场所。虽然一些问题和困难并不能通过这种交流和互动方式得到解决,但是人与人之间的相互安慰、鼓励、扶持也可以使人获得归属感,增强社会团结。因此,社区内的公共空间对社区的维持起到非常重要的作用。

在现代化转型的过程中，乡村的居住方式发生变化。为了集约用地，也为了改善居住环境，更方便地进行社会管理，一些乡村修建了住宅楼，农民摆脱传统的居住方式，而居住在住宅楼里，这当然改善了乡村的人居环境，更多的土地资源得到释放，进一步推动集约化、机械化、现代化的生产，提高生产效率。但是，居住方式的改变也挤压了乡村公共空间。一些乡村在进行村居改造的过程中忽视了公共空间的保留，比如在田野调查的过程中，我们发现在某个乡村，居民在搬进集中修建的住宅楼之后，失去了以往村头的公共空间，但是他们频繁交往的传统没有改变。因此，他们会在晚餐时间带着自己的餐具和食物，集中在住宅楼楼洞处，一边聊天一边吃饭，有人经过时他们还不得不搬起板凳挪到一旁，尽管非常拥挤且不方便，他们还是希望保留传统的生活方式。但是，长此以往，我们无法得知这样的公共空间还能维持多久，乡村的社区性质还能维持多久。

（三）我国的城乡社会关系

从历史发展的角度来看，城乡关系经历着从对立走向融合的过程。

1. 城乡对立

城市是在农业和农村发展的基础上产生和发展起来的：一方面，一些城市是由农村演变而成的，农村规模扩大、功能分化而变为城市；另一方面，城市的生存和发展是建立在农业的较大发展的基础之上的，农产品的相对剩余使不从事生产的城市居民的生存成为可能。然而，城市一旦形成就产生了城乡对立，即城市的统治阶级依靠强力剥削农村劳动者。这种对立是建立在政治和军事统治之上的，而其直接行为是对农村的经济剥夺。

2. 城乡分割

城乡分割是城乡两类社区的居民在经济收入、政治地位、文化教育和发展机会方面存在着差异的现象，但这种差异并未达到对立的程度。城乡分割与城乡对立的不同之处主要在于形成机制的不同。在阶级对立的社会中，城市的统治阶级通过政治和军事手段强制性地对农村劳动者进行剥夺，形成城乡对立，而城乡分割不是以政治的强制性为基础，而是建立在两类劳动者的有差异的劳动生产率之上的。同时，城乡居民之间没有强制性壁垒，他们的市场机会的不同导致了两大群体在经济、政治、发展机会及生活方式方面的差异。

城乡分割主要是由倾向城市的政策造成的。在现代社会中，城市在经济、政治、文化方面的中心地位使得政府把投资的重点放在城市，这不但增加了城市人的就业机会，而且改善了城市公共设施、文化教育和服务业的发展，也使城市居民获得较多生活福利。但是在城乡分割的背景下，农民并非没有选择城市生活的权利。然而由于竞争力和价值观念等方面的原因，一些农民还是选择留在农村，比如，一些人留恋农村田园式的生活方式。

3. 城乡融合

城乡对立是人类社会发展史上的一种异化状态。马克思、恩格斯在分析资本主义社会的矛盾时，不但指出了资本主义社会尖锐的阶级对立，也分析了城乡之间的对立。他们认为，私有制条件下城乡对立是城乡关系的基本形态，消灭城乡对立不仅是可能的，而且是必要的，城乡关系的发展前景是城市和乡村的融合。他们认为，城乡融合不是要消灭城市和乡村两种具体形态，而是要从本质上消灭城乡对立，实现城乡平衡和协调发展。

实现城乡平衡和协调发展是人们的一种理想，关于如何去实现这种理想有以下几种观点。第一，优先发展农村。这种观点认为，既然农村落后于城市，当然要优先发展农村，使农村接近和赶上城市。按照这种观点，国家在政策和投资方面应该倾向农村，更多地顾及农民利益。这种观点有一定的道理，因为没有农村的优先发展就不可能缩小城乡之间的差别。但是，如果不考虑农村发展的外部环境，孤立地谈农村发展并不能收到好的效果。第二，优先发展城市。在城市已经占优势的情况下，再强调优先发展城市似乎很矛盾。但优先发展城市论者认为，如果没有城市的带动，落后的农村很难有较快发展，没有先进强大的城市，难以有富裕发达的农村。因此，要使农村得到较快发展，从而缩小城乡差别，必须大力发展城市，增强城市对农村的带动力。这一模式的关键是怎样将城市发展的成果较快地传递给农村并带动农村发展。显然，只提重点发展城市也有不妥。第三，城乡一体化协调发展。这种思路是把城市和农村放在一个系统中来考虑，全面规划，协调发展。在设计它们的发展时要做到优势互补，并使它们的发展成果相互连接，相互为用，从而使城乡发展形成相互促进的良性循环。这种发展模式可以避免城市、农村片面发展可能带来的弊端，而且成为越来越多国家和地区的实践选择。但是，这需要全面而慎重的设计。

4. 我国城乡的二元结构

二元结构现象是指在一个国家、地区或实体内，同时存在着两个有重大差别的部分，而且两者又互相隔离、难以沟通的现象。发展经济学家刘易斯在研究发展中国家的经济时提出"二元经济"理论。他认为，在发展中国家普遍存在着农业部门和工业部门相互分隔的现象，农村从事农业生产，城市从事工业生产，这就是二元经济。二元经济是这些国家经济不发达的表现,他认为,随着经济的发展,这种现象会发生改变。

借用上述说法,我国社会学界提出城乡二元结构概念。所谓城乡二元结构,是指城市和农村在经济类型和经济发展水平、城乡居民的收入水平、享受的社会福利待遇和受教育机会,乃至在政治和社会权利方面存在较大差别的现象。这一概念高度概括了我国的城乡差别,提出城乡差别发生于经济、文化教育、社会福利、政治等诸多领域。它反映了计划经济体制对我国城乡关系造成的负面影响。改革开放以来,随着农村经济及小城镇的发展,以及户籍制度的松动,城乡格局有所变化,也有人提出"城市—小城镇—农村"的"三元结构"的说法,认为小城镇是既不同于城市,也不同于农村的新的一元。但是,总体来说,我国的城乡二元结构没有发生根本性改变。

(四)乡村社区的维护与建设

现代化是不可逆转的趋势,乡村也必然走向现代,不能为了维持传统而拒绝乡村走向现代,只为了"乡土情结"而忽视社会发展的趋势和方向,逆规律而行,必然会导致乡村的持续落后,农民的持续贫困,进而引发严重的社会问题。但是在现代化的过程中,如何尽量规避现代性的风险,使乡村在保留社区性质的同时平稳实现现代化,是一个需要应对的问题。

首先,要避免行政化力量的过度干预,针对乡村的实际和农民的利益诉求,选择乡村向现代化转型的道路。比如推动居住集中化是乡村产业转型和土地集约利用的必由之路,但是相关举措中也要考虑农民的诉求,要在推动居住集中化的同时,真正关注农民的利益诉求,尊重农民传统的生产生活方式,在推动居住集中化和尊重农民传统中尽力达到平衡。但是在实践中，一些地方政府为追求政绩或在巨大的利益驱使下，不切实际地推进居住集中化，在一些不适宜进行居住集中化的地区强行推行集中化，违背乡村居民的意愿和社会发展的规律，这必然会激发比较激烈的矛盾，乡村社区难以维系。

其次，随着城市化和城镇化的推进，在乡村发展过程中，出现了一些不完全城市化的现象。[①] 随着城市的扩张，乡村的行政区划变成城镇，实现城镇化，乡村居民在户籍上脱离了农民的身份，实现了市民化。但是，不论是单纯的行政区划的变更还是户籍身份的变更，都不意味着真正实现了城市化转型，这只能看作是对形式和统计数字的追求。盲目扩张城市，把乡村的土地划归城市建设用地，会造成大量失地农民产生。对土地进行集约化经营是现代农业的必由之路，但是，只有安置好失去土地的农民才能使得现代化转型实现平稳过渡，才能使得所有居民共享发展的成果，才能不引发社会矛盾。推进农民的市民化首先要实现的是农民以市民的身份参与社会生产。当前在城市中，外来务工的农民并不能享受与市民同等的市场权利，尽管学者们对农民工的收入、待遇、社会保障已经有过很多年的关注，进行了很多研究，政策和制度层面也一直在呼吁同工同酬，但是无论是在劳动力市场中，还是在收入和公共服务水平上，农民工都还未能拥有和城市居民同等的待遇。相较于城市居民，农民工进入劳动力市场的门槛更高，同样的工作中农民工的收入水平更低，农民工还不能享受城市居民的医疗和养老等公共服务，缺乏社会保障使得农民工不愿意放弃农民的身份和农村的土地，而是把它们作为自身的最后一道保障。当成为失地农民之后，失去了最

---

① 林聚任：《村庄合并与农村社区化发展》，《人文杂志》2012年第1期。

后一道保障的他们难以通过参与第二三产业在城市中立足,无法成为真正的市民,在长期的城乡二元体制下,他们的市民化过程尤为艰难。

第三,自上而下地推进乡村转型有一些弊端,也已经造成了一些不良后果。政府主导的乡村转型和乡村建设往往受到政府理性的影响和部门利益的驱动,往往会出现为了追求短期目标和政绩,运动式地强力推进,不顾地方实际和当地村民利益的情况。此外,由于政府人员是流动的,地方政府换届之后,新来者往往会推翻以往的政策和举措,进而选择新的发展路线,这种极速转向一般无法给乡村及居民缓冲的空间,造成了极大的资源浪费,也侵害了村民的利益。由于乡村本质上是乡村居民的生活空间,乡村建设和乡村公共事务就是村民自己的生活内容,关乎他们的利益和发展,因此,乡村社区的建设需要乡村居民的参与。

二、乡村的人口现状

中华人民共和国成立以来,我国总人口持续增加,而城乡人口数量的变动并未与总人口保持同等趋势。如图 3-1 所示,20 世纪 80 年代之前的 30 年,城乡人口的增长趋势与总人口的增长趋势基本一致,且乡村人口数量远多于城市人口,绝大多数人生活在乡村,这意味着该阶段我国城市和乡村人口的增长主要都是自然增长。20 世纪 80 年代之后,城市人口增长速度逐渐超过总人口,而乡村人口增速逐渐放缓,1996 年,我国乡村人口数量开始下降,并且一直持续至今,2011 年城市人口首次超过乡村人口,且差距逐年扩大。由此可判断,20 世纪 80 年代之后城乡人口变化趋势出现差异,甚至在 1996 年之后出现反转的原因,不是人口的自然变动,而是机械变动，即人口迁移。

改革开放之后，随着城乡区隔政策的解除，农民开始向城市迁移，20世纪90年代以后，大量农村青壮年纷纷外出务工，城市人口的增长速度大幅度提升，与此同时乡村人口的增速越来越慢，1996年以后更是持续下降（图3-1）。从1995年至2023年，我国乡村人口减少了约38200万人，平均每年减少约1400万人。2023年约47700万人居住在乡村，虽然这一数字与新中国成立之初的48000万差别不大，但在总人口中的比重大大降低，由1949年的89.3%降到2023年的33.8%（图3-2）。更重要的是，乡村人口的结构，尤其是年龄结构发生了很大的变化。从乡村向城市迁移的人口在年龄上展现出明显的选择性，流出乡村的大部分都是青壮年人口，大量青壮年人口的迁出加重了乡村的老龄化，留在乡村的大多是老人和儿童。人口空心化问题已经成为乡村发展的一个重要问题，也引起了很多学者的关注。

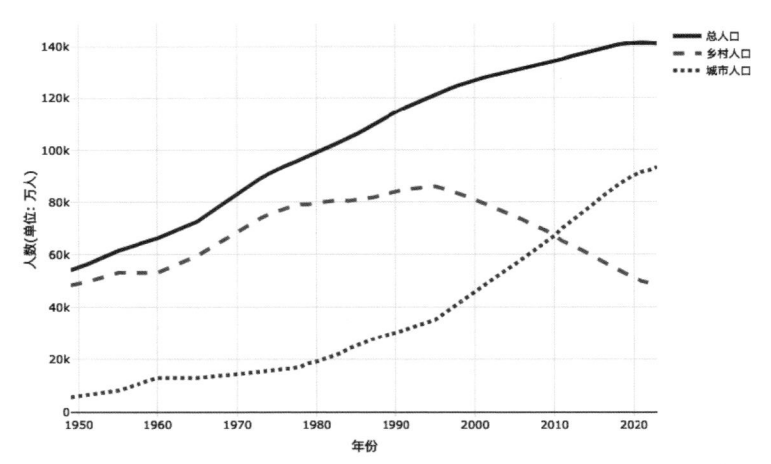

图3-1　1949—2023年我国总人口及城乡人口数的变化趋势[①]

---

① 数据来源：《中国统计年鉴2024》。

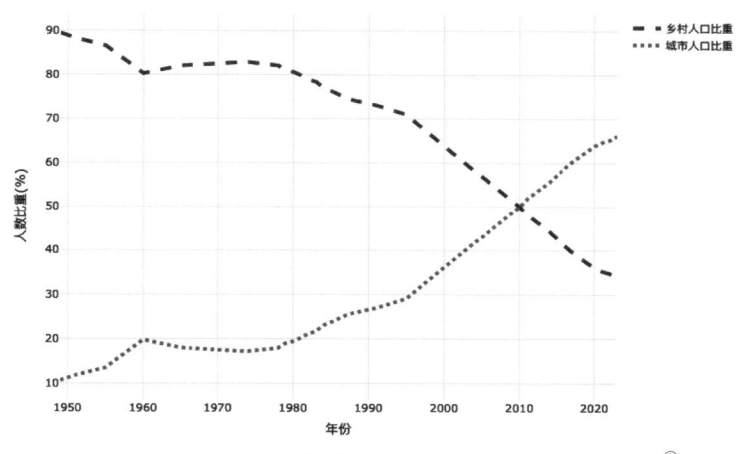

图 3-2　1949—2023 年我国城乡人口比重的变化趋势①

（一）乡村人口空心化的现状

城市化是改革开放以来我国社会变迁的主要趋势之一，改革开放前，由于实行严格的限制政策，我国城乡之间的人口流动非常有限，而改革开放之后，尤其是 20 世纪 90 年代之后，在人口政策和工业化政策的共同推动下，人口流动的规模大幅增加，大量农村户籍人口转移到城市，我国流动人口的规模从 2000 年至 2019 年翻了一番，达到近 2.4 亿人（见图 3-3）。尽管流动人口中并非全都是从农村转移到城市的人口，但其中的大多数都是由农村转移到城市。因此，尽管缺乏精确的农村转移人口的数据，但从流动人口的增长趋势中我们仍然可以窥见迁往城市的农村人口规模之大以及人口数量增长速度之快。根据第七次全国人口普查的数据，2020 年我国户籍人口城镇化率达到了 45.4%，居住在城镇的人口为 9 亿多人，占 63.89%；居住在乡村的人口约为 5.1 亿人，仅占 36.11%。城镇常住人口比户籍人口多约 2.6 亿人，这部分人口就是 2020 年从农村转

---

① 数据来源：《中国统计年鉴 2024》。

移到城市的人口。

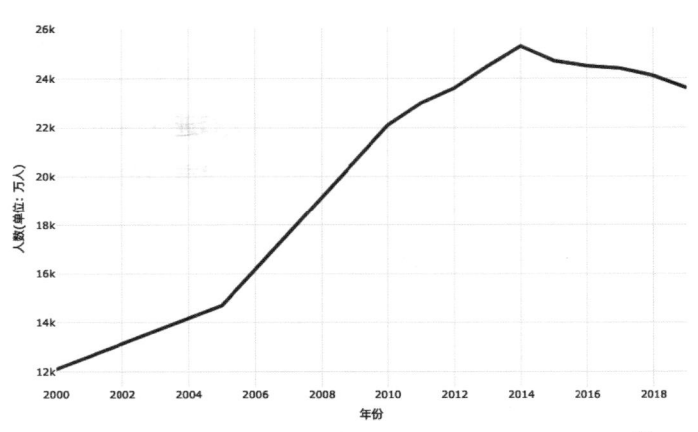

图3-3　2000—2020年我国流动人口数量的变化趋势[①]

乡村人口向城市转移和城市化是经济和社会发展的必然趋势，也是发达国家在发展过程中同样经历过的阶段和存在的现象，但是我国的人口流动不仅受到市场化、产业结构调整等经济因素的影响，更是受到政策的引导，这使得我国的乡村人口向城市的转移呈现出与发达国家不同的特点。改革开放前，在重工业优先发展的政策、户籍制度、城乡二元分割体制，以及农村人民公社集中经营和劳动制度下，国家限制农村人口的流动；[②] 改革开放后，随着农村经济体制改革释放了大量劳动力，城市产业结构的调整催生了大量的劳动力需求，为了加强经济建设，政府逐步放松进而鼓励乡村人口，尤其是农村劳动力进城，向非农产业转移。

当然，城乡之间的人口流动并非单向的乡—城流动，向流出地回流也一直是我国人口流动的常态。农业农村部公布的数据显示，2011—2015年，农民工返乡创业人数年均增幅都保持在两位数，截

[①] 数据来源：《中国统计年鉴 2020》。
[②] 纪韶、李小亮：《改革开放以来农村劳动力流动就业制度、政策演进和创新》，《经济与管理研究》2019 年第 1 期。

至 2015 年年底，农民工返乡创业人数累计超过 450 万人，约占农民工总数的 2%。截至 2018 年年中，全国返乡创业的人数已经达到 740 万人。2019 年年底全国返乡入乡创业创新人员已达 850 万人。[1]

但是，需要注意的是，由于鼓励乡村人口进入城市的政策的目的很大程度上在于加强经济建设，尤其是为城市的第二三产业补充劳动力资源，因此，人口的乡—城迁移具有明显的年龄选择性。青壮年劳动力相较于老年人口在城市的劳动力市场上具有更强的竞争力，因此，从乡村进入城市的流动人口中，绝大多数都是青壮年劳动力。而以往对返乡农民工进行的经验研究中发现，高年龄段、中等教育程度、在城镇的收入水平低、在城镇缺乏社会保障的农民工返乡意愿更强。[2][3] 因此，虽然有部分青壮年劳动力选择返乡创业或工作，但大多数返乡的农民工仍是高年龄段劳动力。由于年龄限制，他们失去了在城市的劳动力市场就业的机会，他们也不能与城市居民一样获得城市的养老资源，因此，只能选择返乡养老。相关数据显示，2010 年和 2020 年农村人口中 50 岁以上人口占比分别为 27.57% 和 41.45%，而 2010 年和 2020 年 50 岁以上的农民工占农民工总数的比重分别为 12.9% 和 26.4%，这意味着大量的农村青壮年劳动力离开农村、进入城市，导致农村人口结构失衡。农村 65 岁以上老年人占比从 2000 年的 7.5% 增加到 2010 年的 10.06%，再增加到 2020 年的 17.72%（见图 3-4），可见农村的人口老龄化现象更为严重。

---

[1] 王兴周：《乡村振兴背景下逆城市化动力机制探析》，《江海学刊》2021 年第 3 期。
[2] 任远、施闻：《农村外出劳动力回流迁移的影响因素和回流效应》，《人口研究》2017 年第 2 期。
[3] 李文忠、焦爱英、何继新：《农民工选择性返乡回流影响因素研究》，《调研世界》2013 年第 9 期。

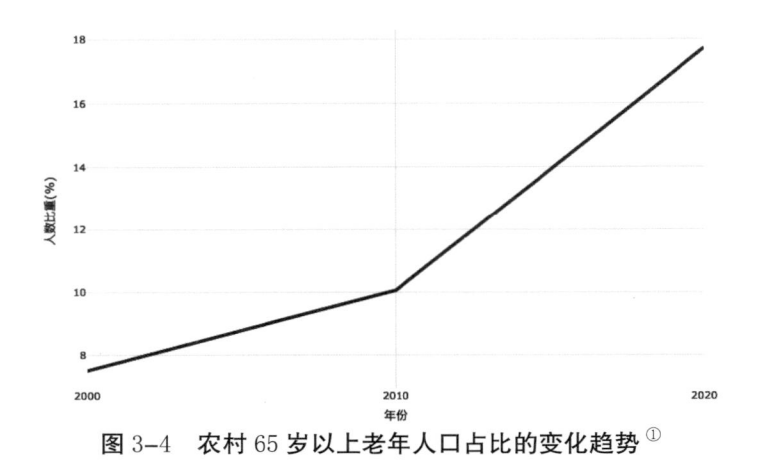

图 3-4　农村 65 岁以上老年人口占比的变化趋势[①]

（二）乡村人口空心化的形成及原因

乡村人口空心化是乡村人口，尤其是乡村青壮年人口向城市迁移的结果。对乡村人口向城市流动的解释大多都在推拉理论的框架之下，用城市拉力和乡村推力形象地揭示城乡人口流动的动力机制。与发达国家工业化、市场化、城市化和逆城市化动力机制和路径一样，我国城市对乡村人口的拉力和乡村对人口的推力在很大程度上来源于工业化、市场化带来的城乡差距，但与发达国家不同的是，城市拉力和乡村推力的另一个更重要的来源是户籍制度和城乡发展政策。城乡人口流动可分为乡—城流动和城—乡流动两个方向，乡—城流动的主体是青壮年劳动力，而城—乡流动的主体是高年龄段劳动力。乡村内部的推力和城市的拉力是促使乡村人口流入城市的力量，而乡村的拉力以及城市的阻力也在阻碍乡村人口向城市流动，在不同的社会时期，这四种力量的强度是不同的。乡村人口进入城市和返回乡村的决定是他们在上述四种力量形成的综合体的作用下做出的。在我国的特殊国情下，城乡推力拉力系统不仅

---

① 数据来源：第五次人口普查、第六次人口普查、第七次人口普查。

包括经济、文化层面的因素,更重要的是包含政策方面的内容。

1. 乡村推力

乡村推力是乡村内部的迫使乡村人口向外迁移的力量,这种力量的来源主要包括城市和乡村、农业和第二三产业、东部和中西部之间的经济、社会、政策差距,以及由此引发的城乡收入差距。刘易斯在《劳动无限供给条件下的经济发展》一文中提出落后的农业部门和现代城市工业部门的劳动生产率差距,以及城市工业部门规模扩张带来的劳动力需求,带动大规模的劳动力从农村流入城市。[1] 改革开放之后,随着我国农村经济体制的改革,农民的生产积极性被调动,农村劳动生产率提高,出现了大量富余劳动力。而在占我国国土面积很大一部分的山区,由于难以实现机械化,农业经营成本过高,山区坡耕地撂荒,也出现了大量剩余劳动力。大量农民迫于家庭经济压力选择进城务工。此外,由于乡村地区的公共服务和基础设施非常不完善,教育和医疗资源非常落后,与城市相比存在很大差距,许多乡村家庭为了给子女提供更优质的教育资源,选择离开乡村进入城镇。此外,乡村的生活方式和文化都相对传统,年轻人,尤其是有过城市生活经历的年轻人,无法融入传统的乡村生活和文化中,因此他们选择离开乡村进入城市。

2. 城市拉力

城市拉力是与乡村推力相对的,吸引农村人口离开乡村进入城市的力量。托达罗在《发展中国家的劳动力迁移模式和城市失业问题》一文中提出城市工业部门的就业机会以及城市较高的预期收入

---

[1] W. Arthur Lewis, "Economic Development with Unlimited Supplies of Labour," *The Manchester School* 22 (1954).

会影响劳动力的迁移决策。[①] 由于发展政策、产业结构和生产效率存在差异，相对于农村地区，城市有着更多的就业机会和广阔的发展空间，且交通便利、公共服务健全、教育医疗水平较高、文化生活丰富，这吸引着更多的青年人口流向城市。除了更多的就业机会、较高的收入和公共服务层面的吸引力之外，乡村地区还逐渐形成了"能者进城"的文化，留在乡村的年轻人被贴上没有能力或懒惰的标签。为了彰显自己的能力，绝大多数农村劳动力，尤其是青壮年劳动力都会选择进城务工。除此之外，国家政策的调整也增强了城市对乡村人口的吸引力。城乡差距从新中国成立之初就一直存在，但大规模乡村人口进入城市的情况发生在20世纪90年代之后，这与改革开放后我国逐步放开对农村人口进城的控制，进而鼓励引导农村劳动力进城务工的政策密切相关。从20世纪80年代开始，国家逐步取消了对农村人口流动的限制，出台了一系列有关农民工户籍、身份管理的制度。20世纪90年代之后，国家虽然有过放缓农民工转移就业的情况，但对农村人口进城务工一直持积极态度，尤其是进入21世纪之后，国家在农民工就业、培训、公共服务等方面陆续出台了一系列政策，积极引导和鼓励农村剩余劳动力进城。

3. 城市阻力

城市阻力是农村人口向城市迁移过程中，由于自身原因或外部环境影响遇到的阻力，主要包括现行政策下的城乡二元结构限制、长期以来严格的城乡户籍制度以及衍生的相关政策法规。城乡之间由于产业结构的不同固然存在生产效率的差异，这种差异进而导致城乡在发展程度与居民生活水平上存在差距，这构成城市对乡

[①] Michael P. Todaro, "A Model of Labor Migration and Urban Unemployment in Less Developed Countries," *The American Economic Review* 59, no. 1 (1969).

村人口的吸引力，但是城市并非公平开放地接纳从乡村转移而来的所有人口。首先，进入城市的人口会经历年龄、性别、受教育程度等社会人口因素的筛选，更为年轻、受教育程度更高的男性乡村人口更有可能迁往城市，而年龄更大的人口难以在城市的劳动力市场上获得就业机会，进而失去迁往城市的机会。其次，由于乡村地区教育资源的数量和质量都落后于城市地区，乡村人口的受教育水平和人力资本整体上低于城市人口，他们在城市就业的机会、质量和收入相比城市人口都更低。再次，虽然改革开放以来，国家逐渐取消了对人口城乡流动的限制，但是户籍制度仍然存在并在很多方面发挥作用，农村人口不能享受城市的公共服务资源和社会保障。农民工群体无法享受与城市居民同等的受教育机会、医疗资源、养老服务，迁入城市的农村人口并不能享受与城市居民同样的权利。此外，户籍制度的长期存在以及农民在城市中相对较低的社会地位也造成城市居民对农民的歧视，农民在经济、制度、文化、心理等层面都难以融入城市。因此，一方面，人力资本相对较高的农民才更有可能迁入城市；另一方面，大多数迁入城市的农民并未选择永久迁移，以往的研究发现，超过60%的农民工不愿意放弃农村户口，约45%的农民工不愿意放弃土地。[①]经济层面尤其是政策层面的因素造成了城市对农村人口迁入的阻力。

4. 乡村拉力

乡村拉力是乡村吸引乡村人口留驻本地和拉动乡村迁移人口回流的力量。以往的研究认为，社会制度、户籍制度、土地制度、传统文化、乡土情结等是吸引乡村人口留驻以及回流的重要影响因素。与发达国家类似，经济层面的因素是造成乡村迁移人口回流的

[①] 蔡禾、王进：《"农民工"永久迁移意愿研究》，《社会学研究》2007年第6期。

重要原因，获得更高的收入是乡村人口迁入城市的重要动机，在经济下行时期，城市的就业机会减少，农民工往往是最先失去就业机会或收入下降最明显的群体。在我国当前的户籍制度和土地制度下，相当多的农民在进城务工的同时还在家中保留着土地，当经济不景气导致他们在城市的收入小于迁移成本时，他们会重新返回乡村。此外，中国人的传统是，年轻的时候四处闯荡，但家乡、父母始终令游子牵挂，功成名就以后解甲归田、荣归故里、叶落归根是中国人最理想的生命归宿，传统文化和乡土情结也构成农村对流出人口的拉力。

在城乡推拉力的共同作用下，我国人口的城乡流动呈现出大量乡村青壮年人口迁往城市，但大多数农民并未放弃农村户籍及土地，且在近几十年内仍然会选择年老之后返回乡村的特点。年轻人被城市吸引，如果迁入城市之后可以融入城市，实现永久迁移，乡村的人口结构就会是比较均衡正常的状态，但是多数农民工不愿意实现永久迁移，他们更愿意选择返乡养老，即农民工把青壮年时期贡献给城市，而由乡村接手他们的老年时期，这是造成乡村人口空心化和人口年龄结构失衡的主要原因。

（三）乡村人口空心化的影响

城市化是人类文明发展趋势，城市化就是城市边界不断扩展和乡村不断缩小的过程，因此城市化和乡村衰落是一对密切相关的现象。在工业主义和市场逻辑的主导驱动下，城市变得越来越大，而乡村则随着人口外流和资源锐减而不可避免地走上萎缩之路，这似乎已成为全球城市化进程中的一般法则。[①] 以往的研究认为乡村人口空心化给农村经济社会带来巨大挑战，学者们普遍认为，农村人

---

① 田毅鹏:《乡村"过疏化"背景下城乡一体化的两难》,《浙江学刊》2011年第5期。

口的减少，尤其是大量青壮年的外流，导致农村生产建设主体数量不足、土地资源浪费、留守农村的老年人口养老困难、农村社会治理主体缺位与弱化、村庄公共性衰退、农村文化建设供给乏力和监管缺失等问题。①②③

1. 生产主体弱化

由于青壮年劳动力外出务工，乡村经济发展的人力资源严重缺失，农村许多地区的农业生产目前主要依靠50岁以上的劳动力甚至是老年人口。由于劳动能力有限，这些年龄较大的农民生产的主要目的是保证自己的口粮，他们缩小种植规模，也更少选择经济作物及需要投入较多劳动力的作物，很多土地被抛荒，耕作的精细程度也大不如前。乡村发展，尤其是产业发展需要年轻、人力资本高的劳动力，这就强调对职业农民的培育。职业农民是实现农业农村现代化的主体，他们需要接受良好教育，拥有先进的生产技术和现代的经营管理能力，能够适应现代农业的发展。但是由于城乡差距的存在及扩大，农村受教育程度较高的新一代年轻人口向城市迁移，乡村发展的主体面临缺失的风险。

2. 土地制度面临挑战

农村人口空心化引起人口与土地关系的变化，我国的土地制度正面临调整。进入21世纪以来，我国的人均耕地面积有所增加，如果把农村未成年人口和老年人排除在外，农村有效劳动力的人均耕地面积将更大。但由于大量农村人口的流出，许多耕地不能得到有

---

① 周祝平:《中国农村人口空心化及其挑战》,《人口研究》2008年第2期。
② 李祖佩:《村庄空心化背景下的农村文化建设：困境与出路——以湖北省空心村为分析对象》,《中州学刊》2013年第6期。
③ 郑万军、王文彬:《基于人力资本视角的农村人口空心化治理》,《农村经济》2015年第12期。

效利用,"人去地荒"的情况越来越多。由于农村土地市场和土地流转制度的不完善,外出务工的农民在签订土地权利转移的契约方面存在一些障碍,这是造成土地抛荒的重要原因,反映出农村土地制度与人口变动不相适应。

3. 养老压力巨大

农村人口空心化伴随着农村人口的高度老龄化,虽然有些理论推测认为年轻人外出打工后能够往家里汇款,使老年人的收入增加,老年人的生活能够得到改善,但现实情况是,许多老年人并未能因儿女外出打工而增加多少收益,许多农民工的工资微薄,维持成本高昂的城市生活就已不易,难以为老人提供经济支持。因此,目前许多农村老年人是自我养老,不管是经济上还是日常照顾上,他们都只能依靠自己。一方面,他们从事农业生产来自给自足,维持自己的生活;另一方面,由于子女外出务工,他们只能自己照顾自己的生活,甚至出现了一些老人生病之后无人照顾只能自生自灭的问题。此外,尽管我国城市的养老体制也并不完善,但仍然是优于农村的,而城乡养老保障体制有着严格区隔,农民难以享受到城市的养老资源,农村老年人也难以迁入城市养老。

4. 社会治理主体缺失

农村的建设和发展需要充满智慧的农村社会治理主体和组织,即建立成熟的农村"两委"班子,这样才能保证农村实现有效的自我管理和科学发展。但由于农村青壮年劳动力的过度转移,治理主体缺位和弱化,农村整体自治力量弱化、管理组织虚化。农村进行村委换届选举时,一方面无法选举出素质较高、能力出众的乡村贤达来领导农村的建设与发展,另一方面甚至参选选民都不足,选举程序遭到极大破坏。

5. 村庄公共性衰退

公共性是某一文化圈里成员所能共同享受某种利益，因而共同承担相应义务的制度的性质。①一方面，传统的村落组织负责将国家政策性的社会资源分配给个体村民；另一方面，村组织也承担社会公共义务，包括村庄内部自生福利的分配和精神文化生活。在乡村能人和青壮年人口大量外流的情况下，人口空心化的村庄传导国家公共服务的能力大大降低，也无法组织起正常的公共生活，乡村公共事务面临无人问津的危机。

6. 文化建设面临困境

农村文化建设是外部文化供给与乡村内部承接相互作用的过程。由于人口尤其是青壮年人口的大量外流，一方面，空心化村庄本身内部结构不能有机整合、功能运转不畅以及自运转失败等问题②，带来对外部文化供给的高需求和高依赖，而当前的基层文化供给乏力，服务组织无为，只是完成自上而下的行政任务，无法反映农民文化诉求，更无力自组织开展村庄文化建设，大大降低了文化供给的效益；另一方面，村庄人财物大量流失，内部无法找到适应当前文化建设内容和方向的可靠抓手。存在人口空心化问题的村庄的文化建设面临内外交困的境况。

我们必须重视乡村人口空心化给乡村经济社会发展带来的消极影响，但是更要意识到，造成众多乡村凋敝的关键问题不在于乡村人口的外流，而在于流出乡村的主要是乡村的青壮年人口，而老年人口仍然留在乡村，由此造成了乡村人口结构的严重失调。另一方面，迁入城市的农民难以顺利实现市民化，他们中的多数人选择

---

① 李明伍：《公共性的一般类型及其若干传统模型》，《社会学研究》1997年第4期。
② 韩鹏云、刘祖云：《农村社区公共品自主供给的逻辑嬗变及实践指向——基于村社共同体到村社空心化的分析路径》，《求实》2012年第7期。

在超出城市劳动力市场需求的年龄之后就返回农村，这就使得年龄较大的农民中有一部分无法进入城市，而另一部分在城市工作一段时间后又返回农村，这才进一步加剧了农村人口结构的失衡，农村老龄化严重，引发学者们提到的经济社会发展的各种问题。

但是也应看到，由于农村就业承载力和就业空间有限，过多的劳动力人口留在农村会造成劳动力资源的浪费和更严重的贫困，剩余劳动力进入就业机会更多的城市是资源合理配置的正当路径，以往的研究也发现，向城市流动对农村家庭收入的提高有显著的正面作用。[1][2] 此外，有学者估计，"十四五"规划末期，我国农村人口中将有1.16亿至1.48亿人需要转移就业，实现更充分更高质量的就业仍然是提高农民收入的重要手段。[3] 因此，在未来相当长一段时间内，乡—城流动仍然会是城乡人口流动的总趋势。城市吸纳了乡村剩余劳动力，在很大程度上缓解了农村地区人多地少的矛盾，人均耕地面积的增加为农业规模化、产业化经营提供了契机。如果一方面，转移到城市的乡村人口可以顺利实现市民化，在城市度过老年时期，另一方面，农村产业能够吸引一部分青壮年劳动力留在农村，甚至吸引已经迁出的年轻人返回乡村，那么，乡村的人口结构将恢复健康正常的状态，乡村也将重新恢复活力。

（四）对乡村人口空心化的治理及建议

从20世纪90年代开始，尤其是21世纪以来，学界对乡村人

---

[1] 孙志军、杜育红：《农村劳动力流动及其对收入的影响——来自内蒙古赤峰市农村地区的证据》，《人口与经济》2004年第4期。
[2] 樊士德、江克忠：《中国农村家庭劳动力流动的减贫效应研究——基于CFPS数据的微观证据》，《中国人口科学》2016年第5期。
[3] 谢玲红：《"十四五"时期农村劳动力就业：形势展望、结构预测和对策思路》，《农业经济问题》2021年第3期。

口空心化的关注日益增多,学者们不断提出不同的治理措施。有学者从地理学视角,着眼于农村空废住宅的拆迁和土地整治。由于地理学把乡村空心化定义为城乡转型过程中农村人口非农化引起的"人走房空",以及宅基地"建新不拆旧"所形成的"外扩内空"现象[1],学者们提出了城镇化、中心村建设、村庄兼并和生态移民的分类治理模式[2]以及依据空心化阶段采取不同的政策、促进乡村人口城镇化、对留存村庄进行撤并调整[3]等对策。还有学者基于农村青壮年劳动力大量流入城市,只剩下老人、妇女和儿童的现实,着眼于农村土地经营权流转和规模经营,主张通过土地流转实现规模化经营,解决土地抛荒问题;通过宅基地退出和流转实现退耕还林还田还园,解决土地闲置浪费问题。[4]一些学者着眼于农村留守家庭问题的解决,主张利用家庭经营向规模化经营、家庭养老向社会社区养老两大转型战略解决人口空心化问题,通过培育职业农民解决农民荒问题。[5]还有学者着眼于综合治理,提出通过农村社区建设填充空心村,恢复农村经济社会生机;[6]推动乡村建设运动以及农业就地产业化、农民就地职业化、农村就地城镇化和户籍就地市民化。[7]还有学者提出农村服务、精神与文化的无形空心化等一系列问题与

---

[1] 刘彦随、刘玉、翟荣新:《中国农村空心化的地理学研究与整治实践》,《地理学报》2009年第10期。
[2] 张正河:《准城市化下"空心村"解决思路》,《中国土地》2009年第8期。
[3] 薛力:《城市化背景下的"空心村"现象及其对策探讨——以江苏省为例》,《城市规划》2001年第6期。
[4] 张志胜:《土地流转视阈下的"空心村"治理》,《长白学刊》2009年第2期。
[5] 陈池波、韩占兵:《农村空心化、农民荒与职业农民培育》,《中国地质大学学报(社会科学版)》2013年第1期。
[6] 陈家喜、刘王裔:《我国农村空心化的生成形态与治理路径》,《中州学刊》2012年第5期。
[7] 程必定:《中国的两类"三农"问题及新农村建设的一种思路》,《中国农村经济》2011年第8期。

治理措施。[①]

这些研究对乡村人口空心化问题的治理具有一些启发和参考价值，但也存在一些明显不足，即仅仅着眼于如何吸引外出务工的农村人口返乡，而忽视了造成乡村人口空心化尤其是乡村人口年龄结构失衡的根本原因，即城乡二元结构下的城乡差异导致了农村青壮年人口大量流失，而老年人口留守或选择返乡，这本质上仍然是城市对于乡村的剥夺。因此，应对乡村人口空心化对乡村经济社会发展带来的诸多挑战，需要从城乡社会转型的大背景出发，调整二元化的城乡结构，从根本上改变当前的城乡推拉力系统，改变乡村人口想要离开乡村，但仅有部分人口可以离开，并且多数离开乡村的人口在年老之后仍然必须回到乡村养老的城乡流动路径。党的十六大就提出"统筹城乡经济社会发展"，党的十七大提出"构建新型工农、城乡关系"，党的十八大之后的新一届中央领导集体又提出了新型城镇化战略，首要任务是解决农业转移人口的城市化问题。因此，实现城乡融合，消除城乡差异，是解决我国当前乡村人口空心化困境的必由之路。一方面，实现乡村转移人口的市民化，帮助乡村转移人口实现制度层面和事实层面的永久迁移；另一方面，提高农业的生产效率，消除城乡在生产效率、收入、公共服务、社会保障等方面的差异，使得乡村和城市、农业和第二三产业成为对所有居民而言有同样吸引力的选项。

第一，提高城市容纳更多乡村转移人口的能力，改革现行的户籍制度，实现城乡一体的劳动力就业保障制度和社会保障制度。我国的城市化进程仍在推进，尚未进入发达国家的成熟阶段，我国所处的这一阶段的特征是城市需要规模巨大的劳动力资源，但并不能

[①] 王文龙、万颖：《乡村的终结与新生：政府作用探讨》，《经济体制改革》2013年第1期。

提供与如此巨大的人口规模相匹配的社会服务。因此，户籍制度在我国长期存在，城乡户口的身份阻挡了进入城市的农民享受城市的社会资源与公共服务。在城市遭遇的不公待遇，包括在劳动力市场的弱势地位以及城市生活中的社会排斥，是阻碍农民工永久迁移，尤其是制度性永久迁移的重要原因。农民工把农民的身份以及农村的土地作为自己生活的最后保障，当在城市难以立足之时，他们就选择返回乡村，回归农业。

从根本上讲，农村人口空心化是城市化进程中城市剥夺农村的结果，农民把青壮年时期奉献给城市建设，而让农村承担自己的老年期，这是不公平的。因此，应当提高城市的容纳能力，发展与规模巨大的人口相匹配的社会服务，改革户籍制度、就业保障制度和社会保障制度，帮助农村转移人口实现市民化，让他们可以在城市享受与城市居民同等的权利和机会，让他们进入老年期后仍然可以留在城市继续生活。这样既可以提高城镇化的质量，又可以割断他们与农村土地的联系，为实施农地改革、土地整治，进而改变农业经营方式创造条件。

第二，改革农业经营方式，实现产业化经营，实现农村经济社会发展的重构。当前我国城乡之间存在的生产效率、公共服务、居民生活水平方面的差异，在全球的城市化进程中都普遍存在，但我国特殊的国情导致城乡差异难以在工业化、城市化和市场化的进程中自然缩小，因此，需要更多的引导。与我国相比，发达国家更早出现农村人口空心化的现象，他们采取了一系列治理措施，恢复农村的秩序。美国在 20 世纪 40 年代就实现了农业机械化，大规模农场的经营模式大大提高了农业的生产效率，乡村贫困现象大大减少。日本一方面加大对农村的投资力度，不仅加强基础设施建设，还直接补贴农户以提升农民的收入水平，增加其投资的资本；另一方面扶持农产品加工、小型机械制造等农村传统工业，鼓励有能力的企业家在农村创办新型农村工业，实现产业结构转变与城乡一体化。韩国开展了新村运动，即通过参加建设村庄项目，发展农业生产、改善农村物质条件、开发农民生活伦理精神，从而加速农村现代化发展的运动。

长期以来的城市和乡村不平等的发展政策导致城乡差距越来越大且逐渐固化，消除城乡差异的关键是引导农业生产经营方式改革，以产业化应对空心化。放宽土地流转限制，让有能力、懂经营的承包者个人或组织来使用土地，实现农业集聚化，提高土地利用效率，提升土地附加值；进行具有自身优势的农产品的产业化经营和农产品的多元化加工，提高农产品的附加值，延伸农业产业链；发展农业合作经济组织，建立完善的政策支持制度、市场融资制度、分配机制来支持农业合作经济组织建设；培育龙头企业，加大对龙头企业发展的政策支持；统筹城乡社会保障体系，提升乡村公共服务水平，使农民可以享受与城市居民同等的教育、医疗资源。如果城乡之间的差异只存在于产业，而无论是在生产效率还是社会服务水平上城市和乡村都是均等的，那么乡村将与城市具有同等的吸引力，会吸引致力于农业经营的人口在农村工作和生活。让每个居民都可以自由地选择从事的职业和生活方式，无论他来自城市还是乡村，无论他想去城市还是乡村，这将是解决农村人口空心化、实现城乡融合的最优最根本的路径。

三、乡村的经济现状

中华人民共和国成立以来，尤其是改革开放以来，经过一系列改革和农业农村政策的调整，我国乡村经济发展取得了一系列成就，但不可否认的是，乡村经济仍然与城市有相当大的差距。城乡差异固然存在于经济、基础设施、公共服务、文化等诸多方面，但是经济上的差距无疑是其中最基础、最基本的内容。完善的基础设施和优质的公共服务以经济发展为基础，文化的革新也与经济的发展密切相关，因此，经济发展是乡村发展过程中最为基础的一环。从宏观层面上看，改革开放以来我国在乡村政策的调整中往往都是把经济发展目标作为政策调整的主要或首要方向。从以生产发展、生活宽裕、乡风文明、村容整洁、管理民主为要求的社会主义新农村建设，到脱贫攻坚，再到以产业兴旺、生态宜居、乡风文明、治理有效、生活富裕为总要求的乡村振兴战略，都把生产和产业的发展放在首位，把经济发展放在首位。

另一方面，从微观层面上看，农民个人及其家庭往往也把收入的提高作为其生活的首要目标。根据马斯洛的需求层次理论，当基本的生理和安全需求得到基本满足之后，个体才有动力去追求更为高级的社会、尊重和自我实现的需求。由于长期贫困，在脱贫攻坚战取得胜利之前，仍然存在一部分农民尚未解决温饱问题，即使在2020年我国现行标准下农村人口全部摆脱贫困之后，农民的生活水平仍然远低于城市居民，主要原因在于农民的收入水平远低于城市居民。20世纪90年代以来，大量农民工涌入城市，获得更高的收入往往是他们进城务工的首要动机。此外，由于在城市不能享受与城市居民同等水平的社会保障，以及易受城市就业市场波动的影响，农民工缺乏安全感。在基本的生理和安全需求都没有得到满足的情况之下，农民难以有更高层次的需求，农民的生活质量难以提高。因此，经济条件的改善是提高农民生活质量、促进农民发展的基础。

（一）乡村经济发展评价

经济是一个综合性的指标，既涉及宏观层面上的整体经济水平、产业生产效率，如GDP、劳动生产率等，也涉及微观层面上的经济发展水平，如人均收入、户均收入等。要衡量和评价乡村的经济发展水平，单一指标是不够的。乡村经济既涉及乡村整体的产业发展水平、生产效率，又包括农民的生活水平和收入，因此，有学者建议从经济实力水平、生产力水平、居民生活水平三个方面对乡村经济发展水平进行综合评价。① 乡村经济实力水平用来衡量乡村整体的经济发展情况，生产力水平用来测量乡村产业尤其是农业产业的生产效率，居民生活水平用来评价乡村居民的生活水平。这样进行的综合评价可以比较全面地反映乡村的经济发展水平。

改革开放以来，随着乡村改革的推进与农业农村发展政策的调整，乡村经济发展取得了很大进步，乡村经济总产值持续增加，农业综合生产能力持续增强，乡村第二三产业获得发展，农民生活水平获得一定提高。第一产业国内生产总值从1978年的1018.8亿元增长到2000年的14717.4亿元，再增长到2021年的83085.5亿元。农林牧渔业总产值从1978年的1397亿元增长到2000年的24915.8亿元，再增长到2021年的147013.4亿元。谷物每公顷产量从2000年的4753公斤增长到2021年的6316公斤，棉花每公顷产量从1978年的445公斤增长到2000年的1093公斤，再增长到2021年的1893公斤。农业机械总动力从2000年的52573.6万千瓦增长到2021年的107764.3万千瓦。农村居民人均可支配收入从1978年的133.6元增长到2000年的2282.1元，再增长到2021年的18930.9元。农村贫困发生率从1978年的97.5%降低到2000年的49.8%，农村居民消费水平从1978年的139元增长到2000年的1917元，再增长到2021年的18601元。到2020年，我国现行标准下农村贫困人口全

---

① 牛剑平、杨春利、白永平：《中国农村经济发展水平的区域差异分析》，《经济地理》2010年第3期。

部脱贫。

从农业农村基础设施看，一方面，全国农业农村基础设施投资规模呈现逐年增长态势，其增速远超出了全社会固定资产和基础设施投资增速。我国用于农田水利改造的财政支出额度庞大且持续增长，大中小微结合、骨干和田间衔接的农田水利基础设施网络逐步形成。另一方面，农村交通运输等流通性基础设施不断优化升级。1978年我国农村公路（含县道、乡道、村道）里程仅58.6万公里，大量乡镇和村庄都不通路。[①] 而时至今日，我国农村公路总里程已达到400万公里以上，相比改革开放初期增长了近7倍。此外，据第三次全国农业普查数据，我国99%以上的村通路、通电、通电话，自来水、天然气、宽带网络等便利生活设施逐渐在农村区域内普及。

此外，科技助推农业升级。我国农作物耕种收综合机械化率超过70%，三大主粮作物收获基本实现机械化，农业机械总动力由2005年的6.8亿千瓦增长至2021年的10.8亿千瓦，而大中型拖拉机和配套农具、谷物联合收割机等机械量均有不同程度的增长。农业机械化有效带动了我国农业经济发展，为发展现代农业提供了基础支撑。

另外，随着传统农业产业增长日趋乏力，农村新兴业态不断涌现，农业农村资源要素的组合利用方式产生了新的变化。以休闲农业和乡村旅游业为代表的新兴经济悄然兴起，"旅游+""康养+""创意+""文化+"等日渐渗透并融入农业农村发展的各个领域。从产业融合视角来看，当前农村新兴业态主要遵循着农业与关联产业横向联动、产业链纵向延伸、农业多功能性拓展等生成机理，通过要

---

① 李兴华、范振宇：《中国农村公路发展历程回顾及展望》，《交通世界》2006年第10期。

素聚合重组、叠加衍生和交互作用生成新的经济形态,促成规模经济或范围经济,如种养加结合、农工商一体化、农文旅融合等,并逐步推动城乡一、二、三产业融合互通。①②

(二)乡村何以贫困

尽管四十多年来我国农村经济发展取得了很大成就,尤其是2020年打赢了脱贫攻坚战,我国现行标准下所有农村贫困人口实现了脱贫,但是,相对贫困依然在农村存在。不管是与城市相比,还是与发达国家的农村相比,无论是整体的经济水平、生产效率、人均产出还是居民的生活水平,我国农村的经济状况都不容乐观,仍然有大批农民生活在相对贫困或在重返贫困的风险中,仍然有大批村庄经济发展困难,厘清乡村贫困的原因,对于深入了解乡村经济状况和推动乡村经济的改善非常有必要。

1.农业适度规模经营推进难度较大

在农村改革历程中,我国农业经营体制无论经历怎样的变迁,"集体所有、均田承包、家庭经营"这一格局始终没有发生根本性动摇,以农户为基本单元的小农经营模式是我国农业生产的重要特征。③ 以往的发展经验和研究都表明,进行土地流转以实现规模化、集约化经营,不仅可以提高农业生产效率,也可以提高流转土地的农户的收入,但是,现实情况是大多数农民不愿意流转土地。一方面,由于市场和政策的限制,新型农业经营主体发展不健全,很多

---

① 赵颖文、吕火明、刘宗敏:《关于推进我国农业适度规模经营的几点思考》,《农业现代化研究》2017年第6期。
② 张新美:《农业供给侧改革视角下我国休闲农业的整合研究》,《农业经济》2017年第12期。
③ 程国强、罗必良、郭晓明:《"农业共营制":我国农业经营体系的新突破》,《农村工作通讯》2014年第12期。

农民缺乏对新型农业经营主体的信任，不愿意进行土地流转；另一方面，农民的社会保障体制不健全，农民往往把土地作为自己生活的最低保障，不敢放弃土地。因此，尽管与改革开放之初相比，土地的集约化程度已经有所提升，但是全国绝大多数地块仍然采用的是细碎经营的模式，小农户分散经营仍然是农业经营的主要形式。这种分散经营是实现农业农村现代化的重要障碍，阻碍了农业生产效率的提高。我国的城乡二元体制长期存在且基础坚固，在这种体制背景下，农民在心理上和经济上都依赖于土地，因此，推动我国农业规模化、集约化经营以实现农业农村现代化相较于其他国家而言更困难。

2. 资源流向城市

新中国成立以来，我国长期坚持的是城市和工业优先发展的政策，科技、资金、人才等资源集中在城市和工业，农村和农业一直服务于城市和工业。长期存在的城乡二元结构，导致城乡在资源的获取机会和获得量方面存在严重不均。尽管目前提出优先发展农村，但是长期二元结构导致的资源流向城市的格局已经固化，很难改变。由于我国乡村一直采用分散的小农户经营模式，小农户的保守观念以及较低的文化程度不利于农业科技的推广，逐利性的资本也不愿意投向生产效率低的农村，科技和资金总是更多地流向城市。对于人才而言，乡村有限的就业机会、较低的收入以及低水平的社会服务和社会保障把人才推离乡村，导致人才在城市集中，乡村发展缺少必要的人力资源。城乡资源配置严重不均。

3. 乡村产业难以帮助农民致富

新中国成立以来，尤其是改革开放以来，我国在农民致富方面经历了很多探索，整体而言，有两条路径：一是通过帮助农民实现经营农业之外的就业，以提高工资性收入；二是鼓励农民通过土地入股新型经营主体，以增加财产性收入。[1]但是，由于乡村产业的发展遭遇困境，其提高农民收入的能力受到很大限制，甚至出现了对农民收入促进作用逐年减弱的不利局面。[2]

第一，出现了盲目追求政策效益而非项目市场效益的问题。部分企业、农村合作组织并非奔着发展好乡村产业、带动农民增收致富的目标而来，而是为了获取高额财政补贴，甚至通过非法手段骗取涉农补助和项目扶持资金，导致一些乡村出现"空壳"企业和组织。[3][4]此外，在产业项目落地过程中，基层干部迫于考核压力，往往采取可以实现政策指标达标的策略，难以保障产业真正发展。[5]

第二，在发展乡村产业的过程中，很多产业的选择忽视了乡土社会的特征，与乡土社会脱嵌，导致产业项目缺乏稳定的承接载体，产业发展陷入困境，想要实现富民非常困难。一方面，乡村产业所需的诸多生产要素，如土地、道路、水利、劳动力等，很大程度上嵌入在村庄社会关系网络结构中。[6]社会资本下乡打破了村庄稳定的利益结构，如果处理不好其与农民的利益分配关系，将会导致其与村庄内部产生利益冲突。从全国不同地区的调研可见，社会资本

---

[1] 赵勇智、罗尔呷、李建平:《农业综合开发投资对农民收入的影响分析——基于中国省级面板数据》，《中国农村经济》2019年第5期。
[2] 韩炜、蔡建明:《乡村非农产业时空格局及其对居民收入的影响》，《地理科学进展》2020年第2期。
[3] 周飞舟、王绍琛:《农民上楼与资本下乡：城镇化的社会学研究》，《中国社会科学》2015年第1期。
[4] 苑鹏、曹斌、崔红志:《空壳农民专业合作社的形成原因、负面效应与应对策略》，《中国合作经济》2019年第5期。
[5] 张立、郭施宏:《政策压力、目标替代与集体经济内卷化》，《公共管理学报》2019年第3期。
[6] 陈义媛:《资本下乡的社会困境与化解策略——资本对村庄社会资源的动员》，《中国农村经济》2019年第8期。

下乡可能引发多种形式的冲突，常见的包括公共设施（如水利）使用优先序争夺、农产品被盗、阻拦收割、订单违约、高额索赔等。[①]另一方面，下乡资本对农业产业先天了解不足，既没有对产业的生产周期、投资收益周期作出合理预估，也没有事先充分了解村庄资源禀赋特征。部分市场主体发展农业产业时，存在盲目扩张、贪多贪快等问题，导致自然风险、契约风险与市场风险多重风险叠加，同时又缺乏农业产业的运营经验。经营管理要素与农业生产不匹配导致企业经营困难，甚至部分社会资本出现资金链断裂的情况。[②]

第三，受自身生产、加工、研发等条件限制，绝大多数乡村产业的规模小、链条短、实力弱、市场影响力有限，联农带农的能力受到限制，难以很好地发挥出富民效应。究其原因，一是现代要素结合程度较低。其一，现代金融支持较难获取。受到信息不对称的影响，农村金融市场中普遍存在逆向选择与道德风险，传统价格机制失灵。农业产业获得金融支持的难度很大，农民很难申请到贷款，资金的缺乏严重抑制了我国乡村产业的发展。截至2020年末，我国本外币贷款余额178.4万亿元，涉农贷款占比21.83%，其中农户贷款占比仅为6.62%，农业贷款占比仅为2.39%。[③]其二，现代科创元素缺乏。目前，科技、经营、设备等各类现代科创要素服务乡村产业的激励保障机制尚不健全，这使得现代设备采用、现代农业科技推广、现代经营创新等方面仍是明显弱项。绝大多数乡村产业背后并没有技术团队及科研人员的支撑，长期使用旧品种、旧技术、旧

---

① 徐宗阳:《资本下乡的社会基础——基于华北地区一个公司型农场的经验研究》，《社会学研究》2016年第5期。
② 周振:《工商资本参与乡村振兴"跑路烂尾"之谜：基于要素配置的研究视角》，《中国农村观察》2020年第2期。
③ 胡凌啸、顾庆康:《乡村产业"富民之困"：类型、成因与对策》，《中国延安干部学院学报》2022年第2期。

设备，致使产业一直无法发展壮大。二是现代农村基础设施仍是短板。其一，部分农村水、电等基础设施不健全，在中西部山区，交通设施也不够健全，这限制了机械化、智能化等技术要素在乡村的推广；其二，现代物流设施也相对落后，远远没有建立起鲜活农产品从土地等直销点到市场再到餐桌的供应体系，农产品的运输，尤其是远距离运输成本过高，降低了产品利润。

第四，虽然有些地区的乡村产业得到良好发展，但是，产业效益更多地流向了资本，而农民从中受益有限。产业发展往往呈现出以经济效益为核心的商业特征，如果没有政府干预，产业发展的社会效益就无法充分释放，富民的目标也会让位于资本的逐利动机。[①]一是技术资本密集。一方面乡村产业一般强调规模化、现代化、机械化、科技化，这抬高了小农户的参与门槛，在一定程度上排斥了普通农户；另一方面，从产业发展规律看，技术资本密集型产业，对于劳动力要求一般较高，这类产业创造的就业岗位数量并不能够满足农民就业增收的需求。二是利益联结机制尚不完善。其一，资源要素联结仍不到位。对于大多数乡村产业，由于产业主体担心利润波动激发冲突，采用入股分红联结模式的比例较低，大多仍然采取的是固定收益分配方式，农民每年仅仅获得固定的保底收益。[②]其二，劳动力要素联结有待加强。现行劳动收入的联结模式下的农户工资分配存在形式单一、链条不稳等问题，多数农民以计时、计件的方式获取劳动报酬，无法形成有效激励。

[①] 胡凌啸、舒文、张哲:《产业扶贫：从二元分离到二元协同的路径探索》,《中国延安干部学院学报》2020年第2期。

[②] 吴天龙、王欧、习银生:《建立和完善农企利益联结机制》,《中国发展观察》2020年第23期。

（三）克服乡村贫困的建议

1. 推动农业规模经营

农业规模化、产业化经营是提高农业生产效率，帮助乡村摆脱贫困的必由之路。但是，在推动农业适度规模经营的实践中，要注重协调处理好新型农业经营主体与小农户的关系。首先，需基于大国小农的基本国情，与农民就业结构和收入结构的演进升级同步推进。要注重户籍制度和土地制度创新性改革，剥离附着在户籍制度上的就业、教育、住房、社会保障等福利分配功能，为农民市民化扫除制度障碍，切实做到人地有效分离，促使以土地为核心的农业适度规模集聚更为顺畅。其次，要看到当前和今后很长一段时期内，小农户家庭经营仍然是我国农业生产的主流形式，这是基于我国基本国情无法绕开的选择。① 因此，在推动现代农业发展进程中，要主动出击，防止出现小农户边缘化或权益受损现象②，重点是要改变目前小农户分散经营的状态，积极塑造多种形式的组织化小农，创新农业经营利益联结机制，实现小农户与现代农业的有机衔接，让农民合理分享农业增值收益，增强小农户的市场话语权和抗风险能力。③

2. 推动城乡融合

注重在城乡融合发展上取得重大突破，打破要素长期由农村向城市单向流入的固化格局。要做到把农业农村优先发展落到实处，

---

① 郭晓鸣、曾旭晖、王蔷等：《中国小农的结构性分化：一个分析框架——基于四川省的问卷调查数据》，《中国农村经济》2018年第10期。
② 张海鹏：《我国农村改革发展典型特征的政治经济学分析》，《经济纵横》2018年第11期。
③ 郭志龙、党永锋：《供给侧结构性改革视域下深度贫困地区农业产业发展问题及对策研究——以甘肃省泾川县农业产业发展为例》，《生产力研究》2018年第5期。

引导城市技术、资金、人才等优质资源要素流入农村，构筑起城乡公共资源均衡配置、生产要素自由流通置换的体制机制，建立健全由政府、企业、个人共同参与的农业转移人口市民化成本分摊机制，扭转农业农村现代化明显滞后的局面。[①]巩固和完善农村基本经营制度，深入推进承包地"三权分置"与农村集体产权制度改革，明晰产权归属和完善各项权能，多渠道拓宽农民财产性收入。深化农村土地改革，为发展乡村旅游业、乡村工业等提供充足的土地资源。推动城镇化和乡村协同发展，提高农业农村的生产效率和社会服务水平，使得乡村成为和城市一样有吸引力的地域，推动城乡融合发展。

3. 发挥乡村产业的富民功能

一是加强产业项目立项管理，从源头上杜绝空壳产业产生。一方面，改革乡村产业激励机制，逐渐转变现有物质扶持方式，增强对产业发起人的教育培训。另一方面，出台专门规章条例，分类监管产业主体的经营行为。督促产业主体加强内部建设、优化组织架构、健全激励约束机制，加强乡村产业的运行绩效监督。

二是发挥农村集体经济组织统筹的作用。发挥村集体经济组织在对接农户与乡村产业主体上的优势，维护产业项目的健康发展。一方面，加强村集体组织对集体资产的统一使用，把闲置资源整合利用起来；另一方面，充分发挥集体组织的中介作用，实现产业主体和村集体统筹资源资产的有效对接，同时引导农民利用自有资金、土地、劳动力等要素与企业实现更加紧密的利益联结，明确各参与主体的利益分配机制，协助处理好农企契约关系的履行。

---

① 卫龙宝、王文亭：《农民工市民化的成本与收益：研究评述与理论框架构建》，《西北农林科技大学学报（社会科学版）》2018年第3期。

三是向乡村产业输入更多现代生产要素，加快乡村产业现代化转型。一方面，建立更加积极的金融支持体系。鼓励金融机构根据富民乡村产业的特征打造金融产品，拓宽产业发展资金来源渠道。建立更加健全的资本入乡促进机制。搭建城乡要素流动平台，带动社会资本投资发展乡村产业。鼓励社会资本投资适合产业化、规模化、集约化经营的涉农领域。另一方面，强化现代科技赋能。加强农业数字技术布局。强化数字前沿技术在乡村产业中的超前布局，加强农产品柔性加工、区块链、人工智能、5G、物联网等新技术基础研究和攻关，形成一系列数字农业战略技术储备。深入推进"数字技术+"现代农业，加快重要农产品全产业链大数据建设，加强国家数字农业农村系统建设。

四是构建更加科学合理的利益联结机制，让农民分享乡村产业发展的市场红利和政策红利。一方面，扶持管理规范、运营良好、联农带农能力强的农民合作社和家庭农场实践基地，以生产技能和经营管理水平提升为重点，开展定向、定岗、订单式培训，全面提高农村劳动力的综合素质，奠定农户与农业企业的联结基础。另一方面，加强对利益联结的激励。实施多元利益分配方式，通过利润返还、保底分红、股份合作等多种形式，打造长期稳定的利益链条，拓宽农民增收渠道。

四、乡村的组织现状

作为社会成员的人，是无法单独生活于社会中的，必须依赖于一定的组织。刚出生的人没有独自生活的能力，必须依赖其监护者和照顾者才能生存下来；在人的初始社会化的过程中，家庭或其他监护者不仅为其提供基本的生活资源，传授生活技能，也向其传递社会规范，使其能够适应社会，可以独立生活；在预期社会化和发展社会化过程中，人要通过教育机构获得一定知识和技能，使自己有能力扮演特定的职业角色，融入社会的运行，满足自己的生活和自我实现的需求；在日常生活中，人需要与其他人进行互动，结成一定的社会关系，尤其是情感关系，满足自己社会交往的需求和情感的需求；在遭遇困境时，人需要来自群体或其他个人的帮助，获得一定的社会支持，以脱离困境。因此，人需要生活于一定的群体和组织中，单独的个人无法在社会生存。当前社会，尤其是城市社会的冷漠现象、陌生人社会现象、原子化社会现象之所以引发一系列令人唏嘘的后果，受到诸多关注，就是因为脱离了社会群体和组织的个人，会陷入生活的困境甚至绝境，给个人、家庭和整个社会都带来巨大伤害。因此，提升个体的组织化程度，增强社会团结是关乎社会发展和人的发展的重要问题。

在我国从传统社会向现代社会转型的过程中，乡村的社会结构、组织结构发生了重大改变，传统社会的家族制的组织方式发生了重大转变，政治权力通过基层党组织深入乡村。在社会主义制度下，乡村采取了以村民委员会为形式的村民自治的组织管理方式。改革开放之后，随着农村经济体制改革和家庭联产承包责任制的确立，新的集体经济组织开始出现、运营。一些社会组织关注到乡村在社会转型过程中出现的诸多困境，进入乡村开展一些项目，同时，在乡村内部也内生了一些民间组织，如一些文化组织和互助组织。这些组织在乡村中承担着不同的功能，在运行的过程中也遭遇了一些问题和困境。这些组织在乡村分别承担了什么功能？是否有助于提升村民的组织化程度，增强社会团结？这些组织在运行过程中遇到了哪些问题，有哪些不足？如何提升这些组织的组织力，使其更好地服务乡村发展？这些就是本节要讨论的问题。

（一）传统社会的乡村组织形式

在漫长的传统社会时期，我国的乡村基本上采取的是以村落为单位的家族聚居模式，村落之间有明显的界线，居民在村内聚族而居。一方面，由于传统的农业生产需要大量劳动力人口，家族聚居的生活方式可以保证家族生产足够的生活资料，以维持家族成员的日常生活，保持家族的繁衍；另一方面，传统社会的流动性很低，对于绝大多数人而言，他们一生都生活在出生地附近，家族的人口和结构在很长时间内变动都很小，是一个比较稳定的结构。因此，在漫长的传统社会，家族内部的成员结成了合作、互助的关系。与之相对，家族之间则充满了冲突和竞争，"鸡犬之声相闻，民至老死不相往来"描述的就是这种家族之间疏远的关系景象。家族在传统社会承担着重要的经济、政治、文化、社会控制的功能。在生产效率很低的农业社会时期，家族聚居保证了家族成员可以获得维持其基本生活的生活资料，赋税、徭役、兵役往往也是以家族为单位来承担的。家族也是统治者进行社会控制的重要工具，家规是传统社会的社会制度和规范在日常生活中的具体化，是传统社会对居民日常生活方方面面的要求和规定，尽管不同的家族可能有不同内容的家规，但它们的最大公约数就是传统社会的社会规范。通过用家规对家族成员自出生至死亡进行驯化的形式，传统社会通过家族实现了对全体社会成员的控制，违背家规，即传统社会的社会规范的社会成员会受到家族的严厉惩罚，即传统社会对其的惩罚。

家族对家族成员的控制是通过家族内部严格的等级结构实现的，年龄和声望是决定家族内部成员等级地位的重要因素。年龄大和声望高的"家长"在家族内具有绝对的权力，决定家族内部事务，甚至家族内所有成员的命运，其他家族成员依赖于家族。当然，也出现了一些想要摆脱家族控制的尝试，但是几乎所有的尝试都失败了。家族制的组织形式和结构在传统社会一直根深蒂固地存在，甚至影响至今。当然，家族制并非一无是处，在传统社会，家族是社会成员重要的归属地，是成员归属感的源泉。一个身处家族内部的人，可以从家族中获得一定的社会支持，会受到来自家族内部其他成员的关照和帮助，可以维持基本的生活，社会交往和情感层面的需求也可以得到基本满足。但是，家族制从根本上是拒绝流动的，拒绝成员从家族内部流出，也拒绝来自家族外部成员的流入，家族是封闭的，这与现代社会是格格不入的。也正是在家族制根深蒂固的影响下，传统社会的社会层面的组织力量很弱，尽管存在一些民间的慈善组织或者地域性的互助组织，但是力量都非常弱，远没有达到可以提升社会成员组织化的程度，现代意义上的乡村组织是从我国向现代社会转型，尤其是改革开放之后，乡村流动性增强后才开始出现的。

（二）当前的乡村组织

新中国成立之后，我国乡村的组织形式发生了巨大转变。我国的传统社会是一个农业社会，农村的广袤和自给自足的小农经济使统治者采取了无为而治的策略，国家权力对农村的渗入较少。这样，在很长一段时间内，乡村的政治是社区政治，即以社区事务为主体的政治。1949年以前，我国农村社区的政治在很大程度上是与社区的经济活动和社会生活联系在一起的，而不是相对独立的。家庭是基本的政治活动单位，政治活动与经济活动、社区公共活动交融在一起，人们在政治活动中的地位与他们在经济活动、社会活动中的地位相关联。很明显，那些在经济上占有优势地位的人在政治活动中也占据重要地位，那些具有较高社会地位的人，如地方士绅和家族中辈分高的德高望重者在社区政治中扮演着重要角色。这样，传统的农村社区基本上是在无为政治基础上由长老统治。1949年以后，我国农村实行社会主义的集体主义原则，国家权力较多地进入农村，农村政治在一定程度上被纳入国家政治的范畴。社会主义的集体所有制通过政治力量把原先分散的农民集合起来从事集体劳动和政治活动。人民公社、生产大队、生产队"三级所有，队为基础"的政社合一的体制，不但在生产中起作用，在农村社区管理中也起作用。同时，国家通过在农村组建党、团、妇女组织，促进了农村生活的政治化，并形成了根本不同于传统农村的政治结构。

尽管家族制在当前的乡村仍然具有一定的影响力，但是目前几乎没有任何一个乡村是由单一家族构成的，多是多姓村或者杂居村，传统的家长制也已经被现代社会抛弃，年长有威望的"家长"已经失去了传统的权威。新中国成立之后，乡村实行的是村民自治的管理模式，由全体村民选举产生村委会，进行日常事务的管理。在日常运营中，大多数村落采用的是村党组织书记、村委会主任"一肩挑"的模式。

传统乡村的经营模式是自给自足的小农经营模式，以家庭为单位进行生产，自给自足，商品交换较少，对外部的依赖也较少。新中国成立之后，尤其是改革开放之后，乡村开始参与到整个社会的现代化进程中，进入到市场中，自给自足的生产经营模式效率太低，导致农民的收入太低，无法满足生活所需，因此可以有效提高生产效率的经济组织开始在乡村出现。

在整个社会由传统向现代转型的过程中，乡村不可避免地被卷入其中，在这个过程中，乡村承担了诸多城市向现代转型的后果，乡村受到了巨大的伤害。大量青壮年劳动力流出乡村，留下老人和儿童，养老和教育问题十分突出，乡村空心化严重；乡村的生态环境遭到工业化的破坏；乡村的贫困问题远高于城市……在这样的背景下，许多城市中的社会组织进入乡村，帮助乡村解决诸如贫困、生态破坏、养老、青少年儿童教育等问题。此外，摆脱了传统社会森严的等级制度的束缚之后，村民也自发形成了一些组织，这些组织大多具有文化或互助的性质，服务于村民的日常生活。

这些组织构成了当前乡村的组织系统，这些组织在乡村分别承担了什么功能？是否有助于村民组织化程度的提高？这些组织的发展遇到了哪些困境？如何应对这些困境？

1. 农村基层党组织

党的二十大报告明确提出："增强党组织政治功能和组织功能。严密的组织体系是党的优势所在、力量所在。各级党组织要履行党章赋予的各项职责，把党的路线方针政策和党中央决策部署贯彻落实好，把各领域广大群众组织凝聚好。坚持大抓基层的鲜明导向，抓党建促乡村振兴，加强城市社区党建工作，推进以党建引领基层治理，持续整顿软弱涣散基层党组织，把基层党组织建设成为有效实现党的领导的坚强战斗堡垒。"农村基层党组织是党在农村的战斗堡垒，是党的全部工作和战斗力的基础，担负直接教育党员、管理党员、监督党员，以及组织群众、宣传群众、凝聚群众、服务群众的职责。农村基层党组织的任务是完成党在农村的历史任务，贯彻执行党的路线方针政策，引导党员和群众听党话、跟党走。因此，农村基层党组织是乡村发展的舵手，把握乡村发展的方向，把乡村发展的目标统一到党的执政目标中，把乡村发展方向统一到党的发展方向中，及时纠正发展过程中的偏差。通过对党的方针政策的宣传，引导广大党员和群众统一思想，集中认识，遵循党的路线和方针。

农村基层党组织引导广大党员和群众遵循党的路线和方针政策的能力,即组织和凝聚广大群众的能力被概念化为"组织力"。学者们对农村基层党组织的组织力有诸多关注,进行了诸多研究,研究问题主要集中于农村基层党组织组织力弱化、虚化、边缘化,以及如何提升农村基层党组织的组织力等。[1]

随着我国社会由传统向现代转型,乡村社会在改革开放之后无论是在政策上还是在居民的日常生活上都发生了翻天覆地的变化。在取消限制流动的政策之后,在城乡推拉力量的作用下,大量农民,主要是青壮年劳动力选择离开农村进入城市,农村出现了严重的空心化问题,大量老人和儿童留守在农村,这种空心效应也影响到了农村的基层党组织。从人员结构上看,农村基层党组织的成员年龄普遍偏大,尽管年龄更大的党员可能具有更丰富的经验,但是在这个知识更新速度飞快以及数字技术急需普及的时代,更大的年龄就不能算是优势,反而会成为劣势。由于在知识结构、思想观念、学习能力上都弱于年轻人,他们对新时代的适应能力较弱,难以凝聚和动员广大群众。

农村基层党组织在运行过程中也出现了一些不规范的现象。如前文所述,如今我们已经摆脱了家长制的组织形式,但是在某些乡村,家长制仍然具有一定的影响力,尤其是在那些有大家族生活的村落,大家族的势力渗透到村落的经济、政治、文化、社会等事务中,个别地区的基层党组织甚至也被这些大家族把控;[2]在个别存在黑恶势力的乡村,这些黑恶势力甚至依托暴力等手段影响着村庄事

---

[1] 易新涛:《改革开放以来中国共产党解决农村基层党组织"三化"问题研究》,《中南民族大学学报(人文社会科学版)》2019年第1期。
[2] 于晓娟、钱守云:《社会转型背景下农村基层党组织建设路径探析》,《探索》2016年第6期。

务。①在这样的农村基层党组织中,个别人实行"一言堂",把村落变成自己的摇钱树,侵占广大群众的利益,这样的基层党组织当然不可能获得群众的认可,当然也就不能发挥团结、组织、凝聚群众的作用。

农村的基层党组织资源有限,一方面农村基层党组织没有行政级别,未被纳入到我国的行政体制中,因此无法获得相应的行政资源;另一方面,农村基层党组织也没有经济职能,依靠自身也无法获得足够的经济资源来支持各项活动的开展。因此,基层党组织在群众中难以形成比较大的影响,难以在群众心中树立标杆和榜样的形象,这也给动员和组织群众造成了一定的困难。

此外,一些地区的农村基层党组织受到了一些党内不良政治文化的影响,诚如习近平总书记所说:"党内政治生活、政治生态、政治文化是相辅相成的,政治文化是政治生活的灵魂,对政治生态具有潜移默化的影响。"②农村基层党组织受到党内政治文化的深刻影响,积极健康的党内政治文化有助于增强组织团结,保证党组织成员的凝聚力;反之,不健康的党内政治文化必然破坏党内团结和凝聚。不健康的政治文化的第一个表现是派系文化,不少学者的研究都发现,中国一些地方的农村存在比较严重的派系斗争,比如在村"两委"的选举当中,常常出现一些派系贿选事件,一些派系控制村庄的公共权力。③不健康的政治文化的第二个表现是"家长制"。在一些村落,"家长制"这种传统的组织管理方式仍占据主导地位,少数村支书把自己视为村落的"大家长",追求在村落中的绝对权力,

---

① 陈磊:《中国农村政权组织涉黑化倾向及其遏制》,《政法论坛》2014年第2期。
② 中共中央党史和文献研究院编:《十八大以来重要文献选编(下)》,中央文献出版社,2018,第458页。
③ 吴思红、李韬:《村"两委"选举中派系贿选现象研究》,《政治学研究》2015年第1期。

一个人决定村落的所有事务，禁止民主讨论，禁止其他成员或村民发表意见、表达诉求。这就造成了整个基层党组织"离心离德"，失去村民的信任，当然也就难以组织群众。

2. 村民委员会

我国宪法规定："城市和农村按居民居住地区设立的居民委员会或者村民委员会是基层群众性自治组织。居民委员会、村民委员会的主任、副主任和委员由居民选举。居民委员会、村民委员会同基层政权的相互关系由法律规定。居民委员会、村民委员会设人民调解、治安保卫、公共卫生等委员会，办理本居住地区的公共事务和公益事业，调解民间纠纷，协助维护社会治安，并且向人民政府反映群众的意见、要求和提出建议。"村民委员会是村级群众自治组织，是我国民主制度的重要组成部分，是村民行使民主权利、开展政治活动的主要手段。村民委员会由村民民主选举产生，村民通过村民委员会对本村事务进行民主决策、民主管理，村民委员会还要接受来自村民的民主监督。村民通过民主的形式组织起来，进行自我管理、自我教育、自我服务，通过村民委员会实现自己当家作主，共同管理好本村的公共事务。村民委员会不是基层政府部门，并不在我国的行政体制架构中，但是它与政府机关，尤其是与其最接近的乡镇政府有着千丝万缕的联系，仍然要承接来自乡镇政府以及更高层的各级政府的压力。村委会的构成往往与农村基层党组织的构成是一致的，也就是成员"一肩挑"的组织形式，这当然可以在一定程度上避免一些矛盾，但同时也带来了一些问题。村民委员会在村集体经济中也扮演着重要的角色，承担着重要职能，不仅人员结构重合程度高，在职能上也有诸多重合，这些都在一定程度上弱化了村民委员会原本的职能，不能实现村民民主选举、民主决策、民主管理、民主监督的有效自治。

　　新中国成立初期，国家为了加强对乡村基层的管理，设立了基层政权，这些基层政权的确立瓦解了传统社会的以家族为主的乡村治理体系，行政权力的触角深入乡村，乡村被纳入国家行政管理体系中。在人民公社时期，政社合一的管理体制使得国家政权对乡村的掌控进一步强化，乡村几乎完全处于国家的行政管辖之中，这大大挫伤了农民生产生活的积极性。改革开放之后，随着农村经济体制改革，农村社会的管理体制也发生了改变。20世纪90年代之后，随着人民公社的解体，乡村的管理体制出现变化，村民委员会作为村民实现自治的组织形式被确立下来。但是，长久以来行政体制对乡村的掌控依然存在，制度惯性依然影响着乡村公共事务的管理和村民委员会的运行。一个重要的表现是乡镇政府过度干预村民自治。首先，由于乡村公共事务的管理需要一定的资源，但单凭村民委员会难以获得足够的资源，尤其是随着外出务工的青壮年劳动力的流失，村集体的收入极为有限，想要进行有效的管理，就需要争取行政体制内的资源，距离最近的乡镇政府因可以给乡村分配资源而获得了干预乡村公共事务的权力。其次，尽管改革开放之后，村民自治成为我国民主制的重要内容，但是国家仍然没有放弃对乡村的管理，所以村民委员会不仅仅是村民自治组织，也承担着国家管理乡村的行政职能。这种职能与乡镇政府的职能是一致的，在应对更上级行政部门的管理、监督和考核中，乡镇政府与村民委员会"合谋"的现象屡见不鲜，两者已经形成利益共同体。再次，乡镇政府与村民委员会的职能界限、权力界限是模糊的，并没有非常明确的规定，《中华人民共和国村民委员会组织法》第五条规定："乡、民族乡、镇的人民政府对村民委员会的工作给予指导、支持和帮助，但是不得干预依法属于村民自治范围内的事项。村民委员会协助乡、民族乡、镇的人民政府开展工作。"乡镇政府与村民委员会之间具有指导、支持、帮助与协助的关系,但是法律条款中的这些话语和表述弹性很大,并不具备刚性的法律约束力,如何做以及做到什么程度都有比较大的解释空间,并没有非常详细的规定。[①]最后,当前我国的村民委员会还出现了过度行政化的不良现象。作为承担最基层的行政职能的组织,村民委员会承担着最具体的行政事务,很明显的一个表现是,村民委员会的工作人员非常重要的一项任务是填报各个行政部门派发的各种表格,统计各种数据,这甚至占据了村民委员会工作人员工作时间的绝大多数,严重影响了村民委员会的工作效率和工作秩序,这样当然也就难以实现真正意义上的村民自治。

村民委员会除了具有村民自治、行政的职能外,还承担着管理集体土地和财产的经济职能。《中华人民共和国民法通则》第七十四条规定:"集体所有的土地依照法律属于村民集体所有,由村农业生产合作社等集体经济组织或村民委员会经营、管理。"《中华人民共和国土地管理法》第十一条规定:"农民集体所有的土地依法属于农民集体所有的,由村集体经济组织或者村民委员会经营、管理……已经属于乡(镇)农民集体所有的,由乡(镇)农村集体经济组织经营、管理。"《中华人民共和国村民委员会组织法》第八条规定:"村民委员会应当尊重并支持集体经济组织依法独立进行经济活动的自主权,维护以家庭承包经营为基础、统分结合的双层经营体制,保障集体经济组织和村民、承包经营户、联户或者合伙的合法财产权和其他合法权益。"第八条还规定:"村民委员会依照法律规定,管理本村属于村农民集体所有的土地和其他财产,引导村民合

[①] 潘嘉玮、周贤日:《村民自治与行政权的冲突》,中国人民大学出版社,2004。

理利用自然资源,保护和改善生态环境。"由以上法律规定可以发现,村民委员会是对集体土地进行经营、管理的代表性组织,同时村集体经济组织也参与对集体土地的经营和管理。村民委员会与村集体经济组织是平等独立的,村民委员会要尊重村集体经济组织的权利,但是两者在职能上又出现杂糅不清的情况。许多学者指出,尽管法律上村民委员会与村集体经济组织是平等的,但是由于村民委员会具有一定的行政背景,且村民委员会的构成人员与农村基层党组织也一般是重合的,它的实际权力往往是大于村集体经济组织的。这样一来,村民委员会内部很容易培植起乡村的权势阶层,导致"富人治村",滋生权力寻租与贪腐行为。[①]这同样也会损害村民委员会在村民心中的形象,影响其职能的实现,影响村民自治制度的真正实现。

3. 乡村经济组织

新中国成立之后,我国为在农村确立社会主义制度,对农业进行社会主义改造,通过合作化道路,把小农经济逐步改造为社会主义集体经济,土地和其他财产归集体所有,避免了私有制,在一定程度上避免了贫富两极分化。但是,这也挫伤了农民的积极性,尤其是人民公社时期,合作经济、集体经济造成了严重的社会后果,生产效率极低,乡村极度贫困,农业生产遭到破坏,乡村积攒了诸多矛盾。改革开放改变了这种经济体制,转而实行以家庭承包经营为基础,统分结合的双层经营体制。尽管土地等生产资料仍然归集体所有,但是经营权、使用权和收益归农民自己所有,这在很大程度上调动了农民的积极性,但是小农户分散经营模式也有很大弊端。

[①] 石磊:《试析农村集体经济视角下的村民委员会职能》,《当代世界与社会主义》2013年第5期。

由于我国已经脱离传统的自给自足的社会，没有任何一个家庭可以脱离社会与市场而仅凭自身就能在社会中生存下来。所以，所有的农户都不可避免地被卷入现代社会和市场。作为市场上相对弱势的一员，小农户的生产方式原始，由于资源有限，难以改善生产条件，难以承担昂贵的生产资料；小农户的受教育程度普遍偏低，学习和接受新的生产技术的能力和意识都很弱；由于农业生产的抗风险能力弱，他们形成了保守的生活态度，很难接受创新，而只愿意延续传统的生产经营方式。这导致小农户的生产效率极低，他们付出非常多的劳动，但是收益却很低，农业也就成了被很多农民排斥的行业，往往是农民的无奈之选。

此外，农民的市场能力很弱，在市场中，小农户作为最弱小的个体，面对的大多数都是组织和机构，与这些交易对象相比，小农户可以获得的信息非常有限，因此，他们在市场中处于极度弱势的地位，其权益遭到其他交易者的侵占。比如，农产品的市场价格远高于农民售卖农产品的价格，高额的差价是被中间商获取的，由于农民直接参与市场的成本超出了很多小农户的承受范围，所以他们只能通过中间商来参与，就只能接受中间商的盘剥。此外，与小农户合作的其他市场主体也面临风险，由于小农户的风险抵御能力低、力量弱，因此在与其他市场主体合作的过程中，小农户单方面违约的现象时有发生，这大大增加了交易成本。比如，在"龙头企业＋农户"的经营模式中，农户单方面违约是制约此种经营模式的一个重要因素。

正是在这样的背景下，农村集体经济组织作为可以提升农民集体能力的组织，其发展成为必然，在这其中，最重要、最普遍，也是被倡导和推广最多的是农民合作社。农民合作社一般由村集体、农业大户、致富能手、掌握了比较先进的农业技术和管理经验的本村村民创办，他们一般受教育程度较高，乐于和善于接受新技术和新管理方式，他们一般先实现了自身致富，因此在农民中具有一定的号召力和响应力。尤其是在脱贫攻坚和乡村振兴时期，在返乡创业的号召和优惠政策下，一批外出务工的农民返乡创办农民合作社，他们组织开展符合当地自然条件、区位条件的种植或养殖活动，其他农户把土地或其他生产资料流转或租给农民合作社，可以获取租金；以土地、资金、劳动力等形式入股，可以获取分红；还可以在合作社工作，获取一份工资。实践证明，农民合作社的经营模式可以有效提高农民的收入，提高农业产业的生产效率。

农民合作社的另一个重要作用在于，可以有效提高农民的组织化程度。传统社会之所以会形成"鸡犬之声相闻，民至老死不相往来"的分散格局，与自给自足的生产经营模式有很大关系，每个农户都不需要与其他农户建立任何关系，就可以在社会中生存下来。但是，在农民合作社的生产经营模式下，每个农户的活动和生活都是与其他农户交织在一起的，大家具有共同的利益，每个农户的生产经营行为都关乎整个合作社甚至整个村落的收益。在这种利益捆绑下，每个农户再也不是原子化的个体，而是与其他农户紧密连接在一起、休戚与共，因此，很容易提升乡村的组织化程度，增强乡村团结。

但是，在现实的实践中，大多数农民合作社的经营都是不尽如人意的，只有很少一些合作社取得了提高生产效率、增加农民收入、提升农民组织化程度的效果，多数合作社经营惨淡，甚至名存实亡。第一，农民合作社的资金和产权结构的特殊性导致普通村民的权利受到侵害。在农民合作社运营过程中，无论是合作社的创办者还是普通村民，资金都非常有限，因此需要吸收社会资本来创办和经营合作社，而社会资本具有逐利的本性，其力量也强于普通村民，因此，很容易出现侵占农民利益的情况。第二，地方政府、企业、农村能人与普通社员等利益主体在合作社发展中通过不断的互动与博弈形成了错综复杂的庇护关系，构建起庇护关系网络。这种关系网络具有相当强的对外排斥功能，既在某种程度上扭曲了中央政府的政策目标，又不利于从根本上保护普通社员的合作权益，成为阻碍合作制度创新的结构性力量。① 此外，政府对合作社的管理规定中虽然强调农民的主体地位，但在实践中却忽视了这一点，导致合作社的民主管理、会计制度与内部控制制度缺乏监督，"一股独大"和各种侵害小规模农户利益的现象非常普遍。②

4. 乡村社会组织

长期以来，乡村社会都是整个社会体系中较为传统和落后的一方，农民都是整个国家体系中最为贫困的人群。新中国成立之后，由于国家目标的确立和国家发展道路的选择，城乡对立、城乡差异的状况一直没有得到根本扭转，长期以来偏向城市和工业的政策，导致乡村和农民一直处于贫困落后之中。改革开放之后，尤其是20世纪90年代以来，随着经济体制的改革，也由于城市的发展需要大量劳动力，国家取消了限制人口流动的政策，大量农村人口，尤其是青壮年人口涌入城市，参与第二三产业的发展，这在很大程度上提高了农民的收入，但是，也在乡村社会引发了一系列社会后果，对乡村和乡村居民造成了很大伤害。

城乡在生产效率、收入、生活水平、公共服务上的巨大差异吸引大批农村青壮年人口离开乡村进入城市，但是他们并未能获取

---

① 赵晓峰、付少平：《多元主体、庇护关系与合作社制度变迁——以府城县农民专业合作社的实践为例》，《中国农村观察》2015年第2期。
② 任梅：《农民专业合作社政府规制的价值取向：偏差与矫正》，《中国行政管理》2013年第10期。

同城市居民同等的市民权利。由于不能从制度上融入城市，他们也不愿放弃农民的身份，这就导致农村人口空心化、老龄化严重。一方面，大批老人留守农村，进入城市的青壮年劳动力在年老之后一般也会选择回乡养老，因此，需要养老的老人往往得不到子女的照料，而我国整体的养老公共服务水平很低，大批老年人的生活和精神都得不到照顾；另一方面，大批儿童留守乡村，他们不能得到父母的陪伴与教育，不能实现比较完善的生命早期的社会化，甚至会留下一些心理创伤。在发展过程中，一些乡村接收了来自城市的产业转移，一些对环境造成较大污染的产业被转移到乡村，破坏了乡村的生态环境，造成了环境污染。此外，乡村的贫困问题依然没有得到解决，尽管进城务工在一定程度上提高了一些农村家庭的家庭收入，但这只是暂时的，并且极易受到市场波动的影响，一旦城市经历经济低迷，这些外出务工人口就会返回乡村，收入的暂时性提高并不能从根本上帮助他们摆脱贫困的生活。

21世纪以来，我国开始走城乡融合的发展道路，农民和农村逐渐获得了国家政策更多的关注，也获得了一些社会组织的关注。尽管市场和政府是资源配置的基本手段，但是市场和政府也具有内在的局限性，会出现市场失灵和政府失灵。市场以盈利为目的，由于不能盈利或盈利太少，市场主体承担提供公共物品职能的意愿很低。乡村发展所需的资源属于公共物品，因此，仅通过市场途径无法帮助乡村发展。此外，市场无法达到完全竞争和供需理想的状态，贫困地区的市场发育不完全，许多贫困人群被排斥在市场之外。政府是公共物品主要提供者，但是在资源配置过程中，政府也有一些不足。一方面，由于政府的决策和行为具有整体性和普遍性，因此难以满足个体对公共物品的差异化需求。在地区发展中，由于对城市投资可以获得更大收益，因此在考核和晋升的压力下，地方政府往往更倾向于选择把更多的资源分配到城市，而不能比较全面地回应乡村的需求。另一方面，由于制度本身的弊端，一些地方政府在提供公共物品时有时存在低效率和寻租的问题。比如，在脱贫攻坚阶段，地方政府在贫困人口精准识别方面存在不科学和不够准确的问题，此外，政府配置资源也难以有效地动员和组织农民参与发展。

市场和政府失灵为社会组织参与扶贫提供了一定的实践空间，社会组织非营利性、非政府性的特征可以在一定程度上弥补市场和政府的局限，可以更有针对性地帮助乡村解决发展过程中遇到的问题，为乡村发展提供更为精准和更具发展性的资源和服务。

治理是指各种公共的或私人的个人和机构管理其共同事务的诸多方式的总和，是以增进公共利益为目的，政府与社会组织管理和调控社会事务的过程。[1] 治理理论的提出，主要源于公共事务管理的多样化、多元化和复杂化。治理理论强调治理主体的多元化，以及各主体之间合作共生的关系。社会组织参与社会治理契合了多元治理理论的要求。社会组织参与到乡村发展的实践中，可以构建多主体合作网络、丰富乡村发展资源、协调利益关系。

第三者政府理论认为，必须区分作为"资金和指导的提供者"的政府和作为"服务递送者"的政府。政府应该主要扮演资金提供者的角色，在福利项目提供中充当掌舵的角色，而把具体的执行和实施交给非政府组织，借助于大量的第三方组织来实现政府功能。[2] 第三者政府理论注重发挥政府和社会组织各自的优势，提倡两者通力合作。在乡村发展实践中，社会组织积极参与，与政府进行协作和配合，可以提高乡村工作的效率和效果。

---

[1] 俞可平：《全球治理引论》，《马克思主义与现实》2002年第1期。
[2] 白维军、郭喜：《社会保障治理中的公众参与：基于国家治理体系现代化的视角》，《中国行政管理》2015年第12期。

很多社会组织发现乡村发展过程中存在的诸多问题之后，进入乡村，帮助乡村筹措各类资源，帮助乡村人口应对他们遭遇的各种困境。比如在脱贫攻坚阶段，一些社会组织参与到扶贫工作中来，他们为乡村贫困家庭链接资源，缓解他们的困境，为弱势农民赋能，帮助贫困儿童继续学业，关注他们的心理健康。与政府和市场相比，社会组织具有一些明显的优势。第一，他们的理念比较先进，社会组织参与精准扶贫不是采取简单、传统的资金注入方式，而是更加注重贫困者能力的提升，不仅"输血"更注重"造血"。此外，传统的贫困观认为贫困是因机会、能力和方法的缺乏而产生的，而社会组织认为贫困是因缺少权利而非金钱。因此，他们在实践中，倡导"赋权""增能"，强调自下而上的参与式扶贫。第二，社会组织的帮扶精准度比较高，扶贫对象的选择与确定是扶贫项目的第一个环节，其选择准确与否直接关系到项目的实施效果，而现实的扶贫实践往往难以切实瞄准贫困户。社会组织最大的优势就是贴近贫困群体，因此能较好地实现精准扶贫。他们了解社情民意，自成立之初就关注贫困群体，注重掌握贫困家庭的真实信息，项目团队深入农村社区入户走访，确定贫困家庭的信息，使得扶贫资源能够集中使用，有效实现帮助真正的贫困者这一目标，实现"真扶贫"与"扶真贫"。第三，他们的帮扶效率比较高，社会组织对贫困者的需求有着高度的敏感性，面对贫困群体多样化需求能够及时采取相应措施，从而能帮助贫困者寻求脱贫的有效途径，帮助他们在扶贫资源的竞争中发出自己的诉求，获得扶贫资源。同时，社会组织运作机制灵活、动员成本低廉，能减少扶贫资源传递中的很多中间环节，运行成本较低。他们可以有针对性地解决每一个个案面对的问题，达到帮助贫困家庭真正脱贫的效果。第四，社会组织更注重公民能力的提升，社会组织参与扶贫强调贫困者的群体参与，在参与的过程中，他们的公民能力得以提升。在社会组织进行的每次活动中，村民都会加入一些群体，比如有的群体以微信群为载体，在活动结束之后这些群往往并不会解散，而是成为这些村民的一个互动交流的空间，他们常常在群里进行沟通交流，分享教育理念、生活琐事等，微信群成了村民表达的平台，成为一个提升公民能力的平台。

但是，由于我国传统的"大政府，小社会"的治理体系的限制，社会组织一直处于比较边缘的地位，社会组织自身的建设和发展存在的一些问题，也导致社会组织在参与乡村发展的过程中遇到了一些瓶颈。第一，社会组织参与乡村发展的政策和制度尚不完善。完善的政策支持和制度保障是社会组织发展壮大并更好地参与乡村建设的重要条件。我国社会组织发展还缺少健全的政策支持和制度保障。虽然一些文件强调了社会组织参与乡村发展的重要性，但在实践操作层面缺乏必要的配套政策和具体的实施细则。同时，还缺乏专门针对社会组织参与乡村发展的法律法规。在实践中，政府部门对社会组织进行的更多的是"管理"，缺乏相应的引导和支持。政府有限的扶持政策和资源也大多集中在具有官方背景的社会组织，那些规模较小和实力较弱的社会组织很难享受到政府的优惠政策。第二，社会组织自身能力不足。我国的社会组织大多兴起于20世纪90年代以后，其参与社会治理更多的是从效仿和借鉴西方发达国家开始的，缺少本土化的经验。受可支配经费不足、工作条件和资源动员能力有限等多重因素的影响，社会组织通常难以聚集充足的员工，已有的员工也存在着专业知识缺乏的问题。此外，社会组织的内部管理不够规范。大量社会组织在组织架构、组织制度及组织自身建设方面还处于初步发展阶段，没有完善的内部管理制度。第三，社会组织认同度不高。长期以来，我国社会组织力量薄弱、发展不充分，这就导致了社会对社会组织的认知比较陌生，公众总是不太信任政府之外的组织。同时，我国社会组织发展水平也是参差不齐，很多社会组织都处于发展的初始阶段，尚未形成一种健全的制度，参与乡村发展获得的社会影响力也有限。这就导致了公众对社会组织的认知不够和认同度不是很高的现状，因此他们的参与度也不高。第四，社会组织的资源不足。与参与乡村发展的需求相比，当前大部分社会组织可支配的资源比较匮乏，自身筹资能力有限。除具有官方背景的社会组织能够获取较多的政府支持和民间捐赠外，大多数社会组织参与乡村发展的资源明显不足。资源不足一方面是由于政府资金配置的不均衡，另一方面是由于社会组织自身链接资源能力较弱，难以对项目提供有效的援助。

（三）如何有效提升乡村的组织化程度

由以上的分析可以发现，随着传统社会的解体和向现代社会转型，乡村传统的家族制度衰落，大量乡村青壮年人口流出乡村进入城市，乡村空心化严重。传统的村落解体，但现代的乡村社区仍未建立，村民出现了严重的"原子化"倾向，缺乏归属感和对社区的融入。一方面，这导致个体对社会的疏离和冷漠，造成个体的心理缺失，也给社会稳定带来巨大隐患；另一方面，农民由于受教育程度、素质能力、居民权利等方面的限制，在社会中处于弱势地位，单个的农民个体相对而言就更加弱势，如果不能将农民组织和团结起来，农民群体在市场上就只能接受来自其他市场主体的盘剥，没有任何的谈判能力。因此，提升乡村的组织化程度，是乡村发展的一项重要内容。

乡村组织承担着提升乡村组织化程度的职能和任务，但是通过上文的分析，我们发现：农村基层党组织和村民委员会与我国的行政体制有着千丝万缕的联系，他们更多的是行政力量在乡村的延伸，在实践中并未能很好地组织农民；乡村经济组织能够发挥组织和团结村民的作用，但是只有少数合作社发展较好，大多数乡村经济组织都发展式微；社会组织也具有提升乡村组织程度的功能，但是同样也是力量有限，并不能充分发挥自身的优势。因此，提升乡村的组织化程度，一方面要从现有的乡村组织入手，发挥他们组织和团结乡村的作用，另一方面，要开发提升乡村组织化程度的多元途径，增强乡村团结。

第一，农村基层党组织要转变观念，增强服务群众的意识。要明确自身服务群众而非管理群众的角色，充分利用贴近群众的优势，从群众中来，到群众中去，充分了解群众的需求，及时回应群众的需求，以切实的行动来获得群众的认同。农村基层党组织要提升服务能力，要制定完善的工作制度，将村民吸引到公共事务的管理和决策中，引导村民参与本村公共事务。农村基层党组织要注重党员干部与群众的互动与协商，要以平等的态度与村民多交流，与村民积极平等地对话，引导村民合理地表达诉求，化解党群、干群矛盾，融入村民中，同时将村民引导到对日常村务的参与和管理中。

第二，村民委员会要有效实现村民自治。一方面要完善村民通过村民委员会参与乡村事务的法律法规，对村民委员会的权力和职能在法律层面上进行明确界定。厘清乡镇政府与村民委员会的权力边界，科学合理配置村民委员会和乡镇政府的权力。乡镇政府的权力不要下放到村民委员会，乡镇政府也不能干涉村民委员会权力的行使，乡镇政府的行政事务不能推到村民委员会，要使村民委员会尽量摆脱日常行政事务的压力，而专注于对本村事务的管理和服务。另一方面要充分发挥村民委员会在村民自治中的作用，从村民委员会的成员选举开始就要践行民主科学的程序，接受全体村民的监督，实现民主选举、民主决策、民主管理、民主监督，把村民自治落到实处，使村民真正实现自己管理自己的事务，而非只是形式上的自治，以真正团结村民。

第三，要提升农村集体经济组织的能力，充分发挥合作社等集体经济组织组织和团结农民的作用。集体经济组织面临的主要问题是发展不够充分，小农经济的低效率以及市场话语权低等特点意味着依靠小农经济的经营模式很难提升农民的收入和生活水平，也无法使得农业成为有吸引力的行业，无法引导乡村实现真正的现代化，无法真正推动乡村发展。在我国当前以及未来很长一段时间内，小农经济会一直存在，在小农经济一直存续的状态之下，提升农业的生产效率，实现农业农村农民的现代化，发展集体经济组织，促进农业集约化生产和经营是一条必由之路。只有把土地等生产资料组织起来，使用先进的生产技术和管理经验进行经营，才能更多地规避小农经营的风险，提升农业生产的效率，也才能破除小农户分散经营带来的冷漠和疏离，真正地组织和团结农民。发展和壮大农村集体经济，需要进一步在农村实现经营方式的变革，放松对农业生产资料的限制，引导农村生产资料合法流转、集约，提升农业生产效率。要出台相关政策鼓励和扶持乡村集体经济组织的发展，为乡村集体经济提供资金、技术支持，鼓励乡村集体经济发展壮大。要在法律和制度上明确乡村集体经济组织和村民委员会的职能，避免两者相互交叉，避免权力寻租和财富与权力的过分集中。

第四，帮助本土社会组织成长，促进他们更好地参与乡村发展。一方面，完善政策法规，降低组织准入门槛，使更多的社会组织合法参与乡村发展。另一方面，制定专门的社会组织法律。我国现有的关于社会组织的专门规定立法层次不高，多为部门规章性文件。因此，为促进社会组织的发展，必须制定专门的社会组织法律，用法律的形式明确社会组织地位、职能、组织机构等，规范社会组织的运行，为社会组织的合法权益提供法律保障。此外，还要提升社会组织的能力，提高社会组织成员的扶贫能力及综合素质，加强对内部人员的专业培训，提高工作人员的专业素养。制定科学的激励机制、奖惩机制及薪酬制度等，为社会组织成员提供良好的福利待遇。要完善社会组织内部治理结构，社会组织要加强自身参与乡村发展的价值理念建设，准确定位自身的宗旨与目标，逐步建立起科学合理的组织架构和组织制度，提高社会组织运转的效率。要提升社会组织的公信力，通过大力宣传推广，提高我国社会组织的知名度、社会认同度，借助书刊、电视、广播、网络、报纸等多种媒体，广泛宣传社会组织的工作宗旨、慈善理念、工作成就，扩大社会组织的群众基础。还要丰富社会组织的乡村发展资源，在乡村发展体系中，社会组织与政府和市场应是合作共生的关系，在进一步转变政府职能的过程中，应结合国家治理现代化的需要，考虑让渡更多的公共空间及公共资源给社会组织，让社会组织更多地参与到乡村发展资源的再分配过程中来。社会组织也要多渠道吸引公益资源，根据组织实际情况建立专门的资金筹集部门，完善资金筹集流程、提升筹资能力。

第四章
乡村发展目标

党的二十大报告指出:"加快建设农业强国,扎实推动乡村产业、人才、文化、生态、组织振兴。"新中国成立以来,尤其是改革开放以来,我国乡村发展的目标几经变革,但是基本都是围绕着社会、人口、经济、文化、组织等几个方面来设置的。目标设置理论认为,内容明确且难度适宜的目标更有可能激发参与者的潜力。目标激励功能的实现及其效果也与参与者、实现目标的环境、目标评估等因素密切相关。目标的制定有自上而下和自下而上两种方式,无论采用哪种方式制定目标,目标的各方利益相关者都应该参与其中,否则会出现目标不切合实际或目标偏离的问题。带着对这些问题的思考,本章将对我国乡村发展目标进行如下反思:改革开放以来我国乡村发展目标的设置及其演进、如何定义乡村发展目标、谁来定义乡村发展目标、乡村发展目标的实现效果,以及如何发挥乡村发展目标的激励作用。

一、改革开放以来我国乡村发展目标及其演变

新中国成立以来,尤其是改革开放以来,我国的乡村几经改革,每年中央和地方都会出台一系列有关乡村发展的文件以制定乡村发展的目标,描绘乡村发展的路径,这些文件中最具代表性的是

每年的中央一号文件。从 1982 年至 1986 年连续 5 年，以及 2004 至 2023 年连续 20 年的中央一号文件都以指导"三农"为目的，这彰显了"三农"问题在我国经济社会发展中的重要地位，而每年中央一号文件的发布也为未来一年甚至几年的乡村发展定了方向。因此，通过梳理历年指导"三农"工作的中央一号文件中对乡村发展目标的描述，即可对改革开放以来我国乡村发展目标的设置及其演进有比较全面的了解。

20 世纪 80 年代初，我国社会还处于改革开放的起始阶段，农村地区普遍贫困，尽管经济体制改革从农村开始，但是当时在乡村改革问题上存在许多争论，许多乡村对未来发展道路感到迷茫，踟蹰不前。因此，1982—1986 年连续 5 年的中央一号文件围绕家庭联产承包责任制、商品生产、农村经济改革等问题展开，对农村改革和农业发展作出具体部署，以解放农村生产力，提高农业生产效率。[①]

2004 年，新世纪的第一个以"三农"为主题的一号文件出台。当时农业农村发展的一个突出问题是，农民增收困难，城乡居民收入差距过大。因此，2004 年中央一号文件《中共中央 国务院关于促进农民增加收入若干政策的意见》提出，要"坚持'多予、少取、放活'的方针，调整农业结构，扩大农民就业，加快科技进步，深化农村改革，增加农业投入，强化对农业支持保护，力争实现农民收入较快增长，尽快扭转城乡居民收入差距不断扩大的趋势"。

由于投入不足、基础脆弱的状况并没有改变，粮食增产、农民增收的长效机制并没有建立，农业依然是国民经济发展的薄弱环节。因此，2005 年中央一号文件《中共中央 国务院关于进一步加强农村工作提高农业综合生产能力若干政策的意见》又指出："当前

[①] 曲延春、王成利：《政策演进与乡村治理四十年：1978—2018——以中央一号文件为基础的考察》，《学习与探索》2018 年第 11 期。

和今后一个时期,要把加强农业基础设施建设,加快农业科技进步,提高农业综合生产能力,作为一项重大而紧迫的战略任务,切实抓紧抓好。"

2006年中央一号文件《中共中央 国务院关于推进社会主义新农村建设的若干意见》发布,指出要"统筹城乡经济社会发展,实行工业反哺农业、城市支持农村和'多予少取放活'的方针,按照'生产发展、生活宽裕、乡风文明、村容整洁、管理民主'的要求",推进社会主义新农村建设。

2007年中央一号文件《中共中央 国务院关于积极发展现代农业扎实推进社会主义新农村建设的若干意见》明确指出,社会主义新农村建设要把发展现代农业放在首位,"要用现代物质条件装备农业,用现代科学技术改造农业,用现代产业体系提升农业,用现代经营形式推进农业,用现代发展理念引领农业,用培养新型农民发展农业,提高农业水利化、机械化和信息化水平,提高土地产出率、资源利用率和农业劳动生产率,提高农业素质、效益和竞争力"。

2008年中央一号文件《中共中央 国务院关于切实加强农业基础建设进一步促进农业发展农民增收的若干意见》指出,要"按照形成城乡经济社会发展一体化新格局的要求,突出加强农业基础建设,积极促进农业稳定发展、农民持续增收,努力保障主要农产品基本供给,切实解决农村民生问题,扎实推进社会主义新农村建设"。

2009年中央一号文件《中共中央 国务院关于2009年促进农业稳定发展农民持续增收的若干意见》提出,要"坚决防止粮食生产滑坡,坚决防止农民收入徘徊,确保农业稳定发展,确保农村社会安定",并要求加大对农民种粮的支持力度,加大力度解决农民工就业问题,进一步规范土地承包经营权流转。

2010年中央一号文件《中共中央 国务院关于加大统筹城乡发

展力度进一步夯实农业农村发展基础的若干意见》发布，提出2010年农业农村工作的要求包括统筹城乡发展、改善农村民生、扩大农村需求、发展现代农业、建设社会主义新农村和推进城镇化等，坚持稳粮保供给、增收惠民生、改革促统筹、强基增后劲的基本思路。

2011年中央一号文件的主题是加快水利改革发展，《中共中央 国务院关于加快水利改革发展的决定》是新中国成立以来中央首次对水利工作进行的全面部署。其中与农业农村相关的有大兴农田水利建设，开展大型灌区、重点中型灌区续建配套和节水改造任务，增大农田有效灌溉面积，解决农村饮水安全问题。

2012年中央一号文件《中共中央 国务院关于加快推进农业科技创新持续增强农产品供给保障能力的若干意见》指出，2012年农业农村工作的要求是："同步推进工业化、城镇化和农业现代化，围绕强科技保发展、强生产保供给、强民生保稳定，进一步加大强农惠农富农政策力度，奋力夺取农业好收成，合力促进农民较快增收，努力维护农村社会和谐稳定。"

2013年中央一号文件《中共中央 国务院关于加快发展现代农业进一步增强农村发展活力的若干意见》指出，2013年农业农村工作的总体要求是："落实'四化同步'的战略部署，按照保供增收惠民生、改革创新添活力的工作目标，加大农村改革力度、政策扶持力度、科技驱动力度，围绕现代农业建设，充分发挥农村基本经营制度的优越性，着力构建集约化、专业化、组织化、社会化相结合的新型农业经营体系，进一步解放和发展农村社会生产力，巩固和发展农业农村大好形势。"

2014年中央一号文件《中共中央 国务院关于全面深化农村改革加快推进农业现代化的若干意见》提出要"按照稳定政策、改革创新、持续发展的总要求，力争在体制机制创新上取得新突破，在现代农业发展上取得新成就,在社会主义新农村建设上取得新进展"。

2015年中央一号文件《中共中央 国务院关于加大改革创新力度加快农业现代化建设的若干意见》指出,2015年农业农村工作要"按照稳粮增收、提质增效、创新驱动的总要求,继续全面深化农村改革,全面推进农村法治建设,推动新型工业化、信息化、城镇化和农业现代化同步发展,努力在提高粮食生产能力上挖掘新潜力,在优化农业结构上开辟新途径,在转变农业发展方式上寻求新突破,在促进农民增收上获得新成效"。

2016年中央一号文件《中共中央 国务院关于落实发展新理念加快农业现代化实现全面小康目标的若干意见》提出要"把坚持农民主体地位、增进农民福祉作为农村一切工作的出发点和落脚点","加大创新驱动力度,推进农业供给侧结构性改革,加快转变农业发展方式,保持农业稳定发展和农民持续增收,走产出高效、产品安全、资源节约、环境友好的农业现代化道路,推动新型城镇化与新农村建设双轮驱动、互促共进,让广大农民平等参与现代化进程、共同分享现代化成果"。

2017年中央一号文件《中共中央 国务院关于深入推进农业供给侧结构性改革加快培育农业农村发展新动能的若干意见》指出,"以推进农业供给侧结构性改革为主线,围绕农业增效、农民增收、农村增绿,加强科技创新引领,加快结构调整步伐,加大农村改革力度,提高农业综合效益和竞争力"。

2018年初发布的《中共中央 国务院关于实施乡村振兴战略的意见》指出,乡村振兴战略的总要求是"产业兴旺、生态宜居、乡风文明、治理有效、生活富裕",目标任务是:到2020年,乡村振兴取得重要进展,制度框架和政策体系基本形成;到2035年,乡村振兴取得决定性进展，农业农村现代化基本实现；到2050年，乡村全面振兴，农业强、农村美、农民富全面实现。

在决胜全面建成小康社会的背景下，2019年初印发的《中共中央 国务院关于坚持农业农村优先发展做好"三农"工作的若干意见》指出，要聚力精准施策，决战决胜脱贫攻坚；夯实农业基础，保障重要农产品有效供给；扎实推进乡村建设，加快补齐农村人居环境和公共服务短板；发展壮大乡村产业，拓宽农民增收渠道；全面深化农村改革，激发乡村发展活力；完善乡村治理机制，保持农村社会和谐稳定；发挥农村党支部战斗堡垒作用，全面加强农村基层组织建设；加强党对"三农"工作的领导，落实农业农村优先发展总方针。

2020年是全面建成小康社会目标实现之年，是全面打赢脱贫攻坚战收官之年。2020年初发布的《中共中央 国务院关于抓好"三农"领域重点工作确保如期实现全面小康的意见》指出，做好2020年"三农"工作要对标对表全面建成小康社会目标，集中力量完成打赢脱贫攻坚战和补上全面小康"三农"领域突出短板两大重点任务，持续抓好农业稳产保供和农民增收，推进农业高质量发展，保持农村社会和谐稳定，提升农民群众获得感、幸福感、安全感，确保脱贫攻坚战圆满收官，确保农村同步全面建成小康社会。

2021年初发布的《中共中央 国务院关于全面推进乡村振兴加快农业农村现代化的意见》指出，2021年农业农村发展的目标任务是"农业供给侧结构性改革深入推进，粮食播种面积保持稳定、产量达到1.3万亿斤以上，生猪产业平稳发展，农产品质量和食品安全水平进一步提高，农民收入增长继续快于城镇居民，脱贫攻坚成果持续巩固。农业农村现代化规划启动实施，脱贫攻坚政策体系和工作机制同乡村振兴有效衔接、平稳过渡，乡村建设行动全面启动，农村人居环境整治提升，农村改革重点任务深入推进，农村社会保持和谐稳定"。

2022年初发布的《中共中央 国务院关于做好2022年全面推进乡村振兴重点工作的意见》提出，要"牢牢守住保障国家粮食安全和不发生规模性返贫两条底线"，聚焦产业促进乡村发展、扎实稳妥推进乡村建设、突出实效改进乡村治理、加大政策保障和体制机制创新力度、坚持和加强党对"三农"工作的全面领导。

2023年初发布的《中共中央 国务院关于做好2023年全面推进乡村振兴重点工作的意见》指出，要抓紧抓好粮食和重要农产品稳产保供，稳住面积、主攻单产、力争多增产；巩固拓展脱贫攻坚成果；拓宽农民增收致富渠道；强化政策保障和体制机制创新。

改革开放之初，在城乡普遍贫困的情况下，乡村发展以解放生产力、提高农业生产效率为目标，以乡促城，以农促工。尽管农村经济发展，农民的收入和生活水平会随之提升，但当时并未把农民收入的提高写入政策文件。进入21世纪，随着城市的迅速发展和城乡差距的拉大，我国逐步进入到工业反哺农业、城市支持农村的阶段，农业和农村逐步获得了优先发展的地位。因此，2004年至2023年的中央一号文件都把农业增产、农民增收作为任务主线，通过加强农业基础设施建设、推进科技进步、发展现代农业提升农业生产效率，通过发展农业和扩大增收渠道提升农民收入。不管是2006年社会主义新农村建设的"生产发展、生活宽裕、乡风文明、村容整洁、管理民主"的总要求，还是2018年乡村振兴战略的"产业兴旺、生态宜居、乡风文明、治理有效、生活富裕"的总要求，都包含农业增收和农民生活水平提高的内容。

二、我国乡村发展目标的定义

(一) 如何定义乡村发展目标

20世纪80年代，我国改革开放刚刚起步，工业化和城镇化水平都很低，农民占全国人口的大多数，且相当一部分农民处于绝对贫困状态，当时针对乡村所要解决的主要问题就是普遍存在的贫困问题。尽管农村经济体制改革已经开始，但是很多乡村对发展道路感到迷茫，一直持观望态度，不敢推进家庭联产承包责任制。因此，这一时期乡村发展的目标围绕推进家庭联产承包责任制改革、解放农村生产力、提高农业生产效率来展开。

进入20世纪90年代后半期，城市化、工业化对农业的冲击加剧，农业税负逐步加重，而农产品价格被强行压低，农民种粮积极性极大受挫，农民收入增幅不断放缓，城乡居民收入差距不断扩大，并在新世纪前后达到最高峰，从1997年至2003年，城乡居民收入比由2.47扩大到3.23，粮食产量由1998年的10246亿斤，锐减到2003年的8614亿斤，粮食安全形势日益严峻，城乡矛盾、工农矛盾、干群矛盾凸显。[①]2004年和2005年的乡村发展目标的设置，主要针对国家发展政策转向工业化和城镇化之后农村领域累积的农民增收放缓、农业生产受挫等现实问题，围绕"促进农民增收""提高农业综合生产能力"的主题，以扭转农村不利局面。

随着束缚农村生产力的体制机制的改革创新，农业和农村出现积极变化，农业生产效率提升，农民收入水平逐步提高，但与此同时，伴随着城乡差距的拉大，农村严重滞后的基础设施建设成为影响农民生活和从事农业生产的重要短板。为此，2006年中央一号文件历史性地提出在全国范围取消农业税，提出建立以工促农、以城

---
① 王文强：《对历年"中央一号文件"的回顾与展望》，《吉林农业》2018年第3期。

带乡的长效机制，实行工业反哺农业、城市支持农村和"多予、少取、放活"的方针。之后，为解决农业增产而农民不增收的问题，提出以提高农民收入为目标，形成农业增效、农民增收的良性互动格局。

2013年之后，随着我国整体经济实力的增强、对乡村进行的一系列改革以及对乡村剥夺的减少，乡村的经济社会状况获得了较大改善，农民的生活水平也获得了明显提升，乡村基本社会保障也基本上实现了全覆盖。然而，乡村与城市依然存在很大差距，乡村仍然是我国经济社会发展的最大的短板。一方面，乡村空心化、空壳化等状况日益严重；另一方面，由于长期以来农业实行粗放的生产经营模式，为了提升农业生产能力而过度使用化肥和农药，乡村生态环境污染严重，也严重影响了农产品安全质量和农民的生命健康。为打破城乡二元结构，加快构建以工促农、以城带乡、工农互惠、城乡一体的新型工农城乡关系，健全城乡一体化体制机制成为这一时期乡村发展的主要任务。2013年中央一号文件提出建设"美丽乡村"的奋斗目标。"美丽乡村"是"美丽中国"在乡村的体现，是在乡村生产生活条件改善、生态文明建设加强的条件下融合生产生活生态的系统建设目标，是新形势下城乡融合发展的重要载体。2013年至2017年，中央一号文件连续锁定农业现代化问题，针对强化农业科技创新驱动作用、发展现代种植业和农业机械化、培育农业新型经营主体、农业社会化服务体系建设、农业供给侧结构性改革等问题提出了具体的政策措施。

党的十九大提出中国特色社会主义进入了新时代，新时代我国发展最大的不平衡是城乡发展不平衡、最大的不充分是农村发展不充分。而要实现建成富强民主文明和谐美丽的社会主义现代化强国的宏伟目标，实现乡村现代化是重要一环。基于这一背景，2017年党的十九大报告提出了"乡村振兴战略",2018年中央一号文件对新发展阶段优先发展农业农村、全面推进乡村振兴作出总体部署,乡村振兴战略成为新时代"三农"工作的新方向。接着,在全面建成小康社会和脱贫攻坚、乡村振兴的时代背景下,2019年至今的乡村发展目标基本围绕打赢脱贫攻坚战、巩固拓展脱贫攻坚成果、保障粮食安全展开。

不同阶段乡村发展目标的制定都基于当时的社会发展背景,针对乡村发展过程中面临的问题。乡村并非孤立地存在于社会中,乡村与城市共同构成整个社会。根据结构功能主义理论,乡村与城市在社会中承担与其结构地位相对应的功能,乡村与城市都嵌于当下的社会中,也共同构成当下的社会。乡村与城市并非相互隔绝,而是互相交融,往来密切。农业产业的产品关乎所有人的基本生理需求,也是工业产品的原材料,关系整个社会的经济发展与社会稳定,城市化、工业化水平影响农业的生产效率,城市发展也会带动周边乡村的发展。城市化水平的提高,乡村劳动力的转移,有利于乡村进行集约化生产;工业化水平的提升,能够使农业产业获得更多的科技投入,同时也对农产品有更多的需求,这都可以帮助乡村提升市场能力,进而带动乡村的发展。因此,乡村和城市不能割裂,要把他们作为关系密切、相互交融的一个整体去考虑。

同时,乡村和城市应该是平等的,通过牺牲一方来发展另一方的道路是不可取的。在发展的特殊时期,比如普遍贫困的情况下,由于工业具有更高的生产效率,投入产出比更高,我国在一定阶段选择了优先发展工业和城市的发展道路,这造成了对农业和乡村的巨大剥夺。尽管我国整体的经济发展水平获得了巨大提升,但是发展非常不均衡,城乡差距巨大。城乡差距固然体现在城乡相差很大的GDP、基础设施、公共服务上,但是,最根本的是体现在城乡居民不同的生活水平和生活机会上。发展固然包括产业、居民和社会的发展,但是从根本上说,是人的发展,是居民生活水平的提高和公民权利的实现,产业发展和社会发展都应该服务于人的发展。因此,城乡差异的根本表现是城乡居民生活水平和生活机会的差别,乡村居民投入产出比非常低,他们辛苦劳作但是收入很低,缺乏基本的生活保障以及改变自身命运的机会。因此,以牺牲乡村发展来换取城市以及整个社会的发展,对乡村居民而言是不公平的,是一种巨大的剥夺。

(二)谁来定义乡村发展目标

对于政策制定,学术界已经有非常多的研究。学者们认为,政策制定有三种模式:自上而下的科层治理模式、自下而上的多元主义模式和平行结构的政策网络模式。① 在自上而下的模式中,决策者就相关问题达成一致意见而出台公共政策,决策过程较少考虑科学的、定型的决策程序,这一模式忽视了执行主体和目标群体的价值和利益;自下而上的模式关注执行主体和目标群体的作用,决策者将知识、技巧和地方行动者的目标导入政策中,但是存在片面性和缺乏连贯性的问题;政策网络模式是一种比较新的模式,政策网络是独立政策行动者在围绕政策问题和政策程序行动的过程中形成的稳定的社会结构和社会关系。政策网络模式认为,参与者通过一系列互动和相互博弈影响特定政策议程和政策实施的结果。② 有学者认为,当前中国的政策制定过程已经变得更加开放和包容,过

---

① 李瑞昌:《关系、结构与利益表达——政策制定和治理过程中的网络范式》,《复旦学报(社会科学版)》2004 年第 6 期。
② Haitao Zheng, Martin de Jong, Joop Koppenjan, "Applying Policy Network Theory to Policy-Making in China: The Case of Urban Health Insurance Reform," *Public Administration* 88, no. 2 (2010).

去被忽视的政治和社会参与者获得更多施展才能的空间。因此，政策网络框架在分析我国政策制定问题中具有适用性，可以帮助我们理解政策制定过程中政府部门、社会组织、知识精英、公众等主体对政策制定的参与以及他们之间的互动。[①]

我国国家组织形式和活动方式的基本原则是民主集中制，任何一项政策的制定都需要遵循一定的民主程序，要听取利益相关者的想法和诉求，不能由一方单方面决定。在制定乡村发展目标和其他政策的过程中，也应当坚持调查研究，坚持一切从实际出发、实事求是的原则，坚持党的群众路线。然而长期以来，由于知识水平较低，政治参与意识和能力较弱，农民的声音常常湮没于政府和知识精英的讨论中，有关乡村发展的决策往往是由中央和地方各级党委、政府结合专家的意见作出的，而农民作为乡村发展的主体在乡村发展目标和政策的制定过程中常常是缺位的。

一方面，由于农村经济发展水平低和教育资源分配不均，农民的知识水平相对比较低；长期以来的乡土传统使得农民思想保守，不愿意冒险；农民在长期历史发展中形成了具有"经济理性"的小农意识，由于进行任何形式的利益表达都需要付出一定的成本，因此很多农民形成了"搭便车"的心理，希望可以避免成本而坐享收益；很多农民对权力组织和有权力的个体存有畏惧和不信任的心理，由此造成的结果就是农民的政治冷漠，他们很少进行利益表达。利益表达是政治参与的重要形式，只有达到一定数量的社会成员都表达同样的利益诉求，个体性或小规模的社会问题才会获得社会以及决策者的关注，进而有得到解决的可能，而农民较少的利益表达就会限制社会问题转化为公共问题的速度和效率。

[①] 朱亚鹏、岳经纶、李文敏：《政策参与者、政策制定与流动人口医疗卫生状况的改善：政策网络的路径》，《公共行政评论》2014年第4期。

另一方面，任何群体的利益表达都需要通过特定组织进行，而在目前的政治生活中，由于代表农民自身利益的群体较少，农民进行利益表达的渠道不多。[①]尽管人大代表中的农民代表占总数的比例一直在提升，代表结构也在进一步优化，代表构成展现出更广泛的代表性，但就农民占全国总人口的比重而言，农民在人大代表中的占比还是偏低。虽然各种媒体对"三农"问题关注较多，但大多数还局限在有限的空间内，如那些远离城市的山村农民的利益诉求就很难得到社会舆论的关注。一些政策的部分效用或功能出现偏移时不能得到及时反馈和纠正，政策就有可能出现系统性的无效率偏差。

农民在乡村发展目标和政策的制定中缺位，必然会出现一些问题。一方面，由于农民的利益诉求得不到表达，与他们的生活息息相关的一些问题可能不能得到重视，即使这些问题获得了社会和政府的关注，由于农民自身诉求不强，没有形成群体性的力量，这些问题也不一定能够得到及时有效的应对。另一方面，农民的缺位还会使得政府在乡村发展的过程中只关注自身考核目标的实现，只关注自身的政绩，而忽视乡村发展的真正目的，忽视农民真正的利益，出现目标置换问题。

三、乡村发展目标的实现效果及反思

（一）乡村发展目标的实现效果

改革开放以来，尤其是21世纪以来，由于国家对乡村功能和城乡关系的重新定义，以及对乡村发展取向和政策的调整，在不

[①] 曹信邦：《中国农村社会保障制度缺位的政治学分析》，《云南社会科学》2005年第5期。

同阶段制定的乡村发展目标的驱动下，我国乡村发展取得了巨大成就，与改革开放前相比，乡村产业水平、经济发展水平、农民生活水平、乡村治理水平、生态环境水平等方面都有了很大提升。但是同时，由于乡村发展目标的制定和执行过程中存在一些问题，在乡村发展过程中也出现了一些不和谐的现象，使得乡村发展目标不能真正实现，甚至损害了乡村和农民的权益。中央制定的发展目标能否实现、在多大程度上实现等问题既受目标本身的特征影响，也与中央和地方的关系以及各地不同的发展阶段、发展取向息息相关。

1. 乡村发展目标的实现

在乡村发展目标的激励下，各级政府、市场主体、社会力量以及农民积极参与乡村发展，我国农业农村发展取得了巨大成就。农业生产能力稳步提升，效率稳步提高，粮食产量不断增加，人均占有量稳中提升，粮食库存充足，保障了粮食安全；解决了绝对贫困问题，农民收入持续增加，生活水平显著提高；各类新型农业经营主体获得发展，带动了当地经济社会发展和农民增收；农业科技获得更广泛的应用，科技在农业生产中的推动作用日益增强。农业现代化水平进一步提升；农村基础设施建设稳步推进，生活垃圾、污水等治理水平不断提高，人居环境显著改善；教育和医疗等公共服务进一步完善，农村社会保障水平也得到了提高。

2. 乡村发展目标实现过程中存在的问题

在目标实现的过程中，结果偏离目标的现象并不罕见，正如前文所论述的，目标本身的特征以及目标执行过程中利益相关者的关系都会影响目标的实现效果。我国乡村发展目标的制定和执行经历了从中央制定发布，到地方接收、执行，再到中央评价、反馈、调整的过程，该过程中的每个阶段，以及每个阶段中各方的关系，都影响着目标的实现效果。在我国乡村发展目标实现的过程中,出现了种种目标偏差的现象。

其一,目标明确度不够导致实现效果受损。

目标是否清晰明确是影响目标实现效果的重要因素,明确的目标的主要特征是可以操作化为清晰的指标。而中央公布的乡村发展目标并不一定都能明晰地操作化为具体的指标。比如,从社会主义新农村建设的总要求——"生产发展、生活宽裕、乡风文明、村容整洁、管理民主",到乡村振兴战略的总要求——"产业兴旺、生态宜居、乡风文明、治理有效、生活富裕",目标的变化表现为从生产发展到产业兴旺,从生活宽裕到生活富裕,从村容整洁到生态宜居,从管理民主到治理有效。从这些表述中我们可以看到目标的进化、要求的提高,但是这些词语,尤其是形容词的升级,并不能直接被操作化为具体的、容易测量的指标。具体目标的操作化需要地方政府在领会中央政策的精神之后,结合当时当地的实际去进行。这些目标都具有综合性,涉及乡村发展的经济、居民生活水平、文化、社会管理、生态环境各个方面,经济和居民生活水平是比较容易操作化为具体指标的,各地也都依据中央的要求,结合当地情况制定了经济和居民生活层面的发展目标指标,但是文化、社会管理、生态环境等方面的目标并不那么容易操作化为具体指标,当目标并不明确时,对目标的执行以及对其实现程度的评价就可能会出现问题。

其二,目标置换问题。

中央和地方各级政府的不同地位决定了其制定的发展目标不会完全一致。中央的功能是总揽全局、协调各方的发展,以取得整体的最大化收益,并把各级、各地的差距控制在一定的范围内,这就决定了中央制定的发展目标必然着眼全局,而这个目标对于地方来说，并不一定是最优目标，并不一定完全契合地方的利益，因此，地方政府在执行中央制定的目标过程中可能面临两种选择。一是为了迎合中央制定的目标而为当地选择了不适宜当地发展的目标及道路，二是忽视中央制定的目标而一意孤行，这两种选择都会带来目标置换的问题。对于第一种选择来说，比如，在产业发展的过程中，中央基于全局考虑，会重点支持和倡导那些可以取得较好效益的产业，以更快取得政策效果。但是由于我国地域辽阔，各地的自然环境、发展程度、区位条件、历史文化都不同，在某些地区发展比较好的产业并不一定适合其他地区，但是，一些地区为了获取更多资源，会选择发展那些容易获得政策支持但是自己并没有比较优势的产业，这导致各地往往一窝蜂地选择那些中央或上级政府在当时倡导扶持的产业。一方面，这些产业可能不适合当地发展，地方缺乏比较优势；另一方面，即使这些产业适合当地发展，但是一窝蜂地发展会造成产业过剩，该产业同样会丧失比较优势。这不仅会造成中央和上级政府支持性投资的浪费，还使当地损失了发展其他产业的机会。[1] 对于第二种选择来说，地方政府面临中央和上级政府对其考评的压力，且中央和上级政府为地方和下级设定的目标实现程度往往是考评的重要标准，然而中央和上级政府制定的目标不可能完全适用于各地，因此，地方迫于考评压力，往往会制定一个与中央和上级要求相符的目标，但是在实际执行过程中，却将其置换为其他目标。此外，由于中央政府把目标实现的结果作为考核地方政府的指标，地方政府也有可能为了追求政绩而选择不可持续发展的发展策略，如牺牲不太容易测量的文化、社会治理、生态环境目标，而过分追求容易测量的经济指标，甚至谎报目标实现结果，这些都造成目标实现过程中的目标置换问题。

[1] 赵婷、陈钊：《比较优势与中央、地方的产业政策》，《世界经济》2019年第10期。

其三，目标执行过程中的精英俘获现象。

任何目标的实现都需要付出一定的成本，包括资源成本和时间成本。对于乡村发展政策和目标而言，其资源成本就是中央和地方政府投放到乡村的资源，以及乡村与这些资源的对接。要想提高投放的发展资源的利用效率，就需要发展规模产业，需要更有力量的乡村主体与资源进行对接。这既可以提高资源的利用效率，也可以在更短的时间内收获成效，节约时间成本。这就导致乡村中那些原本更有优势的主体因更有能力与资源对接，而更有可能吸引资源和支持，而更弱势的群体因难以得到资源，处境进一步恶化。这就是乡村发展目标执行过程中的精英俘获现象，真正贫困和最为贫困的群体并未能从中获得应有的利益。

（二）对乡村发展目标制定和执行过程的反思

乡村发展过程中出现的偏离发展目标现象的发生，一方面是目标的一些特征导致的，另一方面与目标制定和执行的体制机制有关。针对乡村发展目标制定和实现过程中出现的这些问题，为了更好地发挥目标激励功能，需要对目标的制定和执行过程进行一些调整。

1. 提高目标制定程序的民主化程度

乡村发展目标本质上是一种公共政策，由于公共政策的客体是社会公众，要让政策的目标群体最大限度地执行政策和满意地接受政策，就必须积极开发多渠道的决策参与途径，扩大决策的参与主体，鼓励公众和社会组织通过不同方式参与到公共政策的决策中来，让公共政策客体参与决策，由民意决定公共政策的制定。单一主体制定目标和决策时往往难以顾及所有利益相关者的利益，即使是采用上级结合专家的意见制定目标和决策的方式,也不可能考虑到下级全面、真实的情况,而可能导致决策不符合地方的实际,决策失误。因此,在乡村发展目标制定的过程中,要让所有利益相关者都参与决策,使他们的意志和建议得到充分表达,即使是"异见",也要包容并进行科学论证。尤其要重视农民的利益表达,要拓宽农民的表达渠道,降低农民利益表达的成本,增强政府和农民间的信息沟通,开放政策制定系统。当然,民主化的政策制定过程可能面临效率低下和集体决策失误的困境,因此也要明确责任监督机制,协调好民主与集中的关系。

2. 协调中央与地方政府的关系

首先,目标的制定要避免一刀切,而应该结合地方的实际,允许地方在遵守基本原则、维护广大人民群众根本利益的情况下对发展目标进行具体设定和操作化,避免地方为契合中央制定的目标而设定不符合当时当地发展的目标。其次,要完善中央政府的监督及信息反馈机制,中央政府与地方政府在乡村发展中存在信息的不对称、监督成本太高以及缺乏畅通的信息通道等问题。地方政府对中央的目标是采取变通执行还是严格执行的策略,在很大程度上取决于中央政府对于其执行情况的监督和惩戒力度。过分僵化死板的监督和惩戒会迫使地方政府过分关注中央和上级制定的目标的实现,为了实现那些指标而行动,即使该目标不符合当地的实际;而缺乏有效的监督及惩戒会强化地方政府变通执行中央和上级政策的行为动机,这两种情况都有可能使地方在发展过程中发生目标置换。因此,要完善中央和上级政府对于地方的监督机制,建立畅通的信息反馈渠道,降低中央和上级政府与地方的沟通成本,帮助中央和上级政府对地方政府的行为进行更为全面和实际的把握。此外,要改进地方政府及公务人员政绩考核机制。我国现有的地方政府及公务人员的考核体系以 GDP 为核心，这一体系在操作上具有很大优势，可以操作化为一些定量的指标。尽管乡村发展目标是综合性的，但由于经济的基础地位以及操作上的便利，GDP 依然是考核官员在乡村发展方面的工作业绩的主要依据。但是这种过于注重经济增长指标的考核方法会使得地方政府公务人员出于自身政绩考虑，只追求经济的最大化，忽视社会、文化、生态、人的发展等目标。因此，要建立更具综合性的评价体系。

3. 克服乡村发展中的精英俘获现象

要克服乡村精英和普通村民在获取乡村发展资源和机会方面不平等的问题，首先要在政策目标的制度层面进行调整，一些乡村项目受追求便捷管理与目标对象需求分散这一矛盾的制约，不能将资源准确定位到具体的目标对象和区域上。其次，要关注乡村精英与普通村民之间的潜在冲突及冲突处理。尽管弱势者与强势者即精英之间存在潜在冲突，但弱势者多是使用"礼让逻辑"来处理自己的不满[1]，这样强势者就会在弱势者容忍的范围内继续进行俘获行动。因此，要加强监督与管理，将农民分化的现实融入政策制定和实施，让差异化的需求与多样化的目标与资源相衔接，尽量减少乡村发展中的精英俘获现象。此外，要减少乡村工作中的权力寻租机会，要加强对流向乡村的资源的监控；要加强对社区使用资源的监督，降低贫困群体享受资源的门槛，改善乡村发展项目信息的传播与宣传手段。

---

[1] 高崇、王德海、徐振山：《非暴力：中国农村社会冲突的礼让逻辑》，《西北农林科技大学学报（社会科学版）》2011 年第 1 期。

第五章
乡村发展主体

  2018年发布的《乡村振兴战略规划（2018—2022年）》和2023年的中央一号文件《中共中央 国务院关于做好2023年全面推进乡村振兴重点工作的意见》中，都提出要发挥农民的"主体作用"，调动农民的"积极性、主动性、创造性"。乡村振兴的总要求固然涉及产业、生态、乡风、治理、农民生活五个层面，但无论是产业与生态还是乡风与治理，最终都是服务于农民生活水平的提高和农民的发展。那么，为何在与自己的生活和家庭的发展密切相关，且目标是提高自己及家庭生活水平的乡村发展这一事业中，作为最重要的利益相关者和目标人群的农民缺乏主体性[1][2][3]，其"积极性、主动性、创造性"还需要被其他参与者调动呢？学者们往往从农民自身寻找这一问题的答案，认为农民贫穷，文化水平低，生产出来的知识非科学、非理性；农民具有强烈的功利性和利己性，只追求自己眼前的物质目标，不顾社会公益；[4] 农民行动无力，他们一方面

---

[1] 王春光：《关于乡村振兴中农民主体性问题的思考》，《社会发展研究》2018年第1期。
[2] 刘碧、王国敏：《新时代乡村振兴中的农民主体性研究》，《探索》2019年第5期。
[3] 陈晓莉、吴海燕：《增权赋能：乡村振兴战略中的农民主体性重塑》，《西安财经学院学报》2019年第6期。
[4] 塞缪尔·P.亨廷顿：《变化社会中的政治秩序》，王冠华、刘为等译，上海人民出版社，2021。

作为贫困者很难在"国家缺席"的情况下摆脱贫困问题、解决生活困扰[1]，另一方面作为社会底层难以突破强者压制型的阶层结构[2]；农民缺乏组织性，是一盘散沙，难以有效对接市场、公共资源，以及专业化和社会化的现代农业产业[3]。这些因素固然是造成农民主体性缺失的原因，但文化水平低、功利心强、行动无力、缺乏组织性等特征并非与农民身份天然地联系在一起，农民之所以被视为愚昧、利己、无力、分散的弱势群体，与他们嵌入的社会结构密切相关。波兰尼在《大转型》中指出了经济行为的社会性嵌入问题[4]，格兰诺维特进一步指出经济行为嵌于社会关系、社会网络、社会结构、社会制度中[5]。乡村并非独立于社会而存在，农民也并非与其他社会群体不相往来，相反，乡村嵌于城乡社会系统中，农民的生活与处境也与政治主体、市场主体、各类社会组织等息息相关，在与其他主体互动的过程中，农民与他们结成了一定的社会关系，这形成了一定的社会结构。嵌于结构中的个体受到结构的牵制与束缚，因此，分析农民的主体性，不能脱离农民嵌入的社会结构，不能忽视农民与其他主体结成的社会关系。

---

[1] 李松有：《"结构－关系－主体"视角下农村贫困治理有效实现路径——基于广西15个县45个行政村878户农民调查研究》，《当代经济管理》2020年第5期。
[2] 班涛：《失衡与重构："单向度"治理、阶层结构与底层抗争——基于浙北S村的经验分析》，《南京农业大学学报(社会科学版)》2017年第4期。
[3] 吴重庆、张慧鹏：《以农民组织化重建乡村主体性：新时代乡村振兴的基础》，《中国农业大学学报(社会科学版)》2018年第3期。
[4] 卡尔·波兰尼：《大转型：我们时代的政治与经济起源》，冯钢、刘阳译，浙江人民出版社，2007。
[5] 马克·格兰诺维特：《镶嵌：社会网与经济行动》，罗家德译，社会科学文献出版社，2007。

一、乡村发展的参与主体

《乡村振兴战略规划（2018—2022年）》（下文简称"战略规划"）中提出要"凝聚全社会力量"，这意味着，尽管乡村主要是农民的生活场所，但农民不是乡村发展的唯一参与者，参与乡村发展的成员众多，在"战略规划"中提到的有：小农户；集体经济组织；农村基层党组织；村党组织带头人、村干部、农村党员；村民委员会；新型农业经营主体，包括家庭农场、农民专业合作社、农林产业化龙头企业、工商资本；农垦国有农业经济、农垦企业集团；农业高新技术产业示范区、农业科技园区、农业高新技术企业；行业协会；地方各级党委和政府；科研机构、高校、企业、返乡下乡人员；农村专业人才；社会人才，包括企业家、党政干部、专家学者、医生教师、规划师、建筑师、律师、技能人才等；社会组织，包括工会、共青团、妇联、科协、残联等群团组织，以及各民主党派、工商联、无党派人士等；专家智库。这些参与者大致可以分为几类：地方各级党委和政府，新型农业经营主体，其他市场主体，社会力量，村党组织、村委会和其他村民组织，农民。这些参与者在乡村发展过程中分别扮演着什么的角色？他们相互之间关系如何？作为乡村发展主体的农民与其他参与者之间结成了何种关系？

（一）地方各级党委和政府

"战略规划"中对地方各级党委和政府的要求是"强化地方各级党委和政府在实施乡村振兴战略中的主体责任，推动各级干部主动担当作为……坚持乡村振兴重大事项、重要问题、重要工作由党组织讨论决定的机制，落实党政一把手是第一责任人、五级书记抓乡村振兴的工作要求。县委书记要当好乡村振兴'一线总指挥'……

各部门要各司其职、密切配合……培养造就一支懂农业、爱农村、爱农民的'三农'工作队伍"。各级党委和政府统领相应一级地方的乡村发展，制定发展的具体目标和发展举措，协调统筹各方力量，带领地方的乡村发展。乡村发展是政府多项目标中的一项目标，同时乡村发展自身也具有多个任务目标。因为地方行政资源是有限的，而任务目标的实现都关乎地方党委政府的绩效考核及工作人员的评价晋升，因此地方政府在面对多重任务目标时会依据一定的行为逻辑排出优先顺序，选择性地执行上级的政策，积极实现其认为重要的目标，而对其认为并非重要的目标，可能会应付了事。①

以往的研究发现，在乡村发展事务上，地方政府财力有限不能实现有效拨付，乡村空心化和老龄化造成的人力资源稀缺，以及乡村社会组织发育不足，导致地方政府面临行政资源与乡村发展所需之间的矛盾。另一方面，由于我国行政体制层级过多，自上而下的监督不易，尽管中央政府通过组织人事逐层管控着地方政府，但地方政府的"共谋行为"破坏了中央政府的有效管控。②再加上，尽管中央和地方逐层的考核指标在近几年除了经济指标之外，还增加了社会、文化、环境等指标，但是经济指标仍然是最直接和最有说服力的，财政收入的增加和经济的发展仍然是地方官员晋升的主要标准；由于其他几个指标具有模糊性，地方政府往往通过将其转化为经济指标来应对，这导致在乡村发展过程中地方政府专注于经济发展，从而扭曲了乡村发展的多层次目标，这些激励和约束层面的问题都导致地方政府在乡村发展目标的选择上与中央政府存在偏差，

---

① Yingyi Qian, Barry R. Weingast, "Federalism as a Commitment to Preserving Market Incentives," *The Journal of Economic Perspectives* 11, no. 4 (1997).
② 周雪光:《基层政府间的"共谋现象"——一个政府行为的制度逻辑》,《社会学研究》2008 年第 6 期。

也难以和农民的偏好一致。①

(二)新型农业经营主体

一般认为,新型农业经营主体包括家庭农场、专业大户、专业合作社和农业企业,它们与传统的小农户相比,具有经营规模大、专业性强、集约化程度高、市场化程度高的特点。"战略规划"提出"构建……新型农业经营体系,发展多种形式适度规模经营……提高农业的集约化、专业化、组织化、社会化水平,有效带动小农户发展","强化龙头企业、合作组织联农带农激励机制"。小农户规模小,分散经营,无法进行集约化、机械化生产,所以单纯依托小农户无法提升农业生产效率、构建现代农业体系,而新型农业经营主体具备一些小农户缺乏的特质,可以承担起这一重任。不同规模和经营方式的新型农业经营主体在推动农业现代化过程中可承担不同的功能。家庭农场、专业大户与小农户相比,生产经营规模更大,投入了更多的先进技术,管理经营方式更先进,产量更大,产品质量更高,拥有更强的市场参与能力。家庭农场和专业大户主要进行农业产品的生产经营,他们不仅承担着农产品生产尤其是商品生产的任务,是未来保证我国粮食安全的主力,还能对小农户产生示范效应。家庭农场和专业大户一般都来源于当地乡村,处于乡村社会的熟人社会网络中,他们可以更好地发挥对其他小农户的示范作用。在他们的影响带动下,小农户更有可能采用先进的科技、生产手段和经营管理方式,提高农业的现代化水平和农业生产效率。农民专业合作社作为小农户、家庭农场、专业大户与企业等其他更大规模市场主体之间的连接纽带,可以帮助组织大户,尤其是市场

---

① 李齐、李欢欢:《乡村治理中地方政府行为逻辑的重构》,《理论探讨》2017年第6期。

能力弱的小农户对接企业，联通市场，推动农户提高生产技术、改善经营管理，克服中间商的盘剥问题，提高农户的组织化程度和抗风险能力。龙头企业主要从事耕地以外的经营，在农产品加工领域，组织农民进入市场；在农产品流通领域，与农民合作社或农户合作；在农业服务领域，为农户提供农事作业服务。①它们是先进生产要素的集成，具有资金、技术、人才、设备等多方面的比较优势，在产业链中更多地承担农产品加工和市场营销的工作。②

　　新型农业经营主体与农户和农民的理想关系模式是互促共生③，新型农业经营主体与农户的合作不同于其他市场主体之间的合作，这种合作的实现既受到获得更高收益的驱动，也建立在乡村熟人社会形成的社会网络的基础上。④在小农户与新型农业经营主体的合作关系中，小农户可以为市场提供规模大且价格低廉的农业产品，具有成本上的优势，而新型农业经营主体则既可以通过与小农户合作获得成本较低的优势，又可以帮助小农户克服被中间商盘剥和抵抗市场风险能力弱的缺点，双方都可以从中获得比不合作更大的收益。新型农业经营主体的经营者一般都来源于当地乡村，嵌于乡土社会的熟人网络中，因此约束双方在合作的过程中不能违约的手段不仅有正式的合同等正式控制手段，也有社会网络、社会关系等非正式控制手段，甚至非正式控制手段发挥的作用更重要，因此，这有利于在双方之间建立对彼此的信任以及强化合作连接。但

---

① 郭庆海：《新型农业经营主体功能定位及成长的制度供给》，《中国农村经济》2013年第4期。
② 张照新、赵海：《新型农业经营主体的困境摆脱及其体制机制创新》，《改革》2013年第2期。
③ 徐晓鹏：《小农户与新型农业经营主体的耦合——基于中国六省六村的实证研究》，《南京农业大学学报（社会科学版）》2020年第1期。
④ 张建雷、席莹：《关系嵌入与合约治理——理解小农户与新型农业经营主体关系的一个视角》，《南京农业大学学报（社会科学版）》2019年第2期。

是，在实际运作过程中，这种理想的关系模式却不容易实现。随着我国乡村，尤其是中西部乡村人口空心化和老龄化日益严重，从事农业生产经营的农民主要是老人，或者是由部分年轻人兼营，生产方式粗放，生产经营的目的主要是自给自足，缺乏与新型农业经营主体合作的能力和动力。农民合作社的运行过程中，出现了"假合作、空壳社、精英俘获、大农吃小农"[1]的问题。此外，由于小农户与龙头企业在体量和市场能力方面都有很大差距，利益和违约成本差异也较大，在两者的合作中，出现了龙头企业侵占小农户的资源与利益，以及小农户违约导致龙头企业受损较大等问题。

（三）村党组织、村委会和其他村民组织

农村基层党组织和村民委员会是乡村一级的公共权力组织，"战略规划"中对农村基层党组织的定位是"坚持农村基层党组织领导核心地位，大力推进村党组织书记通过法定程序担任村民委员会主任和集体经济组织、农民合作组织负责人，推行村两委班子成员交叉任职"，在实际的农村基层组织运行中，不仅村党组织书记同时担任村委会主任一职，村党组织和村委会的干部班子往往也是同一套，实现了"一肩挑"式的治理模式。除了以上两种，乡村往往还存在一些其他的村级组织，比如村务监督委员会、农村集体经济组织等。农村基层党组织是最基础的党组织，村委会是村民自治性质的组织，村务监督委员会是实现村民自我监督的自治组织，农村集体经济组织具有明显的经济目的。这几类村级组织往往在人事、运行上交叉在一起，呈现政治、经济、社会高度混合的结构特征。由于从中央到地方各级党委、政府有关乡村发展的政策和任务都需要

---

[1] 王文龙：《新型农业经营主体、小农户与中国农业现代化》，《宁夏社会科学》2019年第4期。

这些村民组织才能落实和完成，所谓"上面千条线，底下一根针"，村民组织的工作事务非常繁杂。村党组织接受上级党委的组织和领导，而尽管村委会是群众自治组织，但是仍然在很多方面受制于上级机关，因此可以说，村两委是国家基层政权的延伸，它们要对接国家，应对多头、多层的上级党委、政府；另外，作为最基层的组织，它们的任务是所有上级政策的落实和任务的完成，它们直接面对基层群众，要回应群众提出的各种要求。

尽管并不在正式的行政组织架构中，但作为国家基层政权的延伸，村级组织仍然需要面对上级的管控压力，处于以压力为主的激励惩罚系统中。另外，在中国社会，组织层面上的集体行动秩序遵循人际关系结构的差序格局特征，强调权力和资源分配的中心—边缘结构，乡村熟人社会的特征使得村级组织比其他组织更深地嵌入在乡村人际关系网络中。[①]因此，村级组织受压力型的行政管理体制和乡村社会的人际关系网络共同形塑[②]，村级组织内部既存在一个正式结构，即组织内部的行动要高度一致，以实现合作和控制，村干部要进行组织化的联系；还存在一个非正式的结构——人际网络结构，村干部要借助乡村细密的社会网络处理繁杂多样的乡村事务。因此，对于村民而言，村级组织及其成员往往具有多重身份，他们既作为"领导"的角色分派上级派发的资源、对村民的活动提出具体要求，又与村民之间有除工作以外的私人关系。

（四）社会力量

在乡村发展的参与者中，社会力量主要涉及各种社会组织和社

[①] 熊万胜：《体系中的秩序——对我国粮食市场秩序的结构性解释》，博士学位论文，华东理工大学，2012。
[②] 熊万胜、黎雨：《任务共同体：对村"两委"组织形态的社会学解释》，《中国农业大学学报（社会科学版）》2023年第1期。

会人才、高校、科研院所、智库等。"战略规划"中提到"鼓励高校、科研院所建立一批专业化的技术转移机构和面向企业的技术服务网络……支持各类社会力量参与农技推广……加强科研机构、高校、企业、返乡下乡人员等主体协同,推动农村创新创业群体更加多元……鼓励社会人才投身乡村建设……引导和支持企业家、党政干部、专家学者、医生教师、规划师、建筑师、律师、技能人才等,通过下乡担任志愿者、投资兴业、行医办学、捐资捐物、法律服务等方式服务乡村振兴事业……搭建社会参与平台,加强组织动员,构建政府、市场、社会协同推进的乡村振兴参与机制……发挥工会、共青团、妇联、科协、残联等群团组织的优势和力量,发挥各民主党派、工商联、无党派人士等积极作用……建立乡村振兴专家决策咨询制度,组织智库加强理论研究"。多元治理理论认为,社会力量参与社会治理可以有效弥补政府的纵向延伸不够和横向范围不足以及应对市场在社会治理中的失灵问题。[1] 政府参与乡村发展往往采用的是自上而下的模式,政府资源注入乡村,由于行政手段与普通民众之间的距离,政府参与乡村发展的方式更多的是表现为一种外源式发展,即当资金、技术、政策、资源等进入乡村时,乡村被动接受,这当然在一定程度上可以改善一些村庄的环境和村民的生活,但这只能带来暂时性的增长,反而还会导致乡村的经济、生态、社会、文化等发展的失衡,引发严重的后果。虽然政府也在强调要为乡村赋能,变外源式发展为内源式发展,动员乡村内部的资源,提高乡村的能动性,将乡村内部资源与来自乡村外部的资源结合,但是由于成本极高、难度极大,政府没有足够的资源,无法完全承担这一任务。而社会力量可以弥补这些不足,社会力量在资

---

[1] 萧子扬、刘清斌、桑萌:《社会工作参与乡村振兴:何以可能和何以可为?》,《农林经济管理学报》2019年第2期。

金、人才、科技等方面具有专业化优势，可以为乡村发展提供专业化服务。每个村落都具有特殊的历史、区位、文化，社会力量可以更有针对性地回应不同乡村的需求，为每个乡村制定更有效的发展方案。相较于行政力量，社会力量来自民间，甚至来自乡村本土，这对于被当地接受，融入当地，激发村民的积极性、主动性来说都是更有利的。

但是，社会力量进入乡村仍然会遇到农民缺乏积极性等问题。由于我国长期以来"强政府、弱社会"的模式以及对社会力量的约束，社会力量整体上是比较弱势的，资源比较有限，这导致村民对社会力量信任不足，难以积极主动地配合社会力量参与乡村发展。由于能力不足，社会力量在参与乡村发展时往往需要借助或联合当地的一些强势群体，以更好地融入，这就导致乡村精英可以更容易获得社会力量带来的资源，得到社会力量的支持，普通村民被排除在社会力量的支持之外，出现"精英俘获"的现象，加剧乡村社会不均衡，引发更多的乡村问题。此外，社会力量参与乡村发展的过程中，还会遇到缺乏本土性和持续性的问题，社会力量面临巨大的生存压力，其每个周期的评估结果都影响未来资源的筹集。因此，社会力量在参与乡村发展时也可能存在短视的问题，他们更为关注那些比较容易和能够迅速获得效益的项目，而对社会效益关注较少，过度消费乡村的特色与文化，而不注重保护，把乡村引导到一条错误的发展道路上。

（五）农民

乡村是农民的生活空间，乡村发展本质上是农民的发展，其他各个方面的发展都服务于"人"，即农民的发展。农民的发展不仅仅是物质生活水平的提高，如果仅仅是向乡村注入外部资源，这样的农业经济增长和农民生活改善只是暂时的，没有后劲，一旦外来资源停止注入，乡村和农民的生活就会恢复原状。此外，仅仅注入资源还会破坏原本的乡村社会结构，破坏原本的乡村文化，带来懒惰和"等靠要"的思想，给乡村带来无尽的危害。因此，农民的发展绝不仅仅是生活条件的改善，更重要的是能力的提升，即拥有获得美好生活和可持续发展的能力。因此，农民在乡村发展中绝不能够仅仅作为等待资源的角色，而应该参与到乡村发展这一事业中来，充分发挥积极性和主动性。"战略规划"中就提出，要"切实发挥农民在乡村振兴中的主体作用，调动亿万农民的积极性、主动性、创造性"。

乡村发展是乡村产业、文化、社会、生态等方面的综合发展，在这个综合性的发展事业中，任何领域都不能缺少农民的参与，尤其是"职业农民"的参与。在产业发展方面，农业现代化以及乡村第二三产业的发展都需要发挥农民的主体作用。尽管小农户难以引领农村产业实现现代化，但是构成作为未来农村产业现代化主体的新型经营主体的主要还是农民，尤其是具有专业知识、技术和经营管理能力的"职业农民"，他们在乡村生产经营现代化过程中承担重要任务。在文化发展方面，乡村文化产生、延续于乡土社会，如果由外来人员来传承本土文化，可能会出现为了功利性的目的忽视传统文化保护的问题，这会导致乡村文化成为经济增长的工具，而随之被破坏和凋零。因此，乡村文化的保护和传承更适合由当地居民，尤其是农民来完成，乡土文化融于当地人的生活中，当地人对其充满感情，由他们来传承和保护的话，则可以最大限度地避免过度利用和忽视保护的问题。在生态发展方面，当前对于乡村生态环境的破坏主要来自生活垃圾、农业生产的粗放经营，以及那些由城市转移出来的污染严重的工业。生活垃圾和农业生产污染要从农民的生产生活模式方面来治理，农民要形成与自然和谐共生的生产生活方式。

二、乡村发展的主体错位及重构

由于乡村嵌于整个社会中，乡村的发展不仅对于乡村自身有利，对于整个社会也都是有利的，乡村发展的受益者当然也就遍及整个社会。由于长久以来的城乡差距以及乡村为城市发展作出的牺牲，目前，乡村急需获得优先发展，相应的，农民也需要获得优先发展。在乡村发展的诸多受益者中，农民理所应当是居于首位的最大受益者。但是，现实情况是，由于嵌于发展主义和城市中心主义的发展模式中，嵌于各级政府、市场主体、村民组织、新型经营主体、社会力量等构成的乡村发展利益相关者网络中，原本应该作为乡村发展最大受益者的农民并未获得应得的利益。而其他利益相关者反倒把乡村发展作为自己获利的机会，把乡村作为获利的舞台，利用乡村发展的各种资源获得了更多的利益，挤占了农民的利益。相较于其他利益相关者，农民能力弱且非常分散，最为弱势，只能被动接受自己的地位，任由其他利益相关者挤占自己的资源和利益。因此，虽然乡村发展是农民生活空间的发展，是农民的发展，但农民并不具有参与乡村发展的积极性、主动性，缺乏参与乡村发展的主体意识。

（一）乡村发展的主体错位

乡村发展的主体错位存在于两个层面。一是乡村发展的受益者错位，原本农民应该是乡村发展的最大受益者，但是在发展主义的发展模式和现有的社会结构下，农民的利益被其他利益相关者侵占，农民获利较少，无法实现原本制定的发展目标，甚至利益受损。二是乡村发展的参与者错位，乡村发展与农民的生活联系最为紧密，乡村发展就是农民生活水平的发展。相较于其他利益相关者，农民应该对这一事业最为热情、积极、主动，但是现实是农民把自己从乡村发展中抽离，对政府、市场、社会力量组织的各种乡村发展项目缺乏参与，甚至认为与自己无关。

1. 受益者错位

各级政府负责组织各级的乡村发展工作，承接中央和上级政府的政策、任务、指示以及资源，制定本级的乡村发展目标和政策路径，向下级政府或民众传达乡村发展政策、资源。同时，乡村发展任务目标的实现也是评估考核各级政府及其工作人员工作情况的重要标准，与各级政府的考评与政府工作人员的考核升迁密切相关。因此，对于地方政府而言，在考评的压力下，他们拥有帮助乡村实现发展任务目标的动机。乡村发展是产业、生态、文化、社会、农民生活等方面的综合性的发展，乡村发展的目标当然也具有综合性，涉及经济、生态、文化、社会治理、居民生活等方面。由于我国长期以来坚持的发展主义道路以及对GDP的重视，经济目标往往处于发展目标中的最重要地位。与其他发展目标相比，经济目标更容易被操作化为清晰明确的指标，更容易被用来作为考评内容。因此，各级地方政府为了获得更优秀的考评结果，可能只注重经济的增长，而忽视其他方面的目标实现。此外，由于其他方面的目标可能与经济目标相冲突，比如对生态环境的保护可能短期内会阻碍经济的增长，各级政府不仅可能会为了实现经济目标而忽视其他目标，甚至可能阻止其他目标的实现，例如通过牺牲生态环境、当地的文化或者社会结构等方面的发展而获得经济的增长。此外，由于上级政府拨给下级政府的资源并非每一笔都标明明确的用途，因此，在考评压力下，地方政府可能会把乡村发展的资源用到别的发展事务上，挤占乡村发展资源和机会。由此，各级政府从乡村发展事务中获利，挤占乡村和农民的利益。

新型农业经营主体作为乡村产业的新型主体，具有集约化、规模化、专业化的优势，也可以带动小农户，提高他们参与市场的能力。小农户分散经营且资金和能力都很有限，难以对接外来资源，外来资源进入乡村时，往往更容易选择与新型农业经营主体合作。这样一来，外来资源很有可能就只落到了新型农业经营主体身上，而被拦截，不能到达村民之处，出现"精英俘获"的现象，小农户和普通村民难以获利。另一方面，相较于其他利益相关者，如各级政府和大型企业，新型农业经营主体原本就处于比较弱势的地位，他们往往产生于乡村，由村民中的精英组织发起，植根于乡村的新型经营主体在市场上处于不利地位，难以与更大规模的市场主体竞争，往往处于被动地位。新型经营主体要想生存下去，就不得不依赖力量更强大的主体，选择更强大的主体支持的产业和经营方式，但是这种产业和经营方式可能并不适用于本地，不利于本村村民发展，但为了获得暂时的资源，新型经营主体可能选择一条错误的道路，侵占农民的利益。

村级组织具有村民自治的性质，尽管并非行政单位，但是它们仍然嵌于我国的行政体系中，承接上级政府分配的资源，对上级政府负责，接受上级政府的评价。在这种体制下，村级组织更容易与上级政府实现"合谋"，实现自己和上级政府的利益，而挤占农民的利益。

社会力量是参与乡村发展的重要主体，他们因其专业性可以弥补政府和市场在乡村发展中的不足。但是，如前文所论述的，在我国，社会力量的生产空间非常有限，能够争取到的资源也很有限。

他们想要生存下去，获得政府的资源，往往需要选择政府想要推动的项目，而这些项目并不一定是这些社会力量所擅长的，但为了获得相应的资源，他们就会把自己包装成有能力承接这些项目的形象，并且在项目运作过程中，也会通过一些手段通过项目评估，但实际上他们并未实现项目真正的目标。因此，一些社会力量也会把乡村发展作为自己发展壮大的手段，而罔顾乡村和村民的利益。

2. 参与者错位

当乡村发展的受益者发生错位时，农民不再是乡村发展最重要和最大的受益者，反倒可能利益受损。在这种情况下，农民就会丧失参与乡村发展的积极性和主动性，造成参与者错位，这种错位有以下几个表现。

在经济发展方面，首先，农民个体发展能力较差，合作社发育不良。现有的农村现实是，农民有生产的积极性，却没有增收的能力。家庭联产承包责任制调动了农民的生产积极性，农民发家致富的意识显著增强。但受到生产能力和经营意识等现实掣肘，乡村的主要经营方式仍然是以个体小规模经营为主，抵御市场风险与自然灾害的能力较弱，并且农民普遍掌握的实用生产技能种类少、水平不高，在经济活动中落实主体性的能力有限。农民的合作行为少，在同样面积的地区，我国农民组织不论在数量还是在规模上都不如经济发达国家。其中小规模的生产方式是限制农民合作需求的主要原因之一，因为小规模经营的农户加入合作社与否，并不能给利益带来明显的变化。[①] 其次，农民从事非农产业积极性提高，从事农业积极性降低。由于城乡之间的巨大差距，以及农业与第二三产业

---

① 朱启臻：《新型职业农民与家庭农场》，《中国农业大学学报（社会科学版）》2013年第2期。

在生产效率和从业者收入方面的差距，20世纪90年代以来，外出务工的农民，尤其是青壮年劳动力越来越多，尽管大多数农民工在城市并没有获得与城市居民同样的身份，享有同样的社会保障和社会服务，但是他们也不愿意回到农村，近年来撂荒现象很明显，从事农业生产的大多数是老年人或是兼业人员。再次，在乡村集体经济的相关决策中，农民处于弱势地位，没有生产经营活动的主导权，难以展现经济决策的主体性。当前乡村发展的主导力量是国家和资本等外部力量，他们出于各方利益需求，打着"为农民增收"的旗号推动的产业发展，通常没有征求农民的意见。[1] 例如在部分地区的土地流转过程中，一些不愿意流转土地的农民会被认为是"思想陈旧"的，基层政府会反复找其做工作，直到其最终同意流转。

在社会发展方面，村民自治组织是农民发挥主体性的渠道，因此村民自治组织能够有效参与并决定村庄公共事务，特别是对村庄集体及村民的切身利益享有决策权，能够与其他权力—利益主体平等谈判交涉相关利益问题，能够保护并捍卫自身的合法权益不受侵犯。[2] 从政治参与的本意看，参与的目的就是使自己的利益诉求去影响决策，否则参与就流于形式。但是从当前的实际情况看，所有关于农村、农业、农民的最高决策，都不是通过普通农民的直接表达、参与形成的。村民的主体性得不到体现，撤村并村的过程既表现了，也进一步激化了农民治理主体性的丧失。随着行政村的撤并，直接影响是公共资源投入的"盘子"大了，"蛋糕"还是这么多，原有自然村必须与其他村竞争公共资源。然而撤并后的村庄出现去熟人化现象，一些村民根本不认识新的书记、主任，而书记、主任也

---

[1] 毛安然：《扶贫贴息贷款的利益联结机制何以可能——基于信任理论的分析视角》，《金融与经济》2018年第8期。
[2] 程为敏：《关于村民自治主体性的若干思考》，《中国社会科学》2005年第3期。

会让资源向自己原在的自然村倾斜。长此以往，村民对村庄公共事务说不上话，也就产生了疏离，参与政治生活的热情减退，村干部行为也难以得到有效监督。①

在文化发展方面，文化主体性要求农民对自身文化具有文化自觉，明白自身文化来源、文化特质。②文化自觉是一种文化面对异质文化的冲击时保存自身主体性的依据。近代以来的乡村建设都是在西方的现代化思潮影响下展开的，在全球化进程中，这一过程是发展中不可避免的。然而农民在被卷入现代化进程时没有足够的理性反省和反思能力，他们主要表现为两种类型：一是"全盘接受"，基本上就跟着现代化潮流往前奔跑，在一定程度上全盘地接受现代化的东西，失去了文化的自主选择权；③二是"全盘否定"，拒绝接受并否定一切外来的、西化的、异质的现代化文化。在农村文化建设上，农民基本处于被动地位。农村精英人才的流失进一步加剧了城市和农村的文化差距。在文化传承上，农民不愿学习传统技艺，因为学习起来需要下苦功夫，难度高、耗时长，还不一定能获得合理收益，付出多收益少。另外有些基层政府偏重形象工程，在农村文化建设方面干预过多，不能满足农民的文化需求，降低了农民参与文化建设的积极性。

（二）重构乡村发展的主体

第一，培育新型职业农民，提升农民自我发展能力和主体意识。新型职业农民是对"谁来种地"问题的有效回应。在当前乡村空心

---

① 王春光：《关于乡村振兴中农民主体性问题的思考》，《社会发展研究》2018年第1期。
② 费孝通：《对文化的历史性和社会性的思考》，《思想战线》2004年第2期。
③ 王艳、淳悦峻：《城镇化进程中农村优秀传统文化保护与开发问题刍议》，《山东社会科学》2014年第6期。

化和老龄化越来越严重的背景下,如何保证农业生产有充足的高质量劳动力是需要解决的一个重要问题。职业农民由于拥有生产经营技术而成为实现农业现代化的重要主体,因此,吸引农民甚至市民成为职业农民是一个关键。实现农民由身份向职业的转变,把农民变成一个有吸引力的职业,才能真正激发农民参与乡村发展的积极性、主动性。要充分认识培育职业农民的复杂性和长期性,从制度、教育、培训、政策等方面着力,为提升农民能力创造可能条件和外部环境,全面建立职业农民制度,提高职业教育和技术培训质量,完善职业培训政策,构建公益为主、市场为辅的新型职业农民培育体系,培养一批有文化、懂技术、会经营的新型农民,让农民成为体面的职业。加快培育新型农业经营主体,提高农民进入市场的组织化程度。同时,依托新型职业农民培育工程,凭借多样化、生动化、通俗化的政策宣传和现代教育增强农民的主体意识,激发农民参与乡村治理的主动性。培育新型职业农民既有利于发挥农民的首创精神,也有利于扩大农民在乡村振兴中的话语权。

第二,提高农民的组织化程度,发挥农民的主体作用。乡村是亿万农民的乡村,乡村的振兴需要发挥亿万农民的主体作用和首创精神,而近代百年来中国革命、建设和改革的丰富经验表明,农民只有组织起来才能更好地成为创造历史的主体。如今,发达的铁路公路等交通基础设施已经把全国各地连接起来,全国统一的市场体系也已经建立起来,无论是东部还是中西部的乡村,都已经告别了封闭状态,进入一个开放的经济体系。没有资本等现代生产要素,乡村的产业就难以兴旺,乡村就无从振兴。而资本的本性是追逐利润,如果让资本成为乡村社会的主宰,乡村振兴就会成为资本的盛宴。解决这一矛盾的根本办法,在于通过农民的组织化,再造村社共同体,以村社共同体作为平台和载体,吸纳整合资本、技术、人才等来自外部的生产要素，使之为我所用，真正体现农民的乡村发展主体性。提高农民的组织化程度，关键是要处理好国家、农民与市场的关系。农民合作与乡村振兴离不开政府积极的引导和支持，但是，政府过度干预又会抑制乡村社会的活力，无法体现乡村社会的主体性。在实践中寻找这种平衡，是一个需要处理的关键问题。

第三，政府、市场和社会多元主体充分赋权，以促进农民的身份认同、职业认同和文化认同，进而激活农民主体性。在政府、市场、社会和农民共同参与乡村振兴的过程当中，外部主体——政府、市场、社会，通过对核心主体——农民的充分赋权实现乡村振兴的助力。政府通过完善社会保障制度对农民赋权以促进农民对自身"农民"身份的认同，通过教育政策的赋权提升农民参与乡村治理能力，进一步促进其主动参与乡村治理，激活其社会主体性。市场通过给予农民和农业与其他市场主体和产业同等的市场地位而为农民赋权。完善土地流转制度，实现农民的职业自主选择权；畅通信息沟通渠道，帮助农民及时掌握市场信息；完善乡村信贷体系，帮助农民和农业利用现代金融工具发展生产。

第六章
乡村发展路径

纵观党的十八大以来每年的中央一号文件，有一个鲜明的主题一以贯之——农业强、农村美、农民富，这是党对新一年"三农"工作进行的部署。在引领新时代"三农"工作的实践中，习近平总书记提出了一系列重要论断，为每年的"三农"工作路线提供了明晰的指引。他多次指出，乡村振兴要因地制宜。我国不同地区乡村的发展水平、资源环境、历史文化等都有很大差异，在推进乡村振兴、实现乡村现代化过程中，探索和选择了不同的路径，本章梳理我国乡村发展的路径，比较不同路径的优势和风险，反思其他国家乡村发展路径对我国的启示。

一、乡村发展的路径选择

我国幅员辽阔，由于自然资源、历史条件、人力资本、发展政策等方面的差异，不同区域的乡村选择了不同的发展道路，如珠三角地区建设集中、大型的工业区，苏南地区大力发展乡镇企业，浙江、天津等地建设产业、文化、旅游等一体的特色小镇，浙江、山东、江苏等地建设以乡村田园为核心的多功能、复合型经济综合体，海南发展共享农庄，陕西通过出租闲置宅基地和闲置房屋使用权来对接社会资本发展共享村落，浙江、山东等地利用互联网技术发展乡村电商等。学术界对于乡村发展道路有诸多讨论，学者们从不同的角度对诸多乡村发展路径进行了总结和评价，由于分析视角的不同，学者们对乡村发展路径的归类不尽相同。有学者提出政府主导型的发展和参与式发展两种路径；[1] 还有学者提出内源式发展与外源式发展路径；[2] 王春光提出了四种农业现代化路径，即农村工业化带动下的农业现代化、城市化带动下的农业现代化、乡村旅游发展催生的现代农业发展模式，以及科技发展触发的农业现代化机制，特别是网络带动的电商以及诱发的农业产业化、规模化、商品化发展。[3] 由于乡村社会具有复杂性，乡村发展是全方位多方面的发展，乡村发展方式往往是多种发展方式的融合，没有任何两个村落的发展道路是完全一样的，因此，只能对乡村发展的路径进行整体划分。整体而言，当前我国乡村发展的路径大致有这样四种：农业产业化路径、乡村工业化路径、乡村旅游路径、乡村电商路径。

（一）农业产业化路径

我国对农业产业化的探索开始于 20 世纪 90 年代，这一路径是在深化农村家庭联产承包责任制的大背景下产生的。随着农村经济体制改革的进行，乡村逐步确立了家庭联产承包责任制的生产经营模式，城市中确立了社会主义市场经济体制，小农户成了乡村的生产经营主体，其积极性在当时被充分调动。但是，随着经济体制改革的进一步深入，小农户分散经营的生产经营模式的缺点和问题逐

---

[1] 许远旺、卢璐：《从政府主导到参与式发展：中国农村社区建设的路径选择》，《中州学刊》2011 年第 1 期。
[2] 杨丽：《农村内源式与外源式发展的路径比较与评价——以山东三个城市为例》，《上海经济研究》2009 年第 7 期。
[3] 王春光：《迈向共同富裕——农业农村现代化实践行动和路径的社会学思考》，《社会学研究》2021 年第 2 期。

步暴露。第一，由于单个小农户的资金有限、思想保守，土地经营规模又小，难以推广农业科技和使用农业机械，只能依赖人力进行比较原始的生产，生产效率很低；第二，小农户的市场能力很弱，一方面小农户无力抵御由市场竞争、农产品价格波动带来的市场风险，另一方面由于分散经营，组织化程度低，小农户在市场上处于流通的弱势地位，流通成本高；第三，由于长期以来的城乡隔离，以及农业与其他行业的隔离，小农户很少直接与市场联系，农产品加工、销售等环节和收益并不为农民所掌握，而是被其他行业和部门挤占，中间环节所产生的利润多被中间商和其他市场主体侵占，农民无法分享比初始农产品收益更高的后续收益。农业的低效直接导致了农民的贫困和农村的落后，为了应对以上的问题，改变农业、农村和农民的落后状况，各地的乡村都开始探索农业产业化的生产经营方式。

尽管各地走出了不同的农业产业化道路，学界也对农业产业化的内涵有诸多不同界定，但基本上还是形成了一定的共识。首先，在传统农业中，农民不是市场主体，农业生产是为了满足温饱之需，如果把农业作为一种产业，农业就具有与其他产业平等的市场地位，能够参与市场公平竞争，产业属性表现为以产品价值增值和盈利为目的而经营；其次，农业产业化以市场为导向，根据市场需求安排和组织生产，解决了农民小生产与大市场的矛盾，实现了农业与市场的有效对接；再次，农业产业化要求通过规模化生产提高农业经营效率，农业由过去的分散经营转变为土地向"种田能手"、经营大户或家庭农场集中，农业生产经营走向专业化、规模化、集约化、组织化、社会化；最后，农业产业化要求强化农业深度开发，拉长农业产业链条，实现供产销、贸工农一体化，农业与其他产业的经济联系进一步增强。

在我国农业产业化的发展进程中,学者们基于各地的实践总结出了一些发展模式,比较典型的有龙头企业带动型、中介组织联动型和合作社一体化三种模式[①],以及"农业生产大户"模式、"农业龙头企业+农户"模式、"农业龙头企业+合作社+农户"模式、"农业龙头企业+村集体+合作社+农户"模式的划分[②]。近年来,在一些地方,以龙头企业、农民合作社为代表的新型农业经营主体顺应市场规律,借助已有政策资源,创造性地探索出了农业产业化联合体这一新型的农业产业化组织,进一步丰富了现有农业产业化发展模式。[③] 无论是哪种农业产业化模式,都涉及传统农户、家庭农场、农民合作社、农业企业这样几个主体,在不同的发展模式中,四个主体之间形成了不同的关系。

1. 传统农户

在我国,农户是农村土地集体所有制条件下的土地经营权拥有者,是以家庭承包经营为前提,从事农业生产经营的基本单位,是小农经济的基本主体。[④] 小农户分散经营往往面临着劳动生产率低、商品化程度低、农产品市场竞争力弱的局面。个体农户不仅难以面对市场,而且难以维持基本的农业生产条件,存在很高的外部交易成本,还要面对各类不确定的风险。传统农户作为原始的农业生产经营主体融入农业产业化经营链条,位于农业产业化经营链的上游

---

① 郭晓鸣、廖祖君、付娆:《龙头企业带动型、中介组织联动型和合作社一体化三种农业产业化模式的比较——基于制度经济学视角的分析》,《中国农村经济》2007年第4期。
② 牛晓:《农业产业化经营的四种模式比较研究》,《现代交际》2021年第22期。
③ 钟真、蒋维扬、赵泽瑾:《农业产业化联合体的主要形式与运行机制——基于三个典型案例的研究》,《学习与探索》2021年第2期。
④ 朱筱新:《论中国古代小农经济的形成及特点》,《北京教育学院学报》2003年第4期。

位置，处于农业产业化发展的基础地位。在较长的时期内，中国农业的基本经营主体仍是数以亿计的广大农户。然而，从事小农经济的传统农户需要逐步向现代农业经济的家庭农场转型发展，这是一个长期的演变过程。

2. 家庭农场

家庭农场原指欧美国家从事大规模农业生产经营的农民家庭，是在农村土地私有制基础上以家庭自主经营管理为前提，从事农业生产经营的基本单位。在我国，家庭农场是20世纪80年代开始伴随着家庭承包经营和市场经济发展，通过土地使用权流转从承包农户中涌现出来的种植养殖专业大户，于近些年升级转化而形成的。相比传统农户家庭，专业大户能够充分利用自身劳动力资源，实现大规模经营，经济效益明显。此外，家庭农场的目标并非自给自足，而是通过参与市场以获得利润，因此家庭农场以市场为导向进行生产和经营，在市场竞争中，它们为了获得更多利润往往会扩大规模，并且引入先进的技术和管理方式，生产效率大大提高。但是，家庭农场也有其自身缺陷，主要表现在进入市场难和资金、技术比较缺乏，这就需要其他经营组织的协同和配合。①

3. 农民合作社

农民合作社是在我国农业产业化进程中与新型家庭农业经营主体相伴而生的新型合作农业经营主体，是在农村家庭承包经营的基础上，由同类农产品的生产经营者或者同类农业生产经营服务的提供者、利用者，自愿联合、进行民主管理的互助性经济组织，是在我国家庭农业经营从传统小规模经营向现代适度规模经营转型过程中，涌现出来的新型合作经营组织形式，它是农业产业化发展

---

① 赵海：《家庭农场的制度特征与政策供给》，《农村金融研究》2013年第12期。

的协同主体。农民合作社提供产前、产中、产后各环节服务,优化了资金和技术的利用,促进了生产经营集约化和规模化水平,强化了农户家庭与市场和涉农公司的联系。[1]我国典型的农民合作社有三种:生产型合作组织、加工型合作组织和流通型合作组织。[2]

4. 农业企业

农业企业是在农业产业化发展过程中由乡村外部工商资本进入农业生产经营领域所形成的农业产业化企业。作为市场主体和新型农业经营主体,农业企业采用现代化的农业生产经营方式,它们与农户通过各种方式进行利益联结,把农产品的生产、加工和销售有机结合起来。与传统小农户相比,农业龙头企业在经济、技术、人才和市场对接等多方面都具备比较优势,通过与小农户结合,农业企业能够在其自身发展的同时带动小农户,推进农业产业化的发展。我国在由传统农业向现代农业转化的农业产业化发展的进程中,形成了从事种植业和养殖业的农业生产企业、农产品加工企业,以及为产品流通和农事作业服务的农业服务企业三种主要类型的农业企业。[3]

(二)乡村工业化路径

早在20世纪30年代,我国就在乡村传统手工业的基础上发展了一些乡村工业,但是乡村工业发展速度缓慢且极不平衡,技术含量较低,大多数工作仍由手工来完成,其实质是利用农闲时间来解

---

[1] 张照新、赵海:《新型农业经营主体的困境摆脱及其体制机制创新》,《改革》2013年第2期。
[2] 喻国华:《专业合作组织在农业产业化中的实践模式》,《农业经济》2008年第3期。
[3] 郭庆海:《新型农业经营主体功能定位及成长的制度供给》,《中国农村经济》2013年第4期。

决农业人口生计问题。① 现代意义上的乡村工业化兴起于改革开放之后,当时的城乡环境为乡镇企业的兴起创造了条件。20世纪80年代,国有企业绩效低下,其选择的相对资本密集型的产业和生产技术并不符合整个国家的要素禀赋结构,企业缺乏自生能力,生产成本高昂;② 对外开放度不高,外资企业参与国内市场的程度较低,而民营企业的发展还处在小规模的实验阶段;大规模的城乡间劳动力流动尚未开始,农村劳动力价格低廉;产品市场的竞争程度低,规模经济、地理因素等对于工业企业发展来说重要性还不强。③ 在这样的背景下,乡镇企业可以使用大量廉价的劳动力,发展劳动密集型产业,它们的产品不仅填补了市场上的缺口,并且具有价格上的优势。乡村工业化在区域经济和产业发展中扮演了重要角色,在一定程度上推进了城镇化和现代化。由于城乡分割的历史与区域发展不平衡的现实,以及自然条件、区位因素、地方政策等因素的影响,我国各地区的乡村工业化的道路选择十分复杂,东部地区的乡村工业化形成了浙江、苏南与珠三角三种典型的模式,而中西部地区乡村工业的产业结构既与东部地区存在差异,又具有"梯度转移"的特征。

1. 浙江乡村工业化路径

改革开放之后,由于工业领域对个体的限制放开,个体可以开办工业企业,浙江乡村原有的社队企业的一些供销员、技术工人、管理人员等纷纷办厂。他们以家庭作坊起步,开办民营企业,发展出了前店后厂的生产经营模式。随着市场经济的纵深发展,家庭作

---

① 费孝通编选:《费孝通选集》,天津人民出版社,1988。
② 林毅夫:《自生能力、经济转型与新古典经济学的反思》,《经济研究》2002年第12期。
③ 钟宁桦:《农村工业化还能走多远?》,《经济研究》2011年第1期。

坊之间竞争日趋激烈，大部分家庭作坊被市场淘汰，少数得以继续生存，极少数则在此过程中发展壮大直到上市。浙江地区工业发展经历了从改革开放初期的"村村点火、户户冒烟"的自发分散格局，到后期产业链趋于成熟，逐渐形成了"一村一业、一镇一品"的民营经济模式。如位于浙江东南山区的温州地区，在区位和资源方面都处于弱势地位。一方面，温州远离大中型工业城市和全国性市场中心，运输成本和信息成本较高；另一方面，人口密度大，土地资源有限，土壤质量和灌溉条件也差，不利于农业发展，集体经济薄弱。但是，温州乡村开发出了通过家庭工业和专业市场发展非农产业的模式，形成了"小商品、大市场"的生产经营模式。在所有制结构上，温州以个体私营企业为主，政府参与较少。在非农就业方面，温州同时采取了"离乡"和"不离乡"两种方式：一方面，发展家庭工业，"离土不离乡"甚至"离土不离家"；另一方面，温州人外出务工经商，形成遍布全国的以温州人为主体的"浙江村"，"离土又离乡"。[①] 温州人通过走向全国建立起了市场网络，以本地物美价廉的"小商品"行销全国"大市场"。

2. 苏南乡村工业化路径

改革开放之后苏南地区形成了以乡镇集体企业为典型的工业发展模式。苏南乡镇集体企业发展的基础是社队企业，集体经济时期的社队企业为乡镇企业的发展提供了运营经验和资源积累。苏南地区接近上海等经济发达地区，具有区位优势，再加上苏南地区历史上手工业一直比较发达，这也是苏南地区乡镇企业得以发展的重要基础。此外，苏南地区还得到了政府和社区的支持，地方政府为

---

① 周晓虹：《流动与城市体验对中国农民现代性的影响——北京"浙江村"与温州一个农村社区的考察》，《社会学研究》1998 年第 5 期。

乡镇集体企业的发展提供了资源支持、政策优惠和信用担保，社区也为乡镇企业的发展提供了充足且廉价的土地和劳动力资源，这些都使得苏南地区的乡镇集体企业在改革开放初期获得了超常规发展。但是，随着市场经济体制改革的全面深入开展，工业产品的供给日益充足甚至过剩，我国的市场状态逐渐从卖方市场向买方市场转变，乡镇集体企业失去了在市场中的优势地位。此外，由于多数乡镇集体企业并未采取现代企业管理制度，在管理中存在权属不清、政企不分以及激励监督等方面的问题，这导致乡镇企业的发展逐渐陷入困境。20世纪90年代末以来，苏南对集体企业进行了改制，并且提出了工业向产业园区集中，充分吸收国际产业资本转移与外来资本，形成了以园区经济为载体、以打造国际制造业基地为引擎的"新苏南模式"。"新苏南模式"与传统苏南模式的区别在于政府与村集体不再直接经营企业，而主要通过建造大规模与标准化厂房吸引外部资本过来办企业，政府主要为企业发展提供基础设施以及政策服务等，即地方政府从之前的经营企业转向经营土地。有研究者将"新苏南模式"称为"新集体经济"，即集体不再通过经营企业获取收益而主要通过建设用地出租获利，不少村庄土地出租收益能够达到一千万甚至更多。①

3. 珠三角地区乡村工业化路径

珠三角工业的发展主要得益于其区位优势，因靠近港澳而吸引了大量外资经济向其转移，这种产业转移模式主要表现为由外资自带技术与资本，本地提供土地与劳动力，这就是即所谓的"三来一补"发展模式。早期珠三角地区的"三来一补"企业主要集中在劳

---

① 金晓瑜、孙路：《演进中的苏南产权模式：路径依赖与转型——一个新制度经济学的分析视角》，《南京大学学报（哲学·人文科学·社会科学版）》2007年第5期。

动力密集型的服装业与电子产品装配业。随着市场需求和企业生产规模的扩大，本地劳动力供应量逐渐跟不上企业需求，由此中西部劳动力大量向这一地区集聚。与"新苏南模式"中政府与集体为外来资本提供标准化厂房以及鼓励企业进产业园区不同，珠三角工业发展多由集体提供原始土地，企业自己建厂房用于生产或出租等，此外苏南地区通过产业园区建设吸引的多为规模较大的企业，珠三角吸引的则多为中小规模企业，这些企业产值不大，占地规模也比较小，由此珠三角地区农村工业发展形成了中小企业密布的格局。

4. 中西部地区乡村工业化路径

相较于东部地区，中西部地区的城市化水平更低，大多数区域长期以来都是乡村。由于历史、文化、资源、区位等条件的不同，中西部地区乡村的发展并没有统一的路径，总体上可以将中西部的乡村划分为两大类型。一类是自然资源，如矿产资源、旅游资源丰富的地区，利用自然资源的丰厚回报积累了一定的资本，进而发展工业，促进地方经济的发展和居民生活水平的提高。另一类地区资源匮乏，最主要的特征就是除了土地以外没有其他可以利用的经济资源，有学者将其定义为欠发达平原农业区[1]，这些地区工业发展的条件先天不足：农业至今仍是区域内主要的经济活动，非农产业十分薄弱；地处偏远，较难受到外部工业中心的辐射；资源匮乏，缺少可供民间开采开发的矿产和渔牧资源，资本基础十分薄弱；居民的思想意识比较落后，小农意识仍占主导地位。[2] 但是，即使在这样困难的条件下，欠发达平原农业区仍然顽强地生长着一批农村工

---

[1] 耿明斋：《平原农业区工业化道路研究》，《南开经济研究》1996年第4期。
[2] 耿明斋：《欠发达平原农业区工业化若干问题研究》，《中州学刊》2004年第1期。

业企业，而且形成了一定规模的集群。①

(三) 乡村旅游路径

进入21世纪之后，随着经济社会的发展和生活节奏的加快，城市居民对短途旅行的需求增加，学者们发现，距离城市100千米以内的空间范围对城市居民最具吸引力②③，在市场需求的推动下，乡村旅游由20世纪90年代简单的"农家乐"模式，逐渐向休闲多元化模式转型升级④。无论是在脱贫攻坚时期还是当下的乡村振兴战略时期，中央和地方各级政府都对乡村旅游给了宏观和中观层面的政策扶持。在市场需求和政府引导的共同作用下，乡村旅游成为我国乡村发展过程中成效显著、值得得到关注的一种路径。乡村往往通过优美的自然环境、原始的田园风光、有特色的聚落建筑景观和传统的乡村民俗文化来吸引其他地区的人前来旅游，依托这些自然、历史和文化资源，乡村把传统农业与餐饮、住宿、娱乐、教育等产业融合在一起，形成了一个综合性的产业。以往对乡村旅游地空间分布的研究发现，乡村旅游地主要集中于大城市周边⑤，集中在经济发达、自然资源富集的东部地区，多以省会城市、主干路网为核心向周围扩散⑥。近年来，随着互联网平台和自媒体的发展和普

---

① 耿明斋:《欠发达平原农业区工业化道路——长垣县工业化发展模式考察》,《南阳师范学院学报(社会科学版)》2005年第1期。
② 吴必虎、黄琢玮、马小萌:《中国城市周边乡村旅游地空间结构》,《地理科学》2004年第6期。
③ 周继霞、苏维词:《重庆环城游憩带乡村旅游可持续发展评价研究》,《乡镇经济》2007年第7期。
④ 李东:《国内休闲旅游发展驱动因素及对策研究》,《旅游纵览(下半月)》2013年第8期。
⑤ 李宪宝、张思蒙:《我国乡村旅游及其发展模式分析》,《青岛科技大学学报(社会科学版)》2018年第1期。
⑥ 马斌斌、陈兴鹏、马凯凯等:《中国乡村旅游重点村空间分布、类型结构及影响因素》,《经济地理》2020年第7期。

及，一些比较偏远的乡村利用新兴互联网技术对当地进行宣传和推广，吸引了大批游客，促进了当地的经济发展和居民生活水平提高。当然，由于区位、资源、政策等层面的差异，在发展乡村旅游的过程中，各地形成了不同的发展模式。

1. 乡村酒店模式

乡村酒店模式以酒店经营理念指导农户提供特色的农家食宿接待服务，推动乡村旅游的规范化和标准化。该模式把乡村道路、休闲设施、乡村景观、乡村民俗等乡村特色与酒店服务结合起来，完善和提升当地的接待服务能力，创新食宿接待服务，同时，加强乡村旅游合作社组织建设，规范旅游农户的经营活动，制定统一的服务标准，实行客源组织和营收结算统一的管理办法，积极打造乡村酒店品牌形象，从而有效地规范市场秩序，完善乡村酒店经营和服务职能，整合农业产业和农村民俗文化等资源，逐步推进乡村旅游产业化进程。

2. 文化民宿模式

文化民宿模式一般出现在那些具有悠久历史和特色文化的村落，依托当地特色的古村落文化、古民居建筑发展乡村旅游。通过对当地乡村文化的再创造，对当地文化进行艺术化、创意化改造，开发和打造传统与时尚相融合的精致乡村生活方式。历史村落的旅游吸引力主要为无形的历史文化和有形的遗址遗迹，所以应充分保护当地村民优秀的传统生产生活文化、民俗风情、道德与价值观念，积极引进外来艺术家等时尚群体，鼓励他们对乡村文化进行创意开发和经营，深入挖掘个性化文化民俗、特色节庆、传统手工艺等资源，从历史遗迹、服饰图案、语言文字等多方面提炼主题文化元素，营造主题文化氛围，展现乡村文化格调，培育主题文化民宿品牌,在保护和开发相协调的基础上,推动乡村旅游发展和历史文化的传承。

3. 休闲乡居模式

休闲乡居模式充分利用乡村优美的河流、田园、森林、山地、村落等景观格局,通过精心策划与创意性开发,包装打造农耕文化园、乡村花海、农耕节事、亲子课堂、丰收狂欢节、儿童乐园等休闲项目,构建创意休闲体验产品体系,突出"乡土化"特质,最大限度地利用乡土资源,如乡村原生态景观、民居形态与建筑材质、生产生活工具、居民生产生活状态等,创建乡村人文景观与生态保障系统,营建和睦的邻里生活和多元化的度假环境,达到生产、生活、生态和谐统一,以满足城市游客旅居田园乡村的"候鸟式"休闲度假需求,塑造特色乡村度假品牌,创造乡村旅游持续吸引力。

(四)乡村电商路径

随着互联网的普及、电子商务行业的发展以及农村电信基础设施的完善,一些乡村抓住数字经济的机遇,利用互联网平台销售当地的农产品或工业制品,打破了传统经营方式的地域限制。它们充分利用乡村的农产品源头以及生产成本低等优势,破除了乡村在交通、资本、话语权等方面的市场弱势地位,为乡村发展贡献了一条新的路径。电子商务产业之所以能在乡村获得发展,看似具有一定的偶然性,一些乡村的电商的起源过程往往是个别能人在偶然的机会下探索出了帮助其个体或家庭改善生活条件的营生,进而带动其他村民共同发展电商,最后将其发展为规模化的产业。但是,电商能够在乡村发展也有其内在原因。

分散经营的小农户远离市场,获得市场信息的机会很少,抵御市场风险的能力很弱，因此，农民在市场上一直处于弱势地位，对农民来说，市场具有很高的门槛和坚固的壁垒。即使参与市场，产品的收益只有很少一部分可以到达农民，收益中的更大份额被经销商等中间商占有。而电子商务的出现为农民，尤其是小农户提供了低门槛的进入市场的机会，并且通过电商平台，小农户可以与消费者直接对接，免去中间环节对利润的剥夺，因此，电商为农民参与市场提供了机会。另一方面，乡村天然的熟人社会，以及电商的低技术门槛，为整体受教育程度并不高的农户之间的模仿和创新创造了条件。[1]而国家和地方政府也适时介入，实施了一系列因地制宜、因势利导的举措，通过培训、树立典型、宣传、提供资金和用地优惠政策等措施，支持乡村电子商务的发展。[2]商务部《中国电子商务报告（2021）》中的数据显示，截至2021年底，全国农村网商、网店达到1632.5万家，2021年全国农村网络零售额达2.05万亿元，占全国网络零售额的15.66%，同比增长11.3%，其中农村实物网络零售额达1.86万亿元，占全国农村网络零售额的90.73%，同比增长11%。乡村电商路径成为不容忽视的一条乡村发展路径。当前基于电子商务而发展起来的"淘宝村"有如下几种类型。

第一，基于农产品的"淘宝村"。农产品涵盖的范围比较广，不仅是种植业产品，还有养殖业产品以及后续的初级加工制品都属于以农、林、牧、副、渔为主的农业产品。农村对农产品的生产和销售具有一定的垄断优势，特别是一些地方特色产品更是具有其他地区无法模仿的竞争优势。基于农产品的"淘宝村"生产销售的产品

---

[1] 邱泽奇、黄诗曼:《熟人社会、外部市场和乡村电商创业的模仿与创新》,《社会学研究》2021年第4期。

[2] 郭红东、刘晔虹、龚瑶莹等:《电商发展与经济欠发达地区乡村振兴——以山东曹县为例》,《广西民族大学学报(哲学社会科学版)》2019年第5期。

具有较强的地域特色，往往在"淘宝村"形成之前，该产品在当地就已经实现规模化生产，产品的知名度较高，甚至已经成为当地的支柱产业。而由于地处乡村，远离市场和消费者，尤其是对于对时效性要求比较高的农产品而言，销售问题是亟待解决的问题，电子商务可以在农产品的生产者与消费者之间建立直接连接，克服了中间商挤占农民利润的现象。农民通过网络电商渠道销售农产品，尤其是引入区块链等新技术，降低了农产品的交易成本，保护了生产者和消费者两方的利益，提高了农民参与市场的能力，帮助农民获得更多的利润，从而提高农村的整体收入。

第二，基于工业产品的"淘宝村"。随着中国进入工业生产时代，农村逐渐转向工业制成品的生产。很多省份的村庄工业产品的产值比例都高于农业产品的产值。在江苏南部，超过60%的"淘宝村"都在销售本地生产的工业产品，如服装、家具、家纺、鞋帽等。这类"淘宝村"的特点是：以一类工业产品为主线，以当地传统产业或地方专业市场为中心，围绕该中心开始形成以家庭为单位的生产作坊，逐渐向小企业过渡，在数量上会出现裂变式增加，并形成了专业市场、电商经营、物流等较为完整的产业链。

第三，基于手工艺产品的"淘宝村"。与农产品、工业产品"淘宝村"相比，基于手工艺产品的"淘宝村"数量较少，而且比较分散，比如少数民族聚集的西南地区有个别的工艺品销售企业。知名度较高的无锡宜兴紫砂村的紫砂壶和景德镇的陶瓷等，都是依靠本地特色工匠的手工技术和本地原材料结合生产出的具有一定艺术价值的产品。同时，因为是手工制作，具有明显的独创性和非标准化特点，在市场中比较有竞争力。

二、乡村发展路径的可行性分析

在我国，无论是当前乡村与城市之间的差距还是乡村发展的不同路径，都并非自然选择的结果，而是与政策导向密切相关。长期以来偏向城市的政策导致嵌于市场经济中的乡村在市场上一直处于弱势地位，进而在分配体系中一再被城市剥夺，乡村的发展路径和发展方向也在很大程度上是由国家和地方的政策决定的。由于我国历史上长期实行分散的小农经济的经营方式，即使在当今，小农户仍然是我国乡村最基本的生产经营单位。分散的小农户受教育程度低，力量弱小，在市场和国家的裹挟下，他们保守经营，担心变革。作为村民自治组织的村委会，尽管不是一级政府，但是仍然被包裹进国家的行政体制中，受制于行政体制内的各种规则。因此，乡村的发展路径在很大程度上受到国家和地方政府政策的引导和影响。在当前现实的乡村中，的确有一些乡村基于上文的某一条或者融合多条路径，在产业、居民生活水平、社会等层面都获得了很大的发展，但是我们看到的更多的是，有很多村庄在政策的引导下，甚至是要求下选择了某条并不适合当地发展的路径，或者在路径的执行过程中因措施不力而失败，无法获得发展；还有很多村庄苦苦寻觅不到合适的路径，他们或许资源贫乏，或许位置偏僻，没有得到政策的关注和垂青，长期在贫困线上下徘徊。因此，如何选择乡村发展的路径，是一个值得国家和地方政府，以及乡村自身关注的问题。

每个村落都是独特的，都有不同于其他村落的自然资源、历史文化、区位特征、人口分布情况，因此，任何一个村落都应该选择适合自己的发展道路，对已有路径，即使是成功路径的完全复制，并不能给当地带来发展。对于上文提到的四条主流发展路径，如果能够结合当地情况进行选择，或者融合多条路径并进行创新，从而实现当地的发展和居民生活水平的提高，当然就是可行和值得提倡的。但是，对路径的选择，不能盲从和冒进，要警惕每条路径面临的风险。

（一）农业产业化路径的风险

农业产业化的实现需要宽松的土地使用权转让制度，让高素质的农民在一定面积的土地上通过先进的科学技术，以市场为导向，生产农产品，并进行加工，最终实现农业一体化。但是目前各地乡村在倡导农业产业化时并未能实现政策、人力资本、技术、市场等层面的配套，这导致农业产业化道路面临着一些风险。

1. 土地分散经营

规模化、集约化生产是农业产业化的必要条件，但是，我国的土地集约化遇到诸多障碍，农民不愿意将土地通过租赁或者承包的方式流转出去。阻碍农民流转土地的第一个因素是乡土观念，我国历史上一直是一个农业大国，土地是农民之所以成为农民的标志，是农民建立自身角色认同的基础，如果没有土地可以经营，农民就会对其身份产生认同困惑，这使得很多农民不愿意放弃土地，或只愿意小规模流转或流转给熟人，这就导致规模化的土地生产很难进行，生产效率低下且大量土地荒废。第二个原因是，与城市居民相比，农民的生活缺乏基本的社会保障，因此他们往往把土地视为生活的最后一道保障，不舍得放弃。

2. 龙头企业发展不足

在我国部分地区，由于政府的带动以及政策上的支持，一些龙头企业迅速发展，也带动了这些地区的经济发展，但是从总体上来看，由于农业天生对自然有依赖，回报时间较长，以及政府的补贴政策不到位等原因，各投资主体不愿意投资农业，龙头企业的数目总体上还是很少，而且规模普遍较小。虽然许多龙头企业也重视对农产品进行加工，但是基本上是初级加工，只是简单地进行包装，没有进行深加工。对农产品经营来说，农产品的质量很重要，但是对产品的宣传包装也是产品营销成功的重要因素，许多企业在策略上出现问题，单单注重初级产品的质量，没有体现其特色和卖点，导致好的产品没有好的口碑，产品卖不出去，结果就是产品难以深入市场并获得利润。在投资方面，大多数企业不注重科研，局限于传统的产品形式，没有形成特色产品。龙头企业发展不足主要表现为：企业资金投入少，对农产品的投资只是小规模的投资，没有进行大规模的投资；在生产的设施方面没有采用先进的设备和技术，使得产品档次低、质量差；龙头企业在农业方面的管理体制不完善，使得龙头企业没有得到很好的发展。

3. 务农人员综合素质较低

虽然改革开放以来，国家加大对农村基础教育的投资力度，对农村子女读书予以政策方面的倾斜，但是农村在很长一段时间都保持着较高的辍学率，这使得很多农民，尤其是中老年农民文化水平有限。当前我国务农的农民年龄集中在40岁到60岁之间，这部分农民由于历史、经济原因，文化水平低，缺乏种植技术。而更年轻的青壮年劳动力往往选择进城务工，不愿进行农业生产。这就造成了我国当前务农主体年龄偏大、文化素质不高的问题。

4. 利益双方合作形式松散

农业产业化是通过农户与公司合作的方式来实现的，但是公司与农户合作大多采用口头的形式，没有正式的合同文本。即使签订了正式的合同，由于合同的内容以及合同双方之间的权利义务关系规定过于模糊，或者双方的权利义务分担不均衡，最后还是会导致双方不按合同规定履行义务，在出现纠纷时不能通过合同的方式解决，企业和农户没有形成利益共同体。究其原因，一方面是利益机制没有规范化，双方的合作机制尚不成熟，没有形成规范。在农产品紧俏时，部分农民考虑到市场上的价格上涨而公司收购的价格低于市场价格，为眼前的利益，不愿按合同约定把农产品卖给企业；当农产品的市场价格低于合同约定的收购价格时，公司往往不愿意收购产品，使得农民受到巨大损失。另一方面，完善的利益分配机制没有建立，双方无法达成清晰的协议，致使违约现象严重。在双方违约时，由于责任条款规定模糊等原因，损害了任一方的利益，都不利于稳固农户和企业的合作关系。

（二）乡村工业化路径的风险

1. 集体经济异化风险

集体经济组织是乡村的重要经济主体，拥有乡村的土地资源，乡村工业化需要大量的土地资源，因此乡村工业化必然需要集体经济组织的参与。尽管所有村民都应该是集体经济的参与者和受益者，但是在实际村落中，乡村精英往往是集体经济的代言人，他们在推动乡村工业化的过程中发挥了重要作用，他们之中涌现出了许多带领村民致富的精英典型。但是由于有关集体经济的制度尚不健全，监管机制、民主机制尚不完善，集体经济产权还不够明晰，委托代理关系问题还未充分理顺，集体经济容易在农村工业化过程中异化为"强人经济"，普通村民的利益会被乡村精英侵占。

2. 各级政府职能定位和职能边界问题

虽然村民委员会并非政府的行政机构，而是村民自治性质的组织，但村委会仍然嵌入在我国的行政管理体制之中，受制于其上存在的乡镇级、县级、市级、省级和中央政府。不同层级的政府都有推动对应辖区内经济和社会发展的任务目标，并为此制定各种政策和制度。但是这些关于乡村发展的政策和制度都要落实到村级组织上，所谓"上面千条线，下面一根针"。倘若各级政府制定的发展目标不一致，选择的发展政策不相同，就会导致村级组织无所适从。

3. 内外关系问题

这里的内外关系主要是从农村集体经济角度来划分的，包括两个方面：农村工业化内生积累和外来扩散之间的关系、农村集体经济组织和外来企业之间的关系。一方面是内生积累与外来扩散的关系。农村工业化内生积累指的是通过农村地区资源要素的累积而实现工业发展兴起的过程，这种农村工业化往往内生于农村集体经济，而且往往基于传统农副业展开，并常常伴随着农业现代化和产业化的发展。[①] 然而，从国内外经验来看，农村工业化很多时候是通过接受外来产业转移实现的，但实践中这种转移有时候会对农村内生工业产生一定的挤出效应。另一方面是农村集体经济与外来企业的关系。在招商引资过程中，农村集体经济组织往往对外来企业缺乏监督约束机制，这使得农民有时候得到的分红较少，缺乏话语权和控制力，信息披露公开制度也没有充分建立起来。

4. 传统工业化与新型工业化发展道路辩证关系问题

传统工业化和新型工业化发展道路的辩证关系，从实质上看是

[①] 潘志、李飞：《农村工业化发展过程中需解决的问题与对策探索》，《产业与科技论坛》2014年第22期。

工业化速度和质量之间的辩证关系问题。根据马克思主义政治经济学原理，农村地区资本有机构成相对于城市较低，获利空间相对较大。但另一方面，农村地区工业基础相对薄弱。因此，在农村地区推进工业化，首先应该解决规模的问题，然后通过在发展中逐渐提高资本有机构成，解决质量的问题，而不应该盲目搞一刀切，对农村工业化提出过高的要求。

（三）乡村旅游路径的风险

1. 旅游利益分配不均

市场与政府是规范旅游经济健康发展的两只手。然而在部分地区，由于地方政府部门的缺位或干预失当，市场的力量独大。在市场的主导下，少数占据区位优势、具有一定资本和参与能力的居民往往能够迅速参与旅游经营接待，转变为旅游精英，而缺乏参与资本与能力的居民则只能从事低水平、低收益的体力劳动，并逐步沦为乡村旅游中的边缘群体，这将不可避免地造成乡村旅游社区内部的贫富悬殊问题。

2. 乡村居民的参与不足

过分注重规模经济而忽略小农经济的力量，会导致乡村居民被排斥在乡村旅游和农业产业之外。已有研究表明，我国要在小农户的基础上实现农业现代化，以土地租赁为主的土地流转型规模经营的道路是行不通的。[①] 但在乡村旅游和农业现代化过程中，仍有部分地方政府部门对乡村旅游及其发展规律缺乏应有的理性认识，在 GDP 崇拜下盲目追求规模经济，忽视社区居民和小农经济的重要作

---

① 孔祥智、穆娜娜：《实现小农户与现代农业发展的有机衔接》，《农村经济》2018 年第 2 期。

用。过分关注规模经济效应，推动大规模的土地流转，虽然能在短期内通过投资快速带动乡村生产总值增长，但将农民排斥在产业发展之外的做法并不利于乡村社会的可持续发展，这主要表现在两个方面。一是农业的基础性地位受到威胁。大规模的土地流转之后，为快速回收经济投入，随即建设的往往是大规模的花田景观、游乐设施等内容，部分地区甚至曲解上级政策，以乡村旅游之名行房地产开发之实。这不仅造成乡村旅游产品的同质化、旅游体验的浅层化，也使得我国粮食种植面积不断缩小，其本质是简单粗暴的以非农产业替代农业产业，农业基础地位受到严重影响。二是乡土文化发展遭遇挑战。为满足开发商对乡村建设用地的需求，农民的宅基地往往成为土地流转的对象。通过合并拆迁，虽然流转出更多的乡村建设用地，但乡土文化赖以生存的空间已不复存在。传统乡村社会中的邻里交往、传统农业生活方式、乡土建筑等乡村物质文化与非物质文化均在土地流转的过程中逐步走向消亡。

3. 增加生态环境负荷

"吃农家饭，做农家活，住农家屋"是我国当前乡村旅游的主流形式。然而这种形式的旅游产品无论是在提升游客体验上，还是在增加村民收入上都表现得相对较差，对乡村资源的旅游化开发利用也较为粗放低效。当前乡村旅游发展中过于追求游客数量的增长，但过量的游客往往会增加乡村旅游地的生态环境负荷，尤其是在乡村旅游旺季，游客的过度涌入会使乡村环卫设施、排污设施、交通设施等设施不堪重负，从而带来乡村生态破坏与环境污染问题。

（四）乡村电商路径的风险

当前，乡村电商产业如火如荼地发展，并且进入地方政府重点扶持的行列。但是，很多农村电商产业陷入了同质化竞争所引起的

"内卷",利润不断被挤压,或者长期处于价值链底端,陷入低质量发展的恶性循环,在一些地区甚至出现了电商产业发展倒退或消失的情况。

1. 恶性竞争

由于地理和人文因素上的共通性,不同的乡村电商在资源和能力上具有一定的同质性。在集群形成初期,同质性降低了集群内的生产流通成本,使得集群可以发挥规模经济效应。随着集群的发展,这一优势却成了限制高质量发展的障碍。一方面,同质化的资源使得集群内的产品与服务具有趋同性,并且共同的目标客户群体,也使得他们采取低价竞争策略,利润不断被压缩。另一方面,集群内经营者能力上的同质性,使得集群内知识势差缩小,进而影响集群内的知识转移效率,信息闭塞。这会导致集群缺乏社会创新意识,即使有网商愿意进行低成本的微创新,也将引得具有同质性资源和能力的其他网商快速复制其成果,产生"搭便车"的现象。

2. 人才流失

乡村电商产业的人才供需矛盾日益突出。一方面是引人难,特定的产业基础与经营环境使得集群内部对外部人才具有一定的戒备心理,并且外部人才因缺乏相应的产业背景和社会关系,难以融入集群,以致其经营不能长久。当集群内的产业规模较小时,将不足以吸引模特摄影、图像视频制作、营销策划、商标注册等专业服务机构进驻。另一方面是留人难,由于农村地区落后的医疗与教育条件,相当一部分网商选择工作在乡村、生活在城镇。当经营绩效提高,他们逐步将除生产以外的核心部门搬迁至城镇。另外,当集群内网商的经营利润低于农户家庭外出就业所获取的收入时,部分网商将不得不择业转行。

3. 缺乏合力

乡村电商产业集群的形成初期，初级合作促成网商间的信息与经验交流，使得电商项目得以快速传播，降低了生产经营成本，但是集群的真正合力却难以发挥。究其原因，主要是同质化竞争、合作动机差异以及缺乏实质性的合作组织所造成的，这使得集群陷入合作困境。首先，有些集群中存在恶性竞争，当某家网商取得大额订单时，一些恶意竞争的同行可能通过刻意压低价格等方式拆台，这不仅破坏了原本的合作关系，还破坏了集群的生态环境。其次，不同网商在集群中的动机不同，小微型网商市场地位低，其网络业较为稀疏，因此，它们希望通过在集群中的合作巩固和扩大其社会关系，获取资源和收益，以及降低经营风险；而具有一定规模的网商则希望通过合作扩大市场份额、提高影响力，甚至控制其他网商。不同的动机使得不同规模的网商间缺乏合作，弱化了集群的风险抵御能力与创新能力。缺乏实质性的合作组织将导致集群中各种形式的合作难以常态化、规范化，失去同物流公司、原材料供应商以及相关服务机构的谈判能力，不能有效规避网商间的恶性竞争，难以获取政府、电商平台以及相关机构的支持。

三、乡村发展路径的国际实践

在乡村发展和推动农业农村现代化的进程中，我国探索和尝试了多种不同的路径，在这些形态各异的路径背后，始终存在着一个根本性的争论，即是否保留小农生产经营方式。有学者认为要在保护小农的基础上，按照"保护、组织、带动、提升、富裕"五位一体的思路把小农组织起来，推动农业服务的社会化，实现小农与现代农业的适应和衔接。[1][2] 也有学者主张，小农经营是一种效率低下的经营方式，现代农业利用机器生产和科学技术来提高劳动生产率，因此改造小农经济必须使小农经营向现代大规模经营跨越，大规模经营排挤小农经营是必然趋势。[3][4][5] 在城市化和工业化的浪潮中，在实现农业农村现代化的进程中，小农和农村的未来究竟在哪里？对这个问题的回答当然关系到乡村的发展道路、发展目标的选择，关系到乡村、农民，甚至整个社会的未来。学者们对保护和维持小农生产生活方式的倡导主要基于两个方面的原因。一方面，在我国向现代化转型的过程中，小农经济可以帮助破解亨廷顿所提出的"发展的不稳定"[6]的问题。在经济发展良好的时期，农民可以进城务工，提高家庭收入，这同时也为城市的发展提供了大量的劳动力；在经济危机时期，小农经济使得农民可以安全地退回农村，获得基本的生活保障。因此，在一些学者看来，小农经济为我国的现代化提供了"稳定期"和"蓄水池"。[7] 另一方面，倡导保留小农生产经营方式还源于文化上浓厚的乡土情结，两千多年的农耕文明带来的传统的乡土情结是文化中最难以改变的部分，即使物质文化和

---

[1] 张红宇：《大国小农：迈向现代化的历史抉择》，《求索》2019 年第 1 期。杜鹰：《小农生产与农业现代化》，《中国农村经济》2018 年第 10 期。

[2] 贺雪峰：《保护小农的农业现代化道路探索——兼论射阳的实践》，《思想战线》2017 年第 2 期。

[3] 张新光：《中国小农制的变态与发展现代农业的背离》，《兰州学刊》2008 年第 7 期。

[4] 潘石、于洋：《中国农业发展理论的传统和现代形式的评析与反思》，《江汉论坛》2003 年第 9 期。

[5] 李金铮、邹晓昇：《二十年来中国近代乡村经济史的新探索》，《历史研究》2003 年第 4 期。

[6] 塞缪尔·P. 亨廷顿：《变化社会中的政治秩序》，王冠华、刘为等译，上海人民出版社，2021。

[7] 贺雪峰、印子：《"小农经济"与农业现代化的路径选择——兼评农业现代化激进主义》，《政治经济学评论》2015 年第 2 期。

制度已经与传统社会脱离,但是思想文化中的一些传统元素仍然是根深蒂固的。

与城市社会相比,乡村社会较晚开始现代化进程,因此这种现代与传统的撕扯和徘徊在乡村表现得尤为明显。与我国一样,世界上其他现代化国家也都经历了由传统向现代的转型,他们同样经历了在制度、文化和思想意识层面上的传统和现代之间的徘徊、撕扯、试错、选择,他们的乡村同样经历了两条发展道路的争论和选择,这些国家尤其是已经实现了工业化和现代化转型的国家的乡村发展进程,可以为我国乡村的发展带来一些启示。

作为当今世界上城市化和工业化程度最高的国家之一,美国的农业和乡村自19世纪末开始现代化进程。经过长期的现代化转型,美国无论是农业经济、农民的生活水平,还是农村的社会建设都得到了更大程度的发展,即乡村现代化水平更高。在由传统向现代转型的过程中,美国同样有传统的农业主义者对传统农村生产经营方式和生活方式、社会秩序的坚守,也同样经历了乡村人口的大量外流以及由此带来的乡村空心化。在这种争论、撕扯、坚守、徘徊中,美国政府采取了一系列措施干预乡村的发展,取得了显著的效果,也带来了令人意外的后果。尽管中美社会形态不同,但美国的经验和教训仍然可以带给我们一定的启示,帮助我们思考当前我国农业农村所存在的问题,进而在政策的制定过程中尽可能地规避风险,少走弯路,更好地实现农业农村现代化。因此,本节首先回顾美国传统的农业主义及开启现代化进程之后农业主义的变革,其次梳理美国的乡村现代化进程,继而分析美国乡村的现代化路径对我国的启示。

(一)美国的农业主义

虽然美国是今天工业化、城市化发展程度最高的国家之一,但美国社会中一直存在农业主义的价值取向，在城市化和工业化进程的每个阶段，都会有一批政策制定者、社会活动者、科学家等对农业、农民和乡村抱有同情和关怀。这种农业主义思想一直与城市化、工业化、现代化的浪潮相抗争、相适应、相融合，在不同的发展时期有不同的内容和特征。

1. 美国农业主义的缘起

美国农业主义的传统可以追溯至美国早期的民主思想中，始于托马斯·杰斐逊将土地、农业和公民身份联系起来的愿景：肥沃的土地和农民的美德是建立一个民主国家的基础，将个人的经济利益与土地联系在一起，可以培养爱国主义和公民意识。杰斐逊的农业理想歌颂了土地的丰饶和人民的精湛技艺，认为这是物质丰富、道德坚毅、国家稳定的源泉。[1] 在这一理想社会中，自耕农中产阶级是国家最具活力的公民，是民主的核心，通过他们对城市工业主义的反抗，可以保护国家免于道德沦丧。杰斐逊塑造的农民形象主导了19世纪美国的乡村生活观念，激发了人们对乡村生活的情怀。

在杰斐逊之后，学者们多把农民塑造成反市场的形象，强调他们的自给自足和劳动实践，这种生活方式使农民家庭和社区既能够生产，又满足于简朴。农民是土地所有者，与国家有直接的财产利益关联，是最可靠的公民。这一时期美国人的农业主义思想是建立在上述关于农民和乡村生活的观念之上的。

2. 工业化之后的新农业主义

20世纪以来，伴随技术革命和全球化进程，美国乡村社区面临着重大的社会经济挑战。乡村地区的主要产业从农业、矿业和林业

---

[1] Norie R. Singer, Stephanie Houston Grey, Jeff Motter, *Rooted Resistance: Agrarian Myth in Modern America* (Fayetteville: University of Arkansas Press, 2020).

转移到了低技能的制造业，又转移到了服务业。农业部门越来越多地被大型、专业化的农场所主导，农业劳动力越来越少，从 1900 年到 2000 年，农业劳动力的比例从 41% 下降到 2%。① 同时，乡村地区的人口也越来越少，1900 年有超过 60% 的美国人居住在乡村地区，包括小城镇、开阔的乡村和农场；而到 2010 年，超过 80% 的美国人都生活在城市地区。

自 19 世纪中期以来，随着传统农业社会的衰落，作为一种乡村生活方式和文化态度的传统农业主义就一直在走下坡路。19 世纪末，商品化农业生产的风险使许多农民陷入困境，农民发起联盟运动进行抗议，但联盟很快被党派政治吸引和利用，民粹主义政党出现，他们呼吁回归杰斐逊主义，即人们的价值不是取决于他们有多少钱，而是取决于他们的身份和对社会的贡献。② 这标志着一种尖锐的意识形态分裂，进而催生了新农业主义。

新农业主义想要回答的几个问题是：农场应该欢迎和接受科学的创新和新的技术吗？怎样才能留住下一代农民？商业农业与家庭生活可以和谐共存吗？美国如何能确保继续保有农民的"馈赠"——独立意识、民主、大量的孩子、稳定的社区生活？如果没有以农业为基础、以生产为基础的家庭，这个国家还能维持下去吗？③ 新农业主义挑战了城市化和物质消费，也质疑了农业工业化和科技进步所带来的后果④，力求保持作为社会基础的家庭单位，致

---

① Daniel T. Lichter, David L. Brown, "Rural America in an Urban Society: Changing Spatial and Social Boundaries," *Annual Review of Sociology* 37 (2011).
② David B. Danbom, *Born in the Country: A History of Rural America* (Baltimore: Johns Hopkins University Press, 2017).
③ Allan C. Carlson, *The New Agrarian Mind: The Movement Toward Decentralist Thought in Twentieth-Century America* (London and NewYork: Routledge, 2017).
④ Allan C. Carlson, *The New Agrarian Mind: The Movement Toward Decentralist Thought in Twentieth-Century America* (London and NewYork: Routledge, 2017).

力于保持美国乡村地区的高生育率，保护作为国家摇篮的乡村地区，强调家庭农场对社会的整合作用。但新农业主义并不要求回到19世纪，它适应城市化和全球化的趋势，是现代美国试图创造"第三条道路"[①]的一次尝试。

新农业主义出现之后，农业工业化的倡导者开始推行农业工业化，但这也成为一些政党和政客的政治工具。为了使那些实际上可能不会帮助农民维持农业价值、改善生活、提高社会地位的提案合法化，这些政党和政客对家庭农民的道德象征和家庭农业的生活方式进行含糊的呼吁。一些学者认为，无论是农业企业还是农业利益集团，都在利用新农业主义谋求其私人利益，而这将进一步侵蚀农业理想的文化基础。[②]因此他们呼吁，要关注公共利益，必须真正培育传统的农业理想和价值观。

（二）美国乡村发展

1. 美国乡村现代化历程

美国并没有一个关于乡村的统一和清晰的概念，对美国乡村的讨论中乡村通常指的是"非大都市地区"，它们位于大都市地区的边界之外。[③]自美国工业革命之后，美国开始了城市化和工业化进程，城市化和工业化席卷了乡村社会，改变了乡村的生产生活方式。生产方面，基础设施尤其是交通设施逐步完善，以及生产技术的进步，

[①] David L. Brown, Louis E. Swanson, *Challenges for Rural America in the Twenty-First Century* (Pennsylvania: Penn State University Press, 2004).

[②] Allan C. Carlson, *The New Agrarian Mind:The Movement Toward Decentralist Thought in Twentieth-Century America* (London and NewYork: Routledge, 2017).

[③] Leslie A. Whitener, David A. McGranahan, "Rural America Opportunities and Challenges," *Amber Waves: The Economics of Food, Farming, Natural Resources, and Rural America* 12, no. 1 (2003).

使得农产品的运输更为便捷,长期保质成为可能,这扩大了农产品的消费市场;但同时,农民的自主性遭到破坏,生产什么和如何生产更多地由生产商决定。生活方面,通过参与市场,农民获得了更高的收入,这使得他们可以在当地的商店便捷地购买到工业产品,生活得到改善,但是对城市商品的消费使得农民的文化、品味、价值观越来越与城市趋同,城市文化越来越多地侵入乡村。

工业化、城市化进程开始之后,美国乡村发展经历了周期性的波动。20世纪的前20年是美国乡村少有的繁荣时期,被称为农业的黄金时代。在这个时期,农业收入获得了大幅增长,农民把增加的收入投入社区和家庭,他们改善了道路、学校和教堂,聘请了训练有素的牧师和教师,鼓励子女接受教育。但即便如此,城乡之间的生活水平还存在巨大差距,这导致农民产生了挫折感、不满情绪,以及离开乡村到城市去的积极愿望,乡村的年轻人涌向城镇。这一时期,州和联邦开始对乡村进行干预,最具代表性的是旨在改造乡村社会、满足乡村人口需求的乡村生活运动。1908年,西奥多·罗斯福总统成立乡村生活委员会,他认为乡村问题出现的主要原因是缺乏组织、社会机构的失败和基础设施的不足。为此,乡村生活委员会改革学校和教会,改善道路和邮递系统,为农民提供贷款,通过推广运动传播农业信息。但是,改革学校等努力在一定程度上遭到了抵制,很多农民不希望孩子长途跋涉上学,憎恨城市试图改变他们的企图。而邮递系统和公路等基础设施的改良受到大多数农民的欢迎,但是这也向农民展示了城市生活的吸引力,从而加速了农民向城市的流动。

到了一战后,农产品价格暴跌,但农民的生活成本并没有下降到与农产品价格相当的程度,这造成了乡村的生活困难,为此,乡村试图在经济上追赶上城市。农场管理专家认为农民的低效率和糟糕的商业行为是乡村存在的主要问题，因此，这个阶段美国的农业和乡村发展尤其重视提升机械化水平，以提高生产效率。从1920年到1930年，美国农场的拖拉机数量激增，这使得大农场的数量增加，而中等规模农场的总面积明显减少。

自20世纪20年代开始，随着乡村对劳动力需求的下降以及城市的吸引力增强，乡村人口向城市迁移的速度大大加快。向外迁移导致乡村社区居民更少，学校的学生更少；同时，机械化生产改变了邻里相互帮助的传统，再加上人口的减少，乡村社会网络的关系强度弱化。1929年，大萧条席卷了美国，并很快在美国乡村产生了负面影响，农民无力控制生产，国内外需求下降，农产品价格下降，农业总收入大幅下降。

二战期间，在高物价和劳动力短缺压力的共同推动下，生产革命开始了。改良作物和动物品种的引进、农场的电力化和以石油为基础的化学品的出现提高了农业生产力，但生产革命对环境、乡村社区和农业经济的影响是复杂的。市场部门是生产革命的最大受益者，一方面，农业综合企业和食品公司通过向农民出售产品而获利；另一方面，农民为大型加工商提供了大量和可靠的商品供应，并依据加工商的需求进行生产，农业越来越被大型加工商塑造。在合同农业下，作为杰斐逊笔下独立公民楷模的农民，越来越多地按照他们所依赖的买家的意愿行事。在生产革命中，中小农民是输家，特别是在边缘农业地区，中小农民无法与大型加工商竞争，逐渐失去了当地的磨坊、屠宰场和罐头厂。

生产效率的显著提高和劳动力需求的显著减少导致大量乡村人口向城市迁移，乡村人口结构发生巨大变化，农民在乡村人口中的占比越来越低。乡村人口数量急剧下降导致依赖于当地农民的小城镇衰落，同时，这也加深了村民的孤独感，迫使他们疏离了邻里和亲属群体。此外，由于迁往城市的往往是中产阶级，乡村社会贫富两极分化也日益严重。乡村人口的减少还削弱了乡村的政治地位，农民成为边缘人口和社会群体中微不足道的一部分，他们的利益为城市群体而牺牲。

2. 美国乡村发展政策及后果

美国乡村在现代化进程中遇到了市场波动带来经济衰退、大量农村人口外流、农村社区衰落等问题，基于农业主义和对农业神话的信仰，为应对城市化和工业化带给农村社区的问题，美国政府自城市化、工业化之初就出台了一系列乡村发展政策和法案，采取了一系列行动。

20世纪30年代，为应对大萧条，罗斯福政府发起了一项农业复苏计划。罗斯福本人对农业有着强烈的感情投入，他的复苏计划主要基于限制种植面积和价格支持，旨在提高农民收入。罗斯福政府制定了一些项目，以加强农场财产的安全、补充信贷资源、鼓励合作，并确保农民能够避免遭受天气灾害带来的损失。虽然政府最初的目标是恢复农业，但新政实施过程中的目标却超出了农业经济的范围。它试图重新调整农村的社会结构，使劳动者和佃户能够有尊严地生活，甚至成为土地所有者。该政策取得了一定的效果，农产品价格有所上涨，但这也提高了其他消费者的生活成本。从某种意义上说，这是一种商业农民对弱势群体的剥削。农产品价格的上涨暂时缓解了国内的经济压力，但是也为美国未来回归国际市场造成了障碍。同时，尽管农产品价格上涨了，但这并没有达到农民和政策制定者的预期。究其原因，首先是部分农民因预测农产品价格上涨，私自增加了农产品的种植量；其次是一些参与项目的农民作弊，移除了低产的土地。此外，具有讽刺意味的是，农作物贷款计划鼓励了新政者想要限制的一些商品的生产，这是因为贷款利率的下降消除了大宗商品生产的很大一部分风险，而为了充分利用这种新形势，农民们加大了耕作力度，提高了产量。

种植面积限制为农民带来的收益分布非常不均衡。第一，并非所有农民都可以参与该项目。第二，并非所有参与该项目的农民都能受益，种植烟草和玉米的农民获益了，而种植燕麦和橙子的农民则未能获益。第三，只有商业生产者成为受益者，那些自给自足的农民没有从这个项目中获益，农民越商业化，他们在大多数项目中的处境就越好。第四，地区之间的效果也不均衡，一些地区的农民受益大，而南方棉区的佃农却因为项目的运作而受损不少。因此，以商业和商品为基础的项目并不是解决诸如低收入、农村贫困和家庭农场消亡等问题的有效工具。

二战以后，种植面积限制和商品贷款已成为美国农业农村政策的长期固定配置。为应对20世纪80年代的农业危机，政府重组债务，出台了为商业化农业提供资金的项目，以使得农民获得援助，但与20世纪30年代一样，恢复农业的政策并不能使所有农民得到公平的对待，经营大规模农场的农民所获得的收益远高于其他农民。

此外，种植面积限制计划不仅没有提升乡村社会底层人们的地位，反而固化了乡村已严重分化的社会经济结构。这一出乎意料的后果，与市场的运行规律密切相关。作为看不见的手，市场在资源配置中发挥支配性的作用，虽然国家可以通过政策干预市场的运行，但市场中的个体在追求自身利益的动力的驱使下产生的个体行为，会重塑市场的结构，使政策偏离预设的结果。

3. 美国乡村的多元发展

城市化和工业化改善农村基础设施，提高农民的物质生活水平，这是不可避免的方向和趋势。农民通过参与市场获得收入，购买工业产品，获得更好的生活，为后代带来受教育机会；城乡差距使农民产生对城市的向往，农村人口外流，这一方面为城市提供了充足的劳动力，另一方面适应了规模化经营的需求。20世纪美国农业发展的趋势是小农场和大农场增加，中等规模农场减少并逐渐被挤出。虽然整体来看，农场数量减少，但农产品产量大幅度提高，规模化、机械化经营提高了农业生产效率，这对整个国民经济和农业经济都有积极影响。

20世纪以来，伴随技术革命和全球化进程，乡村社区面临着重大的社会经济挑战。乡村地区的主要产业从农业、矿业和林业转移到了低技能的制造业，又转移到了服务业。农业部门越来越被大型、专业化的农场所主导，雇佣的农业劳动力越来越少。美国人口普查局2018年的数据显示，只有4600万人居住在非大都市地区，约占美国总人口的14%，创历史新低。[1]同时，从事农业的人口在农村人口中的比例非常低，农村的大部分人口从事的是与农业无关的职业。在一些地区，特别是在农业一直是相对边缘的产业的地区，传统农业实际上已经消失，取代农业用地的是重新造林的土地、圣诞树农场、被列入保护保护区计划的土地、狩猎保护区、高尔夫球场和其他非农业用地。

虽然现在在美国中西部和南部的大部分地区，大多数土地仍然是农场，但农业制度已经与过去大不相同。美国的农场中有约一半是周末农场或业余农场，这些农场的主要收入来源是非农收入，包括社会保障金、养老金或有偿劳动等。专门从事农业经营的农民赚取了所有农场收入的近一半，是生产革命的赢家，他们充分利用了

---

[1] Kenneth M. Johnson, Daniel T. Lichter, "Metropolitan Reclassification and the Urbanization of Rural America," *Demography* 57, no. 5 (2020).

现有的新工具，经营大规模农场，并主导了美国的农业生产。

与过去相比，农村地区对农业的直接依赖明显减少了。一些地区吸引了因城市高昂的劳动力和土地成本而试图转移的制造商；自然条件优越的地区由于气候温和、有湖有山，发展成为城市度假者和退休人员的娱乐中心。但是并不是每个社区都拥有优越的自然条件或便利的设施，有些乡村的传统农村经济虽然遭到侵蚀，但它们仍然依赖农业或采矿业，这些乡村的就业机会就很少，人口也在逐渐减少。[1] 此外，即使是成功转型为旅游区的农村，仍然容易受到经济衰退的影响。与旅游业有关的职业往往是不稳定而低薪的，并且缺乏晋升机会和福利。由于城市公司和投资者对当地资源的开采和利用，经常会有大量的收入从当地流失，这造成了城市对农村的剥削。

在吸纳了退休人口的社区，年老的外来人口通常会促进房地产市场的发展，但这也导致了土地价格的上涨。不过，由于许多外来人口都是退休的专业人员，他们通常会为地方政府提供免费的技术援助。他们的志愿工作增强了当地机构的能力，但也可能把他们的价值观和偏好强加给当地人。

此外，监狱、屠宰场、饲养场、垃圾填埋场以及危险和有毒废物处理场越来越多地转移到农村地区。土地使用方式的转变可能带来经济增长，但也带来了污染，导致了农民的离开。在一些小城镇，监狱人口在人口普查中被计算为当地居民，这夸大了当地人口数量，歪曲了为州和联邦政府重新分配以及税收支出提供的统计基

---

[1] David L. Brown, Louis E. Swanson, *Challenges for Rural America in the Twenty-First Century* (Pennsylvania: Penn State University Press, 2004).

础。而监狱也会赶走或排挤其他类型的地方产业，影响其发展。[1]

（三）美国乡村发展对我国的启示

纵观美国多年来的乡村发展，尽管美国乡村在现代化的过程中也存在一系列如周期波动、贫富分化、人口外流等问题，但无论是农业经济、农民的生活水平，还是乡村建设，发展程度都更高，即现代化水平更高。面对城市化、工业化进程中的农业农村问题，美国同样有对农业神话和农业主义的坚守，并基于此出台了一系列政策和法案，如补贴政策、种植面积限制政策、价格控制政策、推广服务、贷款计划等，以稳定市场和农产品价格，保证农民的收入，也进行了学校和教会改革，以提高乡村的吸引力，但政策往往导致意料之外的后果，原本希望调整乡村经济社会结构的政策固化甚至加重了乡村的社会分化。通过梳理美国的乡村现代化进程，结合我国乡村振兴和农业农村现代化的时代背景，可以得到以下启示。

1. 乡村发展道路的选择

长期以来我国的城乡结构都是二元的，但这并不意味着城市和乡村任何一方的发展需要以另一方的牺牲为代价，城乡并非必然对立。城乡二元结构的形成与新中国成立前长期积贫积弱，新中国成立后必须通过偏向效率更高的城市的政策以实现赶超式发展有关，而偏向城市的发展确实为我国带来了奇迹般的现代化建设成就。在将目光转向促进农村发展之后，农村发展一直面临着道路选择的问题。不管是对维持小农生产的呼吁，还是去小农化的倡导，都存在忽视了城乡是一个整体的事实的问题。

农村和城市共存于社会中，它们共同构成的城乡结构满足社会

---

[1] Hilda E. Kurtz, "Scale Frames and Counter-Scale Frames: Constructing the Problem of Environmental Injustice," *Political geography* 22, no. 8 (2003).

运作的需求，维持着人类的生存。因此，不应把农村、农业和农民视为一个孤立的个体，而应该从农村和城市、农业和非农产业、农民和市民的整体角度去看待乡村问题和乡村发展。尽管长期偏向城市的政策和不同产业生产效率的差异，使得农村、农业和农民落后于非农社区，但是，实现乡村振兴和乡村发展并不是靠倾向农村的政策或仅仅关注农村的政策就能实现的，乡村振兴和乡村发展的道路应该在城乡整体结构的视角下去选择。

农村和城市向来应该是一个整体，不管是发展城市还是发展农村，基本的价值取向都是通过社会的发展改善人的生活品质，提高人的生活质量。因此，哪条发展道路能带给广大人民更好的生活，就应该选择哪条道路，而不应该仅仅考虑到底是发展农村还是发展城市，到底是维持现有的农村还是摒弃它。

2. 为农业经营方式转变做好衔接和过渡

由于我国大国小农的传统以及农业农村现代化程度仍不够高的现实，年轻子女外出务工、年老父母在家务农的劳动力再生产的结构，以及小农生产经营方式会在一定时期内继续存在。[①] 为提升小农户发展现代农业能力，促进小农户和现代农业发展有机衔接，我国出台了一系列帮扶政策，既有贴息、奖补、补偿等补贴型的政策，也有鼓励合作社、龙头企业、家庭农场等新型经营主体带动小农户的发展型产业政策。这些政策适应当前小农生产经营方式仍会在一定时期内存在的现实，但是同时我们也要思考和警惕小农的未来发展趋势。

城市化和工业化是不可避免和不可逆转的趋势，实现农业农村

---

① 贺雪峰：《关于"中国式小农经济"的几点认识》，《南京农业大学学报(社会科学版)》2013 年第 6 期。

现代化是农村发展的未来，原国家卫生计生委在《中国流动人口发展报告2016》中指出，未来打算在现居住地长期居住的流动人口超过半数，流动人口居住长期化趋势愈加明显，人口的流动整体上趋于稳定化、家庭化，定居意愿普遍增强，定居能力日趋分化。[1]当前的小农主要是老年人以及没有能力和动力离开农村和土地的农民。数十年后如果这批小农离世，通过务工、升学等途径离开农村的农民不愿意再回到农村，那么小规模的土地将无人经营。因此，在维持现有小农帮扶政策稳定的同时，要做好政策衔接和过渡，提前为未来农业经营方式的转变做好准备。

3. 提升农村社区的吸引力

在城市化和工业化的进程中，不管是市民还是农民，都有对美好生活的向往。城市优于农村的经济、公共设施、福利水平必然吸引有能力的农民进入城市，并且实现永久居留。农村空心化是城市化、工业化进程中的必然现象，需要理性看待。要清醒地认识到，小农的消亡、农业人口的减少是必然的趋势，不能一味沉浸在对乡村生活的怀念中；过多的人口集中在农村反倒会增加土地资源的压力，阻碍农业规模化和现代化的经营方式的实现，增加提升农业生产效率的难度。因此，一定的农业人口转移到非农产业无论对农村还是城市都是有利的，这也是不可逆的发展趋势。真正应该警惕的问题不是农村空心化，而是农业空心化。

规模化、现代化的农业需要人力资源的支撑，因此相较于如何吸引人才回到农村，需要更多思考的是如何吸引人才回到农业。目前大量农村人口离开农村和农业，一方面由于农业生产效率低，另

---

[1] 杨雪、魏洪英：《流动人口长期居留意愿的新特征及影响机制》，《人口研究》2017年第5期。

一方面由于农村的机会和资源远比不上城市。农业生产效率低很大程度上是小农生产经营方式导致的,综观美国的农业,机械化大农场的生产效率远高于小农户;而城乡之间机会和资源的差别在一定程度上是政策导致的。因此,一方面可以通过规模化、机械化的经营方式,提高农业的生产效率、利润率,增强农业产业的吸引力;另一方面,可以为从事农业生产的人提供与从事其他行业或生活在城市社会中的人同等的机会和资源,让农村和城市仅在生产方式上不同,而在效率、资源分配方面是同等的。

4. 帮助农业转移人口融入城市

随着城市化和工业化的推进,我国的城市化率将会进一步提升,更多的农村变成城市,更多的农民成为市民。转移到城市和非农产业的农业人口尤其值得被关注。流入大城市的农民居留意愿和居留能力有限,但流入小城镇以及小城市的农民拥有更多的居留机会和可能,越来越多的农民希望在小城镇和小城市实现永久迁移。因此,要提升城市,包括大城市、小城市和小城镇容纳更多人口的能力,制定更加包容的制度,为流入城市的新市民提供更多的就业机会、更好的融入机制,保证他们和原市民享有同等的社会参与机会、社会福利水平,帮助他们真正融入城市,成为真正的市民。

第七章
乡村实证调研

中共中央、国务院印发的《乡村振兴战略规划（2018—2022年）》在第九章提出分类推进乡村发展的思想，基于此，文件中划分了四类村庄——集聚提升类村庄、城郊融合类村庄、特色保护类村庄和搬迁撤并类村庄。与有"城市后花园"之称的城郊融合类村庄、有独特资源可供开发的特色保护类村庄和相关政策大力扶持的搬迁撤并类村庄不同，集聚提升类村庄占比大、内部构成复杂、发展方向多元。集聚提升类村庄占乡村类型的大多数，这类村庄无鲜明特征，更像是除了以上三类村庄之外的"其他类"村庄。当思考乡村发展这一问题时，不同类型的村庄呈现不同的"典型"，集聚提升类村庄之下又存在具有差异性的子类别，本章将从田野点收集到的资料出发提炼出文件中提及的集聚提升类村庄下的某一子类别村庄的特点并思考该村庄可能的发展路径。

费孝通所著的《江村经济》在乡村研究的发展历程上具有标志性的意义，书中所采用的田野调查研究方法在如今农村调查中仍具有生命力。在与英国著名人类学家利奇的对话中，费孝通对书中所采用的"微型社会学"研究方法和"本文化"研究立场的合理性和可行性作出了明确的解释。"微型社会学"的合理性在于通过类型比较的方法是有可能从个别逐步接近整体的，具体而言，通过比较的方法把中国农村的各种类型一个个地描述出来便可逐步形成对中国所有农村的认识，而并不是必须把千千万万个农村一一地加以观察后才能形成这一认识。① 而对于研究者研究自己的社会是否能够保持客观性的问题，费孝通通过自己的经验研究认为，从自己熟悉的文化认识不熟悉的文化的过程并非简单地套取已知的框架而是依靠二者的比较，其中，自己熟悉的文化起着参考体系的作用。熟悉的文化只是作为认知的依傍，而不作为范本。②

现实中，农村伴随着改革开放的步伐发生了翻天覆地的变化，人口的流动性越来越强，从熟悉的文化到不熟悉的文化不再是从村落中走出来的研究者的独特生活体验。村落本身变成了具有流动性的存在，流动到城市的村民再回到村庄时，不用刻意去强调和村落保持距离，克制内心的情感以成为"熟悉的陌生人"，村庄本身就使得流动的村民对其具有"距离感"。这种"距离感"是研究者和村庄大部分的村民共享的生活体验，有着农村生活经验的研究者更能与村落和村民共情。

带着"微型社会学"方法和"本文化"的研究立场，调研集聚提升类村庄之下的一个子类型村庄，可以加深我们对这类村庄的认识。同时，《乡村振兴战略规划（2018—2022年）》中还提出坚持农民主体地位，坚持因地制宜、循序渐进等基本原则，这意味着更好地实现乡村振兴的目标需要自下而上的声音，需要发挥农民在乡村振兴中的主体性作用，充分调动农民参与振兴的积极性、主动性、创造性。对具体乡村的研究视角可以概括为"国家建构农村"与"社

---

① 费孝通：《论人类学与文化自觉》，华夏出版社，2004。
② 孙秋云：《从乡村到城镇再到区域——谈费孝通的微型社会学研究方法及其反思》，《中南民族大学学报（人文社会科学版）》2010年第2期。

会化小农"视角[①]，前者以国家为出发点聚焦农村社会，采用的是由外而内、自上而下的分析视角；后者则以农民为出发点，强调由内而外、自下而上的分析思路。虽然，对具体研究对象的清晰认识需要同时借助这两种视角，但从当下的实践来看，从脱贫攻坚到乡村振兴的有机衔接要点之一即是激发乡村内生动力，积极培育农民主体意识[②]，因而在这一发展阶段，注重以自下而上的视角分析农民对乡村发展的想象进而形成引导内生动力的认知至关重要。据此，本章将通过"微型社会学"的研究方法、"社会化小农"的研究视角和"本文化"的研究立场，以求在乡村振兴政策背景下，深化对提升集聚类村庄下的某一子类型村庄的认识。

　　本章节的分析对象是一个自然村落，在对村落的观察中延伸思考村组和村民们的发展。该自然村是贵州省毕节市金沙县柳塘镇三合村下辖的一个村组，在人民公社时期，这一自然村就是一个生产小队。之所以将其作为观察单位，主要是因为在今天，人民公社时期遗留下的集体性的力量在村民们的社会联结方面仍存在，这在村子里办红白事之时表现得尤为突出——村子内所有成员均需参加，给主办人凑个"兄弟伙"。凑"兄弟伙"意味着把办红白事的人家的事情当作自己的事情，比如帮忙端菜送饭、洗碗摆桌、打扫卫生等，即使现在"一条龙"服务逐渐在村子内部流行开来，红白事的大部分任务承包给了"一条龙"服务商，"兄弟伙"也还是会在吃完饭后待在主人的家里，等有关的程序基本结束之后再回家。基于自然村和生产小队融合的社会界限，在当下对村民的生产活动、社会往

[①] 黄振华：《中国农村研究的两条进路——"社会化小农"与"国家建构农村"分析框架述评》，全国博士生论坛"现代化进程中的农村与农民问题"论文，湖北，2012。
[②] 豆书龙、叶敬忠：《乡村振兴与脱贫攻坚的有机衔接及其机制构建》，《改革》2019年第1期。

来、价值面向仍有重要的界定意义。事实上，除了外出求学和工作的村民，大部分人的生活都是围着方圆十几里地展开，自然村村组构成了他们对生活的体验和对社会的想象，也是村民们在家庭之外的重要的社会化场所。有学者认为乡村振兴的基础是治理有效，乡村治理有效又与乡村单元有效密切相关，单元的有效性受到规模和联结两个变量的影响。在村庄发展的历史上，乡村单元由传统时期"统而不治"的自然村落，发展为人民公社时期"三级所有，队为基础"的生产小队，再到改革开放后以行政村为单位的治理单元。[①]由于行政村规模扩大，以所调研的三合村为例，该行政村就由10个村民小组所组成，村民之间的联结并不高，行政村事实上只是一个"半熟人社会"。因此，从单元有效性出发，根据田野点村民组织的实际情况，我们将本次调研的研究对象选定为一个自然村，即行政村之下的一个村组。为了和行政村加以区分，我们用"村组"来定义本研究的研究对象，村组是一个自然村，在集体生产时期是一个生产小组，村民们的生产活动、人际往来、基础设施以及纠纷调解等均在以自然村为基础的村组单元中进行。

在学术层面和政策层面，已有研究从政策支持、人才培育、发展产业、改善环境、弘扬文化等角度分析了贵州乡村振兴与乡村发展的可行路径。总的来说，针对贵州乡村发展路径的建议可概括为如下几种：一是从文化旅游发展的角度提倡发展地方文化、民族文化、红色文化进而促进文化产业链的构建，如建设长征国家文化公

[①] 李华胤：《乡村振兴视野下的单元有效与自治有效：历史变迁与当代选择》，《南京农业大学学报（社会科学版）》2019年第3期。

园[1]、依托苗绣文化发展苗绣产业[2]、保护与发展乡村遗产[3]，也有研究指出了贵州当下乡村旅游在旅游类型、旅游产品、经营模式方面的同质化的问题[4]；二是从技术角度提出依托交通建设和信息建设把当地农特资源和旅游资源带入更大的交易市场的建议[5]，用技术改进乡村发展的具体措施有建设从管理到市场的智慧乡村旅游、利用科技创新增加旅游产品的丰富性以及减少对生态环境的损耗[6]；三是从传播学的角度提出传播媒体对乡村知名度与美誉度提升的重要作用[7]；四是从金融支持的角度分析涉农贷款和保险支持对乡村振兴的作用[8]；五是从人才供给机制方面分析乡村的发展亟须多样化人才结构[9]。当试图把不同视角的研究成果放入贵州的某一个自然村寨时，如何将纸面上的文字建议转化为具有本地实践性的措施才是真正关系到一个个具有自身特殊情况的乡村的未来走向的。

---

[1] 王金晓、笪玲：《贵州长征国家文化公园助力乡村振兴研究》，《四川旅游学院学报》2022年第4期。

[2] 陈晓英：《乡村振兴战略背景下贵州苗绣发展路径研究》，《贵州师范大学学报（社会科学版）》2022年第4期。

[3] 杜晓帆、侯实、赵晓梅：《贵州乡村遗产的保护与发展——以楼上村为例》，《贵州民族大学学报（哲学社会科学版）》2018年第3期。

[4] 王坤、刘康：《贵州省乡村旅游同质化及其创新策略》，《贵州大学学报（社会科学版）》2019年第5期。

[5] 孙中亚、姚秀利：《"时空压缩"背景下后发地区乡村发展研究——以贵州沪昆"两高"沿线地区为例》，新常态：传承与变革——2015中国城市规划年会论文，贵州，2015。

[6] 邓小海、肖洪磊：《从脱贫攻坚到乡村振兴：乡村旅游转向研究——以贵州省为例》，《湖北民族大学学报（哲学社会科学版）》2020年第5期。

[7] 黄莎莎：《浅析人文地理旅游类期刊对乡村形象的构建与传播》，《媒体融合新观察》2022年第4期。

[8] 刘世波、邓生朋、石怡等：《金融支持乡村振兴战略的路径研究——基于鲁浙贵3省数据分析》，《区域金融研究》2020年第4期。

[9] 王武林、包滢晖、毕婷：《乡村振兴的人才供给机制研究》，《贵州民族研究》2021年第4期。

我们把所调研的村组放在已有的研究建议下去理解时，可以看到，在普遍意义上交通设施和信息技术的发展带来了更广阔的市场和更多的机会，但作为贵州数万村组中的一个，这一村组也具备自身的独特性——即使是在市场打开的条件下，村内也面临着无文化产品、特色资源，甚至严重的劳动人口外流的境况。本章将采用自下而上的分析方式从村民的视角"描绘"村庄，试图由内而外剖开村庄的内里，考察与村民们的生产活动、生活纠纷、未来期望等相关的问题，进而去思考对于这一个村组和村组的村民们来说，发展的含义是什么？如何发展？本章将分为四个小节，分别从村落概况、日常治理、精神世界以及家庭结构四个方面展开，讨论村组的构成与运行、村民的境遇与期望。

一、逃离与归宿："四无"村组下流动的村民

本节将从村组所属行政区划、村民经济收入构成、村组的人口结构等方面对村组基本构成情况进行介绍。村庄现有的资源与人口形塑了村民们对村组未来发展的想象，在调研的过程中，我们分别与作为村庄发展"带头人"的村支书和村民们进行了访谈，采取一种自下而上的视角，展现在村组的"土地上"生产生活的群体对村庄发展的理解与想象。

（一）强县下的"办公"镇

贵州以"天无三日晴，地无三里平"的简笔"画像"闻名，寥寥几笔，画出了一个阴雨蒙蒙、群山连绵的省份，当地的居民往往还会在这之后加上"人无三分银"以自嘲家乡的贫困。我们所调研的村组隶属于金沙县，该县位于贵州省西北部，于1941年建县。在建县之前，县城所在的地方已经相对繁华，被称为打鼓新场，是

川黔食盐流通的重要通道,是黔北四大名镇之一。如今,金沙县也是贵州省经济强县。金沙县人民政府公布的2022年统计数据显示,2022年全县生产总值为263.16亿元,比上年同期增长0.7%。其中,第一产业增加值47.34亿元,增长3.4%;第二产业增加值106.63亿元,下降3.3%;第三产业增加值109.19亿元,增长3.5%。县内经济发展路径首先是煤炭资源的开采,金沙县是贵州省的产煤大县,县统计局最新数据公示,2021年县内原煤产量共1727.54万吨。其次是依托独特的气候和水源发展酿造工艺,县内主要的白酒生产企业是金沙窖酒酒业有限公司,2021年县内白酒产量共17349.1千升,发展规模仅次于煤炭产业。县下辖的禹谟镇还通过合作社的形式兴办镇企业生产酱醋,在2019年,禹谟醋酿造技艺入选贵州省级非物质文化遗产名录。

2020年开展的第七次全国人口普查整体性地展现了县内人口的性别、年龄、受教育程度以及城乡居住情况。数据统计资料显示,金沙县全县常住人口为544033人,共有男性人口282915人、女性人口数为261118人,总人口性别比是108.35。在全县常住人口中,0～14岁人口占24.62%,15～59岁人口占59.81%,60岁及以上人口为84713人,占15.57%,65岁及以上人口为68092人,占12.52%。按照国际老龄化社会判定标准,金沙县已经属于老龄化社会。全县拥有大学(指大专及以上)文化程度的人口为34137人,拥有高中(含中专)文化程度的人口为48415人,拥有初中文化程度的人口为186751人,拥有小学文化程度的人口为196276人。县统计局的调查数据中并未公布未接受过教育的人口的数量,通过计算可知,这部分人口数量为78454人,全县接受教育程度在小学及以下人口占比约为50.5%,县内常住人口受教育程度偏低。居住在城镇的人口为274114人,占50.39%;居住在乡村的人口为269919

人，占 49.61%。

2012 年,《金沙县城市总体规划（2011—2030）》开始实施,制造业、加工业工业园区在县内逐渐建成,白酒产业也渐成规模。但是受到客观存在的地理环境等因素的限制,县内工业园区所能提供的工资远远比不上沿海发达地区的工厂,在外面学得一些技术的人外出务工的工资甚至是在县内工作的五倍之多。但无论流动到哪里,人们对金沙都有强烈的身份认同,并且对于自己的县曾经是中国西部百强县也有一种油然而生的自豪感。不过,全县的人口信息统计结果展现的还是一幅不容乐观的景象——社会老龄化、劳动人口受教育程度普遍较低。

金沙县共辖 26 个乡镇（街道）,我们调研的村组所隶属的柳塘镇成立于 2013 年 9 月,位于县城西南部,镇政府距离县城约 6 公里。全镇总面积为 99.08 平方公里,下辖 9 个村、1 个社区、64 个村（居）民小组,共有耕地 72055 亩,林地 62472 亩。镇内主要的经济作物是高粱、烤烟和玉米。第七次全国人口普查时期柳塘镇常住人口有 13963 人,人口性别比为 109.72。0～14 岁人口占比 24.14%,15～59 岁人口占 58.43%,60 岁及以上人口占 17.42%,65 岁及以上人口占 13.98%,镇内老龄人口比例略高于全县老龄人口比例。拥有大学（大专及以上）文化程度的人口为 410 人,拥有高中（含中专）文化程度的人口为 655 人,拥有初中文化程度的人口为 4408 人,拥有小学文化程度的人口为 6276 人。未接受过小学教育的人口为 2214 人,受教育程度在小学及以下的人口占比高达 60.8%。城镇人口占比不到 25%,具体而言,居住在城镇的人口为 3376 人,占 24.18%;居住在乡村的人口为 10587 人,占 75.82%。柳塘镇的镇上除了镇政府、卫生院、公安局等基本设施之外,仅办有小学,镇初级中学由于招生困难和县教育规划在前几年被取消。除此之外,仅有两个中等规模的超市、一个加油站、一家摩托车专卖店和三家修车铺。当地居民判断一个区域属不属于"街"的依据通常是该区域是否有约定赶集的日子，而柳塘镇就发展规模来说还算不上"街"，它在当地居民的眼中更多是行政意义上的存在。

（二）"四无"村庄的当下和未来

具体到行政村一级，我们调研的村组归三合村管理，三合村在20世纪80年代以前曾是一个生产大队，而随着行政区划的改变，行政村的自治范围也是变动的。和上级行政单位不同，行政村采取村民自治方式，村干部既是国家治理的代言人也是村庄生活的经历者，村子内村民们的收入构成也大同小异。这一部分除了有对行政村的村庄占地面积、人口构成的介绍之外，还包括村民的收入来源以及作为村庄管理者的村干部对村庄未来的想象和发展的构想。

1. 村庄概况

目前三合村由10个村民小组组成，根据村委会在2022年6月统计的数据，村内有耕地约8686亩，这8686亩耕地中，有大约200亩地是已经撂荒的田地；大约有3000亩的耕地是不耐旱的"土旮旯"，种在"土旮旯"上的庄稼在夏季高温且连续数十天不下雨的情况下基本歉收，对气候的依赖性极强。目前村内主要经济作物是高粱、玉米、烤烟、水稻和茶叶，高粱和玉米的种植面积相对较大。烤烟主要是村内大户耕种，调研时村内仅有两户人家种植烤烟。村民们主要的经济作物是高粱，三合村也是全镇种植高粱最多的村子，高粱亩产量普遍是500斤左右，最高的可达800斤。

村委会在2022年6月对村内人口进行过统计，村内共有住户835户，总人口3207人。除去常住在其他乡镇的人口，村内有常住住户663户，常住人口2500余人。调研时村支书特别提到，在2021

年村内就出现了死亡人口多于出生人口的情况,当年出现了人口负增长。农业收入低、风险大使得抚养子代成本高,对于家庭贫困的农户来说,从孩子出生直到大学毕业保守计算需要 30 万元,务农的家庭需要在管理好自己的耕地的同时全年无休地打零工才能维持家庭的基本开销。

村委会干部班子人数少,村干部职位对村内的人吸引力也小。调研时村内新的村委会主任还未到任,村委工作人员仅有一名村支书、两名管理员和一名负责村内社保事务的干部。虽然目前村内已经把大学生、大专生甚至是高中生列入村委的后备干部队伍,试图把这部分学历较高的人发展为村干部班子成员,但是据村支书说,村民们对在村内任职是不感兴趣的,其中原因一是工资太低,二是事情太多。也有村干部在村内做了几年后辞掉工作外出打工,发达地区更高工资的吸引力大于村内的管理职位。村支书还无奈地总结道,村内的干部职位对"头脑灵活"的人是没有多大的吸引力的,"头脑灵活"的人对自己的未来是有规划的,村内的工资根本留不住他们;反而是那些有到干部职位"捞油水"的想法的人会加入村干部班子,但任职不久这部分人做不了实事老百姓也是不同意的。在访谈的过程中,村干部多次感叹村里的干部班子需要注入新鲜血液,认为现有的村干部的思想和文化都跟不上社会发展的步伐。村支书回忆在管理村集体的经济时也遭遇了市场信息不对称带来的亏损,有一年集体赚了钱很高兴,第二年撸起袖子干,结果亏损了十多万,而政策的扶持又不能立马兑现,集体经济的经营也举步维艰。虽然对于一个涵盖 10 个村民小组的"半熟人社会"来说,以行政村为单位去思考、理解村内一些行为,视角似乎是过于"宏大"的。但是就我们所关注的这一村落来说,村干部是村庄的管理者也是村庄的一员,由于村内集体经济发展落后,村干部的生计收入与大多数村民的收入来源相同，都是以农业收入为主，他们作为行政自治意义上村庄发展的领导者亦是日常生活中村庄运行的经历者，他们对村庄的发展现状和未来的发展规划首先是具有一定的"接地气"的代表性，其次是得益于他们的管理者身份，这些规划也具有更大的实施落地的概率。接下来将呈现村干部对村庄发展现状的描述和对未来发展的规划，通过村庄治理者的眼睛去看这类村庄的当下和未来。

2. 村庄的当下

农民富是乡村振兴的建设目标之一，也是村民们最为直接的诉求和愿望。居住在村内的村民的主要收入来源于种植高粱，因为高粱和玉米的亩产量相当，价格却是玉米的好几倍；而高粱亩产值和烟草差不多，但种植烟草需要投入的劳动力是高粱的好几倍。以经济作物高粱为例，村内是2007年引进的高粱，最初是农户种植，中间收购商收购，1斤大约2元到3元，到2022年，在村干部的努力下，三合村已经与茅台酒厂和金沙回沙酒厂的派出方签订了合同，目前合同约定的价格是5元1斤。对于村民来说这一合作可以弥补市场信息缺乏的不足，同时合同签订后酒厂还会为农户提供种子、肥料、农药以及遇到天灾时保证最低价格收购的保险。村支书说现在村内由两个45岁以上的劳动力组成的家庭种植高粱的收入也可以达到一年一两万元。种一亩高粱从翻土到收割至少需要六个"工程"，一个"工程"指一个劳动力一天的劳作量。高粱种植和收割讲究季节性，一个农户最多可以完成到5亩到8亩的高粱种植与收割。按照每亩500斤，1斤5元计算，一个农户一年种植高粱的收入在1万元到2万元之间。以村支书家上一年的收入为例，家里的农活主要是由他的妻子负责，年底共收割高粱大约1万斤，总收入在 5 万元左右。但是种植期间他家请了四十多次零工，一个零工一次需要付 150 元的工钱，同时还要管工人的一日三餐和每日一包香烟，甚至距离远的工人还需要用车接送，合计下来每请一次工人一天需要 190 元左右。去年他家请零工就花了 1 万元左右。此外还需算上犁地翻土、农药化肥等方面的投入，即使在自己投入的劳动力不加以计算的情况下，1 万斤高粱的净收入大概也只有 3 万元。对于以家庭为单位种植农作物并以此为主要经济来源的农户来说，受制于地理条件、气候环境和自身技能，大多数家庭一年的净收入也只有 2 万元到 3 万元，若家中有正在上学的人口，仅靠土地种植维持一家人一年的生计是极其困难的。

除了农作物种植外，村内的村民还借助国家和集体的建设项目，以打零工的形式获得部分收入。一是赤望高速穿过村庄，并在村内落成服务区，从高速路的建设到服务区的运营都需要人力资源，村民们借此机会获得了农业收入之外的收入。从 2014 年高速公路开挖到 2016 年年底进行最后的绿化工作，部分农户在高速公路打零工的收入达年收入的近一半。服务区开始运营后，除了服务区内的三名管理人员，保安、保洁、加油站服务人员等二十多人都是本村村民，虽然一个月的收入只有 2000 元，但是这份工作没有风险，不需要额外的投入，只要每天上班打卡，工资也有保障，而农业的收入是没有保障的。而且服务区离家近，能照顾家庭，同时也不产生额外的租房、买菜等支出，工作内容也比种庄稼轻松。二是为承包村流转土地的公司打零工，或者是给种植农作物面积较大的农户打工，一天的工钱按照做工类型从 100 元到 150 元不等，对于村内土地少、家庭负担重的家庭来说是一个好的选择，依靠打零工挣得最多的由两个劳动力组成的家庭可拿到将近 1 万元。

总的来说，留在村内的村民的收入来源较为单一，由于主客观因素的限制，村民们一年的收入基本仅够维持家庭的开销。在一个劳动力外出务工一年收入将近5万元，并且这5万元的工资只依靠自己不再靠天靠运气的情况下，外出务工对村内劳动人口的吸引力无疑是巨大的。

村子里留下的多是老人孩子，五十多岁还外出打工的人口很多，村支书把流出务工的人口大致分为了三类：第一类是"头脑灵活"型，靠脑子吃饭；第二类是"踏实肯干"型，靠体力吃饭；第三类是"坐吃山空"型，靠压力吃饭。村支书说，对于不同类型的人要采取不同的回村动员的方式。对"头脑灵活"型人口需要做思想工作，村干部把其回村的发展方向谋划好，动员这部分村民把在外积累的资金和技术带回村子，同时在政策文件、基础设施、劳动力需求等方面为他们提供帮助，让他们有兴趣回村在村内发展。而做通这部分的人的思想工作非常难，整个村落也只有一户人家从外面带了资金和技术回来，计划开办的鲜虾养殖场也还在试验中。第二类"踏实肯干"型，这部分人的年纪比较大，一般是上有老人下有小孩需要照顾的家庭负担比较重的人，由于照顾家庭的需要，在县城内每月3000元的工资也能够留得住他们，若第一类人的思想工作做通了，他们在村子里运作起厂房，也能吸纳大部分踏实肯干的人回乡；同时，若有足够的高粱订单，农户自己再做一些养殖工作，一年的收入可以达到大约5万元，一个家庭省着点用也足够生活了。第三类是"坐吃山空"型，这类人对未来的生活没有计划，"都是混混，在外面也是找一点吃一点，赚一个月的钱，吃两三个月，哄回来也是怕太阳怕淋雨的，回来也没办法"。

3. 村庄发展的可能路径

客观上看，村内无矿产资源，也没有大的公司和企业，所以第一个也是最重要的路径是发展农业,但还存在一些需要解决的问题。第一,由于山地条件的限制,基本的农作物运输和农作物灌溉都成问题,机耕道、水利设施等基础设施建设有待完善。第二是土地肥力的保持问题,村子里将近三分之一的耕地都用来种植高粱,虽然高粱自身对土壤质量要求不高,但是种植高粱后土壤肥力下降,对土壤的损耗较大。第三是村庄劳动力问题,一方面是劳动力数量,村庄青壮年人口流失严重,农业需要劳动力的投入;另一方面则是村民的观念,村支书反映,签合同的茅台酒厂也考虑到了土地肥力的问题,签订合同的时候他们把适配的种子、肥料和农药都发给了村民,但是村民们土地里却不见肥料。"现在这个绿肥,他们自己去采购是5块到8块。(给村民发放了肥料)但是土里看不见肥料,据说这种肥料可以用来生豆芽,他们是自己生豆芽卖了还是吃了,也不知道。给村民发了他们不撒,现在才知道你的高粱长不出来,是为什么?油菜和肥料是用来改土的,你不把土地管理好,几年以后,你就种不到了。"

第二个路径是吸引企业进村,村子里撂荒的地皮和烂田可以通过流转的方式用来发展具有规模效应的产业,让村民通过就业或者入股分红的形式参与其中。尽管村子之前引进的项目大多失败了,但是在谈话的过程中,村支书还是反复提到了企业的引进。目前村子内部比较有发展前景的项目有两个。一是鲜虾养殖,部分烂田通过村支书的"思想工作",已承包给了村子内走出去在浙江做鲜虾养殖的老党员,村集体按照500元1亩的价格从农户那里把土地流转过来,再把一些道路建设、电路安装的费用计算在内,村集体投资了10万多元。在养殖开始的前两年,养殖场只需付清村集体的投资费用,直到第三年村集体按照10%的比例参与分红,或者通过入股的形式参与分红,同时,养殖场还能吸纳部分村民就业。二是对临近的金坪村矿泉水生产的投资,据村支书说,专家化验后说金坪村的水比目前贵州主打的"多彩贵州"的水质还好,村集体打算入股,也打算带着村民们一起入股,并认为这一入股的选择是不会亏损的。

由于村庄工业系统几乎处于缺位的状态和土地流转程序复杂,曾经的酿酒厂和玻璃厂打算在村内以18万元1亩的价格征地但均未成功。若这些工厂在村内建成,对劳动力的吸引将是巨大的,而且玻璃厂可以消化掉高粱和玉米秸秆。临近的淹坝村在2020年左右的时候兴办酒厂,但是酒厂对水源的污染太大了,县里便规定了专门的酒厂建设区域,只允许农户散酿,而农户自家的生产通常不注重技术等方面的投入,我们所调研的村组也有一家酿酒厂,收益并不是很理想,乡村良好的气候条件也无法发挥效益。

第三个路径是以户为单位的家庭养殖。家庭养殖对于市场信息的依赖程度极大,事实上,对于整年都"在土里刨食"的农民来说,未能够预测到的市场价格的变化和存在的遭遇禽流感的巨大风险是阻碍他们坚持养殖的关键所在。村里养殖的主要是鸡、猪、牛。相对而言,养牛需承担的风险比较低,一是养牛的投入较少并且在短时期内难成规模,二是牛在当地市场的定位还不是食物而是主要作为家畜耕地,市场需求变化小;养鸡和养猪都面临市场较大、供求价格波动的影响,并且如果得了瘟疫,规模性的圈养会使得传染非常快速。村支书就提到,村里一户养猪的在2019年和2020年两年亏损了100万元。事实上,在国家规定耕地红线之后,申请建设猪圈变得比较困难。

农业种植、企业引进、家庭养殖三条路径都属于传统的农村产业发展模式,客观上固然受制于当地自然条件,但还有一些限制更像是与农民身份天然连接的,如村民们投资的保守性以及市场信息的滞后性。当不断去追问是否还存在村落发展的第四种路径时,村民们仿佛陷入了一种习得性无助的境地,一方面,以村民们的生活经历和对农村生活的认知,第四种路径的出现几乎是不可能的;另一方面,若是提出新的发展路径,如借助移动信息平台售卖农产品以减少商品流通过程中产生的差价时,大多数人又怀疑方法的可行性,且对新的事物产生了畏难的情绪。如何转变农民对农村、农业的认知或许是没有一种完全理想的发展模型可以参照的,而认知转变的背后是金融、技术等要素切实在农村农户中落实,使得农民有抵抗风险的基础和战胜风险的能力。

4. 村庄未来的构想

当下村子空心化的问题已然使村子褪去生气,头脑灵活且愿意把资金和技术带回村子的人是可遇不可求的,村支书目前也在和酒厂沟通,希望他们多给一些高粱订购合同以留住第二类人。而对于村子未来发展的想象呈现的是一幅更加凄清的景象,首先就是愿意从事农业生产的村民减少,四十岁以上的村民的身上还可见"半截身子插在土地"的特质,这部分村民对贫乏的物质生活甚至饥饿都有着刻骨铭心的记忆,他们认为粮食生产是大事,有的村民甚至在外出打工回来后会特地爬上山看看自己的耕地,面对早已长满荒草的耕地不禁感叹土地都撂荒了,今后吃什么。而新成长起来的大部分村民,一是从小就在学校里度过,对土地没有感情,对农业更是没有兴趣,二是在学校学的专业知识也使他们更多地将自己未来的规划和努力方向与自己的专业而不是自己的农民身份挂钩。人们对农业存在高风险、低收入、活脏事多的认知印象,因此比起从事农业生产,人们更愿意进密集劳动加工厂工作。"二十年后,村子里现在二十多岁的孩子到了四十多岁肯定也是不回来的,现在年轻人都不想生孩子，老年人死了没有孩子出生，家里有孩子的最多一两个，生了也就带出去了。"当我们提到乡村人口少了，村庄的人口压力自然就随之变小，人均耕地面积可能会翻番，每人能管理将近 10 亩耕地甚至更多，这是否有可能实现规模化经营时，村支书无奈地回答道："好是好，就是担心以后的人都不愿意种地。"而且目前经济效益最好的高粱对土壤的损耗使得在几年之后是否还能够继续耕种成为一个问题，若以玉米的价格来算，一年收割两万斤玉米也只能买到两三万元，还要除去其他的投入，剩下的还不够维持一个家庭的开销。由于地理条件的限制，村子多陡峭的山地，平坦的地方几乎都是在山洼处，夏季易发生涝灾，在 1990 年左右，大雨曾把修建在山脚大片平地的房屋都淹没了，如今，村民们连自己的房屋都不会修建在坝子里，也不会冒风险把农作物耕种在此，而山坡上的土地多石头，大部分是"土旮旯"，即使在机耕道修建完备的情况下，机械化耕种也很难实现。我们试图换一种角度去理解村落的空心化，思考空心化现象中生产效率提高的可能性，但由于受到地理条件以及土壤性质的限制，对未来的想象也并不是乐观的。

村支书对村里二十年后的发展模式的想象是，大部分村民都不愿意在家种地，各家以最低的价格把土地流转出去，让村里的大户承包，这样一来村里的土地一是有人管理，二是稳定，部分村民也可以在种植大户家打零工，形成流转式的规模化经营。但是承包越多的土地意味着承担更大的风险，即使有人愿意承包村里的土地，村中仍旧有许多问题需要解决。首先是机耕道和水利设施的建设，机耕道可节省劳动力的投入，村子内已经开始建设新的机耕道，但目前村内既有的水利设施还是十几年前建设的，这些灌溉的沟渠早已荒废，在 8 月中下旬，我们目睹了村里原本是青绿色的庄稼在一周不到的时间被晒得枯黄干燥，没有灌溉的水源使得村民们只能眼见着一年的心血化为乌有却无能为力。其次是资金、技术和市场方面的知识的传授，虽然国家有在金融方面的扶持政策，农民也知道技术对农业生产的重要性，但他们几乎年复一年都在吃不懂市场的亏，较低的文化水平使得没有相关人员带领他们就很难理解乡村振兴的相关政策，更不知道如何把政策帮扶化为己用。

跳出对未来大户承包的想象，当下村中主要还是两个劳动力组成一户耕种十几亩土地的耕种形式，国家对这部分人的帮扶比对那些规模化经营大户的帮扶少很多，虽然这背后是鼓励规模化经营的本意，但是有部分人借着国家的帮扶政策在流转后的土地上做一些表面工程，如建设了蔬菜大棚，但实际上并未运行起来。在四五年以前，就有大户流转了本村的土地，和村民签了三年的合同，但是进行到第二年时，大户领了相关的政策补贴后便单方毁约，不但未提及违约金，甚至连租地的第三年的合同款都未付清。这样非但不能达到政策目标，还荒废了土地，既不能对土地产出负责，也无法对流转土地的村民负责。而对于那些真正守在土地上耕种的、对土地真正有感情的村民来说，耕地并未给他们带来好的收入。

当分析的视角落在一个行政村之内时，对于无矿产资源、无文化资源、无企业工厂、无劳动力的村庄，村庄的发展尤其是村庄的人口发展趋势是悲凉的，其结果可能不仅仅是村落的空心化，更甚的一种情况是村庄的消失。或许对于这一类村庄，在思考其发展时应同时关注"留乡"和"流动"两部分村民的发展。农村美、农业强、农业富以及农业现代化的发展愿景离不开土地生产效益的提高，提高生产效益的路径之一就是农业规模化经营。对于资源本身贫乏的村庄，若短时期内没有新的发展路径，将不可避免地面临村庄人口的流失。为流动务工、身份转变的农民提供转变的政策保障与技术指导，或许是诸如此类"四无"村庄的乡村发展的支撑。

（三）迁移与流动的村组

在谈及乡村发展时，乡村可以指整个中国的农村，也可以指东部、中部或西部农村，还可以指基层的行政村。基于这些概念指涉范围有很多非常有启发性的研究，涵盖范围较大的概念有助于我们去认识一个庞大复杂的事物，涵盖范围较小的概念则有助于去放大一个研究对象的纹理，在高层级的概念中，这些纹理可能是沉默的。随着我国乡村发展从脱贫攻坚进入乡村振兴阶段，对乡村发展的理解应该是逐渐使这些被隐藏的纹理显现出来，看到更微观的村落组织发展的前景。

涵盖范围更大的研究单位或许无法全面地代表单位之下具有差异性的子单位的特点，对于一个无矿产资源、无文化资源、无企业工厂并且劳动力流失严重的行政村之下的村庄来说也是如此。本部分将以村组为单位，对村组的人口情况以及村民们对发展的理解进行阐述。

1. 人口组成

本部分将从村组的姓氏结构、年龄结构、村民受教育情况以及人口流动情况等方面来描述村组的基本构成。

首先是姓氏结构。

以具有自家独立的厨房为标准，2023年春节期间村组内共有57户人家，共254人，其中男性134人，女性120人。有11名村民为外省嫁到本村后又离婚或者是在村内有房子但是基本不回来居住的人口，其他的信息未收集，实际收集到所有相关信息的村民有243人。村内共有孙、赵、吴、徐、申、洪、马、刁、陈九个姓氏，刁姓和洪姓的两户人家是近二十几年由于婚姻或者是商业原因进入村庄定居的，在村内无承包地；马姓人口是村组内唯一的少数民族，是

1970年以前从黔西市搬迁过来的；申姓人口在新中国成立前拥有村庄的大部分土地；其余姓氏的人多是在19世纪末期因为战乱、饥荒等原因从外省逃难到贵州，逐步在此定居。村内偶尔有寻根问祖的活动，但无一家的祖坟在本县。在人口流动性比较小的年代，大多数的婚姻关系都是本村村民与同村村民或者是临近村村民缔结，村内除了陈姓、洪姓、马姓之外，其余的几个姓氏之间都存在可追溯的姻亲关系。村组内基本不存在以姓氏为单位的姓氏之间的对抗，而且此村组在集体经济时期是一个生产小队，对于无宗族、氏族的村民来说，村组就是他们在家庭之外的第一个身份归属组织。

表 7-1 姓氏结构

姓氏	家户数	人数
孙	24	103
赵	11	53
吴	8	36
徐	3	14
申	3	15
洪	1	6
马	4	21
刁	1	4
陈	2	2

其次是年龄结构。

调研时村内60岁及以上即1963年出生的人口有30人，约占村内总人口的12%，其中包含两个从未组建过家庭的老人，由养老院免费照料；还有丧失行动能力需要他人照顾起居的两个老人，一个由孩子自费送往养老院，另一个则是在家由家人照顾；其余老人大多是自己在家种地、带孙子。近几年随着生育政策的调整，村内有的人家已经有了生育三个孩子的情况，甚至有的再婚家庭在组合之后已经有了三个孩子却还选择继续生。

表 7-2　年龄结构

出生年代	人数	占比
1950 年及以前	5	0.02
1951—1960 年	22	0.09
1961—1970 年	30	0.12
1971—1980 年	38	0.16
1981—1990 年	34	0.14
1991—2000 年	35	0.14
2001—2010 年	39	0.16
2011—2020 年	31	0.13
2020 年及以后	9	0.04

再次是人口受教育程度。

村民们的受教育程度普遍较低，未完成教育的人数有 66 人，在已完成教育 177 个村民中，受教育年限在 9 年以上的不到 10%。统计数据是按照是否上过小学/初中来统计的，20 世纪 70 年代以前大部分接受过小学教育的人实际上仅仅只是"进过学堂门"，读到二年级左右便辍学回家务农的村民很多；20 世纪 70 年代以后到开始实施义务教育政策期间出生的人群，受教育程度大多是小学毕业；之后出生的村民的受教育年限也多限于九年义务教育制度规定的义务年限。在 20 世纪 90 年代左右，读高中反而比读中职简单得多，6 名受教育年限为中职的村民中，有 3 名是 20 世纪 90 年代之前从中职毕业的，其中 2 名当上了老师，1 名在村组内开办了社区医务室，这 3 名在村内算得上是实现了阶层的跨越，摆脱了"握锄头"的宿命。但是，在如今的教育环境下，通过读中职来改变处境的想法在村里几乎是没有的，很多父母都不愿意孩子进入中职学校，大多数人在初中毕业后便跟随亲戚朋友前往东部发达地区的工厂打工。

表 7-3　村民受教育程度（已完成）

受教育程度（已完成）	人数	占比
文盲或半文盲	30	0.17
小学	66	0.37
初中	67	0.38
高中	4	0.02
中职	6	0.03
大学专科和本科	4	0.02
合计	177	

表 7-4　村民受教育程度（未完成）

受教育程度（未完成）	人数	占比
学龄前	10	0.15
幼儿园	4	0.06
小学	22	0.33
初中	18	0.27
中职	6	0.09
高中	5	0.08
大学及以上	1	0.02
合计	66	

最后是人口流动情况。

村组内在家务农有3名"40后"、13名"50后"、20名"60后"、14名"70后"、2名"80后"和2名"90后"。20世纪60年代以前出生且仍在家的人口主要是老年夫妇，他们在家种地养猪以满足家庭食物需求；出生在1961年和1970年之间的大多数村民在管理较大面积耕地的同时需要帮助照顾孙辈；出生于1970年到1980年之间的村民主要是处于上有老下有小的"走不开"的情况，尤其是有小孩读初高中需要父母留家照看的情况；剩下的2名"80后"和2名"90后"是因为婚姻问题，或者是身体不便留在家中种地。有家庭负担的青壮年人口承包了村组内原本由两百人左右耕种的土地，村组内无种植大户，人们只选择肥力较好的土地耕种，在没有较大的气候影响的情况下，每人耕种将近十亩的土地，一年下来人均净收入不到两万元。

离家不离省的一般是在省内工地打工，或者学一门技术开店做小买卖，收入受到市场的影响比较大，收入不稳定，但总体而言比完全在家务农的收入高一些。村组里收入最高的是在外省自己开加工厂的，有的年收入可达二十万元，大多数外出打工的人也是基于地缘关系相互介绍工作，他们多是聚集在浙江和福建两个省份，人均年工资在四万元到十万元不等。虽说在外开销多一些，但是相比在家务农，尤其是对于青壮年人口来说，在外务工的净收入至少也是在家务农的两倍。

表 7-5 村内人口去向

离省		离家不离省		在家			
务工	求学	务工	求学	务农	求学	学龄前	丧失劳动力
53	6	65	18	55	32	10	4

脱贫攻坚主要是以外部力量推动地方发展的方式帮助处于绝对贫困线之下的村落，而乡村振兴是要让农村摆脱相对贫困的处境以实现农村强、农业美、农民富。换言之，这种发展的形式更注重的是自下而上的农民自身的需求。所以，在田野调查的过程中，我们也兼顾了自下而上的研究视角，通过半结构式访谈的方法采访了村组的村民，了解他们作为生活在乡村的村民，对村组的发展是如何理解的，未来理想的生活是怎么样的。正式的访谈在 8 月进行了两次，访谈的过程中询问和回答的方式都有一些生硬，平日熟悉的人突然进入另一种对话体系中仿佛无法表达的内心想法。寒假再进

入调研地时,我们围坐在火炉旁与村民在家长里短的话题之间交换对村庄未来的想象,这个过程中收集到的资料对我们颇有启发。

2. 村民眼中的发展

村民们对于发展和未来的想象,大多是停留在家庭范围内,主要针对的是子代的发展。第一是对身份转变的期望。村民们提到最多而且几乎每次都提及的是对于孩子"摆脱锄头把"、摆脱农业生产的愿望。在村民的体验中,在家种地一是看天吃饭没保障,二是收入不高没盼头,三是风吹日晒身体累。他们最大的期望的就是下一代有一份有编制的"正式工作",如果孩子成绩不理想,上高中、上大学无望,他们宁愿孩子到城里去学一门技术,或者去外省打工,也不会把孩子留在身边。第二是对子代婚姻问题的担忧。在有适龄未婚男子的家庭中,父母对子代的婚姻问题表现出的焦虑情绪远远高于子代的职业问题。正在面对孩子婚嫁问题的家庭最为担心的通常不是房子和车子的问题。在大家的理解中,没有工作的年轻人是不适合在城里买房的,城里"吃一根葱都是要花钱的,没有工资,你敢在那里买房子吗",这样的观念也得到了大多数有女儿的家庭的认同;村子内部基本不讲究车的品牌,大多数的车都是几万元的车,能够满足交通出行需求即可;彩礼通常在六万到八万元,这个金额对于村民们来说当然负担很重,但是比彩礼更令人头疼的是彩礼钱准备好了儿子也谈不到女朋友、娶不到媳妇——"孩子车也给买了,家里房子我也苦死磨活地给他修好了,说是在街上自己租房子的比住宿舍的好找女朋友,我还花了好几千给他把房子也租起来了,但就是谈不到女朋友"。村民们怀着这种担忧,甚至请起了做法事的"先生"干预孩子的婚姻问题。第三是社保的费用负担与实现问题。村民们还提到了农村合作医疗和养老保险,以 2023 年度为例，农村合作医疗每人每年350元，养老保险除了特殊贫困家庭缴100元，其余都是缴300元，四口之家的总费用在1400元到2000元之间，对于农村务农的家庭来说，这两笔保险耗费一个家庭将近10%的收入。除了高额的缴费数额，医疗保险对于很多村民来说是只出不进，在外务工的村民平日的疾病花费是无法报销的，即使本地的村民可享受医保，村组社区医院的报销比例也处于不透明的状态，而且如果生了重病，复杂的报销程序对于受教育程度不高的村民来说也是困难重重，"跑个报销来来回回的路费都快要抵到报销下来的钱了"。这两项保险都是农民自愿参与的，村组内部村民们对于国家和政府都是处于信任的状态，只是"缴费有专人收缴，报销却无人指导"的尴尬处境使得享受这项福利是十分困难的。

在提起发展时，让村内人最激动的是在本村修建飞机场的传言。他们见到无人机在村子上空盘旋时，会认为这些无人机是由政府规划部门安排下来搞测绘的，臆想着政府是因为担心村民知道消息后会装修屋内以提高征占房屋的单价才未对征地消息进行确认。前几年赤望高速修建时就有人家得到了几十万元的征占费，村内的村民盼望着政府把自己的房屋和土地都征占了，这样一来平时弃之可惜的土地也可以借征占的机会实现价值翻倍。

在从县、镇、行政村、村组四个层次对所调研点进行概况性的梳理后，县和村组的差异显而易见，"百强县"之下的村组在资源享有和人口拥有层面上都是荒凉的。在乡村发展的意义上，对于这样的无矿产资源、无企业生产、无文化特色以及无劳动力人口的村落来说，利用现有的村庄资源实现农民富裕不是一件容易的事。把分析的视角从行政村转向具体的自然村时，该村组由于自身资源匮乏，缺少足够的经济吸引力，对自身身份地位的理解使得村民们希望子代摆脱这一身份。他们虽然不想要子代继续从事农业生产，但是对城市生活却没有足够的向往，从村民们对房屋和人际关系的投入中可见，就价值面向来说，他们大多是朝向村组内的。村民们关于村庄发展的愿望可以围绕着"逃离"与"归宿"这一对具有张力的词展开。青壮年逃离村庄寻求更好的生活机会，他们想要逃离生产价值低下的土地，希望子代逃离农民身份，甚至想要逃离局限于村庄的繁重复杂却实际无效的人际往来。但是他们又无法承担城市的高消费，无法明白城市冷漠的文字规则背后的程序，甚至从内心深处就抗拒城市的生活，不是城市生活不好、生活方式不习惯，而是从内心深处觉得自己不好，一身的尘土，在弯曲的十指碰到宽敞明亮的公园内的椅子时，他们内心深处甚至会有一种愧疚感油然而生。而他们一直想要逃离的农村对他们来说才是更好的归宿，他们的生活习惯、他们的价值都在围坐交谈的氛围中得到了肯定，他们的灵魂在此得到了安放。但是，他们的这种"逃离与归宿"式的发展乡村在本质上仅停留在了情感的缅怀上，对于村落本身的发展以及农民身份的认同甚至是一种损伤。村民们流动出去后，乡村对于他们来说只是年末归来时短暂的停歇之处，并且村落内除了农业生产之外，并无长久发展的其他资源，如矿产资源或者是文化资源，能够帮助村民实现生存的价值从而留住人口。或许对于这样的村组来说，其发展应该从农民的角度出发，在他们逃离村庄的同时给他们提供其他的帮助，使他们在逃往的地方能够找到归宿。

二、公共意识萌发与公共规则实施之间的沟壑

《乡村振兴战略规划（2018—2022年）》所提出的基本原则之一坚持农业农村优先发展，具体是指在干部配备、要素配置、资金投入、公共服务等方面对农村农业优先。文件同时兼顾到了农村流动人口现状，提出要完善城乡融合发展政策体系，为加快农业转

移人口市民化提供社会、土地、人才和财政等方面的政策保障与支持。乡村的振兴不局限于农业农村的振兴,还涉及农民自身的发展;农民的发展也不局限于农业生产、农村生活方面的发展,提高农村流动人口生活质量也是发展的要点之一。

　　较低的受教育程度以及农村生活的封闭性使得大多数流动到城市的农村人口无法很好适应公共参与的规则,在城市生活的潜移默化下和手机短视频的"科普宣传"下,他们又萌发了公共参与的意识。表面化的科普知识与现实生活中实际的公共参与规则之间的沟壑使得他们对大型医院看病就医程序的推进望而却步,对在纠纷调解中如何维护自己的利益有时也显得手足无措。脱离了系统的宣传与引导,这些公共规则在他们的世界里的运行显得粗暴和冷漠,政策制定与政策使用之间存在一定的距离。在乡土社会,德治、伦理规则的确能起到简化事务处理流程的效果[①],但是,如果把这些伦理规则放在村民已经有公共参与意识但尚未形成完整的参与规则指导体系的场景之下,代表公共性的管理人员依照伦理规则处理公共事务是否还能够在村民的心中实现"合理"的效果?若伦理规则可以作为解决问题的便捷渠道,则其可以在多大程度上适应场景的转换?若不能实现合理效果,或处于场景转换的界限之外,将会带来怎样的后果?本节以春节期间村组内发生的一起林地着火事件为例,通过对事件处理过程中村民在不同阶段和不同场景下态度转变的分析,试图进入村民的视角,考察他们对"既熟悉又陌生"的公共性的理解,思考使农村的治理有效和让村民们的公共意识有效的努力中可能存在的阻碍。

---

① 张静:《基层政权:乡村制度诸问题》,上海人民出版社,2007。

（一）林地着火事件

就我们调研的村组而言，在法治社会、基层自治等政策的宣传和媒体解读下，村民们知道法治国家可以通过法律维权，但不知道如何接触法院却是横在维权面前的第一道障碍；村民知道可以向基层治理组织反映在村庄纠纷中财产所遭受的损害，但他们往往不知道如何开口表述自己的损失。处在公共的法治社会场域中的村民们仿佛拿着强弓利箭，但如何握弓勾弦、如何瞄准靶心他们却不得而知。当他们需要维护自己的权益时，只能说自己有"弓箭"而不是真正地利用"弓箭"维护自己的权益。村民们知道、认可并试图调用法治思想，通过法律规则来解决所面临的问题，而事实上的调用却卡在了第一步。国家的治理政策对村庄的影响是深刻的，村民们对法治社会充满了憧憬与赞扬之情，而村组里的实际情况又不禁令人困惑，为什么在村民通过公共治理的途径维护自己的权益或者是享受相关的公共服务时，有时候仅仅是想表达自己的诉求都显得那么困难？而且这种"难"似乎是内生性的，并非相关部门缺位的原因。例如，春节期间村里有个长期在外务工的青年回家，一家人在吃饭时他右手突然失去知觉，村里因患脑梗死而瘫痪的患者的前期表现让他们一家意识到事情可能有些严重。按照常理，家人若有患急性发作疾病的风险应尽快将其送往医院，但是这户人家却在去医院应挂什么科的问题上卡了三天。他家的人先是给村里一位热心的村民打了电话，得到了同村正在省里医院看病的一家人的电话号码，并托付这位热心的村民向这家人转达一下自己想让他们帮忙向医生咨询需要挂什么科的请求，但是也许由于在医院需要检查的项目很多，这家人把这件事忘记了。直到第三天，他又来到热心村民的家，请求其帮忙问一下那家人是否询问以及询问的结果如何。我们得知此消息后担心错过最佳治疗时期，便在网上搜索后让其去挂神经内科，他却表现得很不相信，我们又询问了在别的医院工作的朋友，那位朋友给他解释了神经内科中"神经"的含义后，他才半信半疑地说回到家在手机上挂号。

各种公共性设施似乎是与村民们隔绝的，而事实上乡村的发展无论是流动人口的市民化发展路径还是继续留在村内的村民的发展路径都无法避开对公共性领域事务的处理，如享受医疗服务、金融服务，处理财产纠纷、劳务纠纷等。但我们在现实生活中观察到的是，各个服务大厅的窗口开着，村民们却需要一个自认为必须的"关系"才能够踏入服务大厅，把事情办成。就如同案例中的村民对医院挂号过程的想象，使得在医疗公共服务设施的使用过程中，挂号成为治病想法和治病行动之间的阻碍，并且这一最大的阻碍不是工具意义上的技能或设备的阻碍，而是社会或者心理意义上的阻碍——他认为在医院就医的村民和医生是熟悉的，是有关系的，因此其得到的消息是可靠的，而在网络上查找甚至是通过问别的医院的医生所得到的消息，是不可信的、不可靠的。当人们用这种关系性的思维去理解公共性质的问题时，没有关系、关系疏通不到位就是第一个阻碍。接下来，本节将以春节期间村组内林地着火无赔偿事件为例，沿着一系列问题展开——为何村民们发现着火却无人重视？为何赶到着火现场的村民无一人救火？为何大火扑灭后他们又提议重新点火？为何在私下讨论时提出的高额赔偿想法在村支书到来后却无人再提？并基于此追问伦理规则是否能够实现纠纷事件和平解决的效果，试图通过展现事情发展过程中村民们和治理人员的行为和态度来反思"关系"对公共事务处理的促进与阻碍。

1. 林地着火却无人重视

着火的树林位于村组的东部，是村组内最低洼平坦的地方，因为夏季容易积水，所以这块地是用作牧草地，人们将这块地称为"水淹坝"，村子里唯一一条公路横过这块地，总的来说这块地在村里处于比较显眼的位置。随着留在村子里的人越来越少，可耕种的土地面积也不断增大，这片约三十亩的土地无人管理，其周围的坡地仍有人耕种。调研期间，村里只有两户人家养牛，其中一家养了十头牛，两头大牛用作生产，其余的都是小牛，小牛长大便卖出去。还有一户主要是帮别人养配种专用的牛，有一头母牛和三头公牛。用作牧草地的水淹坝的草量对十四五头牛来说是很充足的，况且村民还在自己家的土地上种了牛吃的草。到了冬季，平整的坝子上布满了枯黄的干草和灌木。

林地着火的日子是正月初十，大约是晚上十点，突然响起很急促的敲门声："二爸，你家白杨林燃起来了！"这时水淹坝里的树林已经烧了一大片，从很远的距离便可以看见树林内正在燃烧的火焰。当着火的消息传开后，在场几乎所有人都表示自己看见水淹坝着火了，甚至有的人在中午就发现了——"中午的时候就烧起来了，我以为是谁家在腾土。""我来你家耍的时候就看见了，烧得挺大的，还以为是你家故意烧的，估计都快烧完了。"水淹坝里的林地主要属于村组内的两户人家，后来赶到着火现场时，另一户人家也表示下午就发现着火了："当时没有烧到树林，我也以为是哪家腾土点的火。"

林地着火的消息是通过亲缘关系传播的，在穿过水淹坝的马路上有来来往往的车辆和行人，但大火并未引起他们足够的重视，从中午一直烧到晚上将近十一点。为何在村组的几乎所有人都发现了林地着火却没有一人重视？在什么情况下出于什么动机才会有村民把消息告知村组内的人？有一部分人是知道水淹坝内有火在燃烧，但是其中可能存在一些认为是村内人管理自家土地的误会，另一部分人知道了是林子着火而非是普通的除草，但最后消息还是顺着亲缘关系传递出去的。在后期的访谈中，还有部分村民提到自己知道着火，但是因坝子内没有自己的土地，就没有思考过着火的原因。而当我们追问最初告知白杨林主人这一消息的人假如发现别人家的林子着火是否会通知时，他的回复是："看见树林着火了肯定是要说的。"这件事折射了村民们公共精神的缺乏，在确定不是或者不确定是不是自己的土地时，他们对相关的事情就不会过多追问，但是若有一层更亲密的关系在其中，事情的发展就有可能出现转变。

2. 赶到着火现场的村民无一人救火

得到消息后，两户人家一前一后地赶到了着火的林地。他们在赶往着火点的路上遇见了一个属于另一村子但是时常来这个村闲逛的精神状况不好的村民，大家都叫他"朱脑筋"，他背着一个正放着音乐的音响朝村组里面走着。尽管大家在得知消息时都确认过自己在中午或者是下午就看见了水淹坝里的火苗，但是人们还是仅仅因为其不正常的精神状况而没有依据地怀疑是此人放的火。

我们是达到着火点的第四波人，第一波是前来敲门告知着火的人的两个侄儿，他们随之告诉了村委，村委从临近村组派了一个护林员前来灭火；第二波是白杨林的另一户所有者，他们在得知消息后便开着自家的三轮车赶到了这里；第三波则是得到消息后小跑赶往现场的一户人家。达到水淹坝时，我们发现火势并没有前来告知消息的人所描述的那么严重，正在燃烧的是树林里的枯草，部分树干上有微弱的火苗，火焰燃烧的范围呈一个半径三米左右的弧形，火焰高度大约一米。着火的林子里只有两个人，一个是第二批赶到的那户人家的女主人，她在离火很近的地方看着，另一个则是正在用树枝灭火的护林员。整个现场只有护林员一人在灭火，其余的人都在树林的旁边观察着火的范围。现场过于轻松的氛围和得知消息时紧张的情绪营造出反差极大的两个世界，在踩了几团零星的火苗后，这种反差的感受越发强烈，我们便决定进入人群中观察事情的发展和这背后的事理逻辑。大火烧了十几亩地，土地上剩下的黑色枯草灰已经在这平整的土地上绕了好几个S弯。林子里的草已经被烧过，树干下面是黑的，没有完全被烧断的树木，据村民们说即使树木表面上看起来直挺挺的，但在根部被烧过之后也很难生长了。

十几分钟后，火就被扑灭了。护林员说他是其他村组的护林员，晚上有人打电话到村委，告知这里着火了，但本村组的护林员联系不上。"村支书联系不上你们村的护林员，就让我过来了，没办法啊。"碰巧的是，本村组的护林员正是向村里和白杨林主人告知着火消息的人的伯父，和白杨林的主人也是亲人。村子里一些保洁、护林、看水的工作都是交给脱贫攻坚时期认定的建档立卡贫困户来做的，人员的选拔不是根据能力而是基于扶贫政策下的帮扶，所需要完成的岗位任务也比较简单。据说，着火当日村组的护林员去亲戚家参加酒席了。"他啊，平时出门手机也不带，都是给娃，找都找不到，这下要着架势（被处罚）了。"

在场所有人为何对救火无动于衷？当时的火势并不会危及人的安全，人们却眼睁睁看着树林被烧掉也没有参与到救火当中去。在后来的询问中，我们得到了这样的答复，一方面是觉得当时的火势并不大，再烧会儿也没关系，"白杨也不值钱"；另一方面是村里有专门的护林员，这是他们的工作，而且现场也没有其他人去帮助护林员。当我们继续追问当时若是本村的护林员在救火，是否会帮忙一起救火，得到的答复是："会肯定是会，村里人来了还要夸他救得及时，哈哈哈哈，给他个'救火英雄'的称号。"着火却不救火的行为背后一是出于经济损失不大的考虑，二是当地村民们对于村组内外同样职业的工作人员有着分明有别的态度，在救火这件事情上，外村组护林员在团圆过节的日子帮助他们扑灭了火，而本村组的护林员在这次救火当中显然处于缺位的状态，但地缘和血缘关系使他们反而对后者没有任何意见和不满，甚至表现得更多的是"替他考虑"的行为态度。

3. 大火扑灭后又重新点火

大火扑灭后，护林员向村干部报告此事，所拨打的电话是平日村里负责收缴医保、返乡登记等工作的村干部的，这位村干部平日工作倒也勤勤恳恳，但是那天晚上他自己也未料到护林员所处的环境——护林员开着免提通话，村民们则在周围安安静静地等待村干部的处理意见，电话那边传来的却是："哪家的林子啊，是不是他们自家放的火，哪个会放火嘛。"顿时，在场的人们都愤怒了，有人便扯开嗓子对电话呵斥道："你这干部说的啥，你咋不放火把你家烧了呢，还村干部，我们的林子怕是（可能是）你烧的！"大家你一句我一句直接对这位村干部恶语相向，那头便急急忙忙把电话挂了。在询问护林员得知这位村干部的身份后，现场就开启了一场对部分村干部的数落。"现在的村干部就这水平啊，当啥村干部呢，别干了，说点话都服不住人心。""现在真正行的人谁还当村干部啊，就这点工资，他自己肯定也是不想干了。"村干部的电话非但没有起到安稳村民的作用，反而将事情推往更糟糕的境地，引发了村民对村干部的负面情绪，村干部班子这一群体治理身份的获得在村民的眼中既不和道德权威相关联，也不和个人能力相关联，这一身份更像是一个"较次的选择"，"就是待在家里，拿一点基本工资"。

在现场拿"基本工资"的还有前来灭火的护林员，现场村民对村干部的部分怒火也转向了他。有人便问道："你来我们这里救火是不是还有其他的奖金或者是补贴？你在救火的时候被烧死了是不是也可以得个光荣英雄的荣誉啊?"这句话一出来,在场的人可能有觉得不妥的,大家笑了一下缓和了一下气氛,白杨林的那位女主人说道"你说的这话啊",意在把这句话的严肃程度降低,大家都把这当成一个玩笑。护林员靠着电线杆回应道:"没有补贴的,就是那点工资,哪来的补贴,假如人都被烧死了,英雄称号有什么用,村里打电话嘛就过来。"之前提起这个话题的人又说道:"那我们去把火点起来,他们要是问起来,你就说火太大了,没得办法的事,我也去打火了,打不赢。"他一边说着一边有大幅度的肢体动作,做出要去树林里点火的样子。事实上,这个人就是在村里所有人隐约觉得水淹坝着火但都没重视时,第一个给白杨林的主人报信的人。周围的人也附和道:"怕啥,村里问起来,就是火太大了,我们都看见你在打火了,没有办法的事。"说要再去树林里放火在那个场景下更大程度上只是村民们语言上的宣泄。

在护林员和在场的人们进行言语上的周旋时,马路上驶来一辆速度很慢的车,刚开始人们都以为是村里的干部到了,有的人还打开了手电筒的双闪示意这里有人。"干部就是在家打麻将也要过来。""收到消息都要先打一把麻将,等事情差不多了再来。"对还未赶到现场的村干部,人们想象和建构了一个虽身在其位不得已,但是又狡猾算计的形象。这时,提出要去放火的人又说道:"小轿车根本不可能是我们村的村干部的,我们村的这些村干部都是清一色的摩托车,只有淹坝村的那些干部才开得起小轿车。"马路上的那一辆车也渐行渐远。"车里的人可能是看见这里有人,开慢点看看发生了什么事,我们这里那么多人,要是车里真的是村里面的人,绝对知道被烧的林子就是这里。""是不是这里火熄了,他们以为没啥事了啊。"这时,人们又七嘴八舌地提出对村干部为何未赶过来的猜想。突然,谈话的重点转到赔偿的问题上。"这是谁干的呀,肯定是腾土的人干的，揪出来了是要挨架势的。""现在看见坝子里有人了，绝对不敢出来，肯定在家里坐着心慌呢。"那位通报消息、扬言点火、说本村干部清一色摩托车的人又说道："你们说一棵树赔多少钱，喊他赔五百一棵如何？"其中一户的男主人便说："要是你能给我们说到赔五百一棵，上次给你发压岁钱你不要，真能赔这么多，我给你发压岁钱。""压岁钱不用了，你就直接说给我几棵树。"去年，有做木材生意的人曾经出过大约两百一棵树的价格想买下这片白杨林，因此当提议五百一棵时，人们并没有思考赔偿价格是否合理，情绪都高昂了起来。这时有人疑惑怎么等了那么久村干部还未赶到，人们又怀疑到是不是因为看不见火了，刚才开车路过的真的是村干部，看见火扑灭了就不再过来了。当人们正在讨论时，朝着村委会方向延伸的马路上出现了一辆摩托车，人们猜测是村干部的车，于是两个年轻人和护林员又进了树林，其他人则在观望确认是不是村干部到了。在马路边上，摩托车停下了，车上下来的正是村支书，村支书从停车的地方走到人群中时，进了树林的三个人一前一后地回来了，身后的树林多了两三团小火苗。

已有研究指出干部能力是导致基层治理中干群关系紧张的原因之一，[①] 村干部对村民无证据的恶意猜测引起村民对村干部的不满，而且这种无端的猜测在事情发展的后期变成了事实。在纠纷处理的过程中，村民们的诉求不仅未及时得到村干部的回应，而且遭到了恶意解读，在此情景下，村民们对自己的权益继续维护的方式从人群内部不满情绪的宣泄发展到企图点燃树林以吸引村干部的注意，其间展现了公共诉求在被暴力地曲解与冷漠对待后村民回以粗暴的方式以表示自身诉求的存在。村民们的对话中也折射出他们

[①] 张静：《中国基层社会治理为何失效？》，《文化纵横》2016年第5期。

对村干部这一群体的认知,在村民心中村干部不具备乡绅、乡贤的形象,对于村民来说继续留在经济发展落后的村子内任职的干部既无经济权威也无政治权威。但村组的纠纷又需要村干部的参与,他们虽求助于村干部,但是实质上并未完全信任这一群体。村民只是依照纠纷处理大致方向进行自己的行动,在具体操作过程中,尤其是遇到治理人员消极处理的情况时,他们的行为便可能发生转变,从而朝着相反的方向发展。

4. 高额赔偿变成无需赔偿

村支书到了后先是责怪本村组护林员工作疏漏并表示会对他进行批评教育。村组的护林员和在场大多数人都是同一姓氏,其余人也都是乡邻,并且大家都知道护林员家庭困难。村支书说村委将开一个批评警告会,让护林员们对自己职责内的工作上心,他说道:"一年九千六百块钱的工资,就让他们正月和二月注意点,实际上九千六的工资相当于只做两个月的活,这点事情都不负责。"在场的人们没有回应村支书的处理方案,反倒是把话锋转向刚才通过电话的村干部:"他这是什么意思?这人说话就是太没有水平了,自己不亲自过来看,还说是我们自己烧的,村支书,你说他会把自己家烧了不?"村支书也未回答这个问题,把谈话的重心从村干部的身上转移到了是谁点着了林地的这个问题上:"还能是谁干的?还不是你们组的自己人,腾土点起来的,要么就是那个'朱脑筋',他天天提着个音响到处转,我来的时候还遇见他了,保不准就是他干的,你们这个还算轻松的,你看现在火已经熄了,要是真的烧得很厉害,我们会动员全镇的护林员,把大家调到一起,砍出一条路,让里面的烧完,外面的就没事了。"村支书还表示今天中午他和武警队的人经过这里,并没有发现有大火。这时大家似乎都忘记了之前提到的一棵树要五百元赔偿的事，再也没人提起赔偿的相关话题，无人争论最初着火的时间，甚至村支书都未到走进着火的地方检查大火烧过的范围，和村支书的谈话内容基本也是一些无关痛痒的附和。之后，提议赔偿的人也不再"看戏"，便离开了。紧接着村支书又说气象局最近发布了消息，今年直到五月份才会下雨，叮嘱大家要注意着火和蓄水问题，又夸赞村组内的水源对镇的贡献很大，并且安慰道："你们组已经很不错了，去年镇政府周围都没有水了，还是从你们这里调的水呢，哪里都可能缺水，但是你们这里就放心了，不过该节约的还是得节约。"再寒暄几句后，便各回各家了。但在回去的路上，大家言语中又透露了对这次问题解决结果的不满。"要是报警的话，今晚就要查是谁干的了，但是出警是要花钱的，花的钱谁出？肯定是村里面啊，而且他们也有专门的方法，肯定是查得出的。""其实也很简单，哪个今晚抱着两瓶酒去村里面就知道了。"

　　从最初对没有依据的高额赔偿计划的讨论到面对解决纠纷问题的村支书无人提赔偿之事，赔偿诉求的沉默有对事情闹得太大会导致村委对村组护林员惩罚过重的考虑。在这件事情中，最有可能提议赔偿的人是护林员的侄儿，而且在村民们的眼里烧坏的树木也值不了多少钱，但是无论赔偿多少，林地的确受到了损害，并且村民们已经有了诉诸赔偿的意识，为何在最有可能促进诉求实现的村支书到了之后村民们完全不提呢？村支书到达现场后，采用的话语多是远离人们日常生活的，如"批评教育""武警部队""气象台""全体动员""镇政府"等词语，最初村民们还试图让村支书评价对着火事件妄加猜测的村干部的行为，后来，话语的主动权完全掌握在了村支书一方，村民只是"哦"了一声后附和村支书的谈话内容。村民们全程未提到如何查出放火的人，如何赔偿被烧了的树木，以及本村组的护林员可能会受到什么处罚，村支书到达现场后甚至都未曾走进林子，查看着火的范围，但是在一些"宏大的"词语和"亲密的"关系中，着火这件事情仿佛还未出场就被请了下去。事实上这种动用伦理规则或是权力话语解决纠纷的方式对问题的解决也只是表面的，在村支书离开调解的场域后，村民中产生了对前来调解的干部仗势欺人、接受贿赂等无依据的猜测与想象，甚至将之前个别村干部不作为的形象放大和这件事中令人不满的处理结果关联起来。

在公共纠纷的调解中，村庄治理者用伦理规则处理事件的确起到了"化繁为简"的效果，利益受损的一方受到了村落伦理规则的约束，但是无可否认的是他们是有维护自己权益的意识的，只是他们仅仅停留在知道要维护权益却不清楚如何具体实施的阶段。若治理者依照伦理规则把事件平息下去，而完全不顾对利益受损一方进行赔偿或者是完全不做出帮助还原事件真相的行动，村民们的不满的情绪就并不会随着事件的平息而消失，他们反而会对治理者产生误解，失去对村庄治理人员的信任。

（二）从林地着火无赔偿事件思考村庄治理

林地着火事件发展过程中村民们态度的几经转折折射了村民在公共性场域中维护权益的方式，当试图进入他们的视角去理解事件的发展过程时，公共场域中的权益维护是真实的但也是虚幻的。真实性在于公共规则的确可以影响事件的发展方向，虚幻性在于受制于自身的能力，他们找不到公共规则运行的路径，公共规则不像是礼尚往来、亲疏有别等社会规则那么贴近生活，它甚至因为村民的社会身份等原因与村民有着天然的距离。

《乡村振兴战略规划（2018—2022年）》中提出要增加农村公共服务供给，对村庄的治理也提出了自治、法治与德治有机结合的要求。这个案例在公共性服务和公共性治理方面十分具有分析价值。当跳出赔偿事件，从林地着火的利益受损方的视角去看待村民们自身的公共性和村庄治理的公共性时，这一事件对乡村振兴战略的实施是有很大的启发的。

1. 村庄的公共性

《中共中央 国务院关于全面推进集体林权制度改革的意见》明确指出，我国林地承包最长期限是七十年，如此林地相当于是农民的一份资产性财产，这使得农民在个人利益的维护上有更强的动机，而对他人财产受损的关注度降低。当天大多数的村民都发现了水淹坝着火，但最后着火的消息还是通过亲缘关系传播的。村子里共有 12 户人家在这片地里有承包土地，但却无人过问此事，他们对村组内的事情持"事不关己高高挂起"的态度，当问起土地上的大火是否由土地管理造成时也无人确认。

值得注意的是，亲缘关系既是推动村民突破公共性精神缺乏的屏障关注村庄事务的动力，也是使村民无法将自己的维权活动进行到底的羁绊。是否参与灭火以及是否提出赔偿都受制于事件中"扮演"护林员的人是否和自己有血缘关系。正因此，在关系到整个村组的公墓山的所有权的问题上，以整个村组的力量也无法与一户人家的力量抗衡。村组内一个老干部动用自己手中的权力把整个村组集体所有的林地和墓地划归为个人所有，村组内有村民知道这一情况后就带头组织村组内部的人和这户人家打官司，但是由于这户人家在村组内和将近半数的人有血亲和姻亲关系，事情僵持了长达五年，至今也没有得到解决。虽然大家都对他们将村组集体所有的地据为己有的做法非常不满，但是和他家有亲缘关系的这部分群体始终立场不坚定，仅能够给出面组织收集证据打官司的人提供金钱方面的支持。虽然村组没有强大的以宗族姓氏为组织单位的力量，但是在特定的情境下人们的选择和行动与亲属关系网息息相关，如村民在着火事件中作出的选择都与具体的人而非事情本身相关联。人们在对自身权益的维护以及未来权益的预测时，都受到亲属关系的左右，通常表现为只要是和亲属的利益有冲突，他们对待事情的态度就不会那么坚决，所走的每一步都要想到自己的"为人"。

村庄的公共性不仅与宏观社会经济发展状态有关，而且受制于村庄熟人社会的行动逻辑与关系结构。[1]实际上，在公共性场域中，亲属关系具有冲破公共性缺乏的阻碍和抑制公共性发展的两面性。

2. 村庄公共服务提供者

在流动性强的村落中，村内外收入的差异带来了推拉力量，村民甚至村支书也说，头脑灵活且对未来有规划的人早已外出务工。谁来负责村庄公共事务？首先是选举出来的干部班子，其次是在扶贫政策下挑选的贫困户，他们负责管理较为简单的公共事务。这次着火事件暴露了村庄公共服务队伍的一些不足。首先是"贫困式"标准选用人才带来的职位获得与事务管理的脱节，护林员对容易发生火灾的时段不以为意，甚至把手机放在家中，需要灭火时也联系不到。除了管理人员缺位，村民对公共事务管理职位应履行的职责也存在认知偏差，他们以为所有的公职人员都是领了基本工资却什么事情也不做。而村干部对事务的消极处理态度和对村民的恶意揣测激化了村民对村干部的不满，这使得村民对干部的评价与信任大打折扣，甚至管理者的建议的效度也大打折扣。村里的人口流动削弱了村民对村干部的依赖，干部领导政治权威受到影响，同时外出

---

[1] 纪芳：《关系性面子、村庄弱公共性与分利秩序——基于京郊 Q 村的经验调查》，《兰州学刊》2021 年第 3 期。

打工的群体的收入是村里务农人员收入的好几倍，有的人一个月的收入就超过村里一些干部一年的工资，这样一来无论是在政治权力还是经济收入上，村干部都无法使村民信服。而这一情况还在进一步恶化，在邻村干部领导有力和所在村组发展落后的对比之下，村民甚至开始忽视交通条件、劳动力资源、资金储备、村庄凝聚力等影响因素而把村庄落后的多数原因归于村干部的管理方式落后和引进项目的能力差。

（三）暂时的依赖与长期的流动

若从村民的视角对整个事件加以理解和解释，公共性诉求难以实现的原因首先是受到村庄熟人关系的制约，其次是公共性话语反倒成为治理者化解事件的手段，在村民们的眼里这些词语是不可触及的。那么，当继续追问，我们是否可以找到一个涵盖范围更精准的概念或变量以帮助我们理解村民在公共性诉求实现中所遭遇的困境，理解为何村庄的治理互动呈现一种"摇篮式自杀"的特点，以及是什么力量使得赔偿的诉求未能表达出来？

1. 村庄治理的解释

对农村村民互动规则的理论解释有费孝通提出的"差序格局"概念，即出生的个人就像投入水中的石头，荡起的涟漪就是他的人际关系，关系越推越远，也越推越薄。具体到和治理相关的理论有贺雪峰提出的"认同与行动单位"概念[1]，"认同与行动单位"认为村庄内部事务的解决是把公化为私，但私又分为"大私"和"小私"，村干部通过与村民建立更亲密的私人关系，促进村民对村庄"大私"的认同，当村庄内部遇到问题时便调用超越村民个人"小

---

[1] 贺雪峰：《新乡土中国（修订版）》，北京大学出版社，2013。

私"的"大私"的认同来解决。张静还概括了新庇护关系在村庄治理中的运作,具体而言,新庇护关系下能够提供庇护的并非家族中的长者而是权力掌握者,且派系联结相对开放。[1] 张静还在自己的田野研究中提出了"个人关系与公共关系的混合变形"这一概念,主要是指村庄治理过程中,村民的公共诉求是个人关系与公共关系的混合形式。具体而言,公共关系中的双方是一样的个体,必须按照公共规则一视同仁,公共关系的主体是经过抽象化的身份,同时公共关系中的角色向公共规则负责(accountability),不能根据个人好恶发生变化。个人关系的主体则是具体的个人,关系中的双方是不同的个体,需要特别对待,个人关系中的角色对具体的交往对象负责(responsibility)。在村落的治理中,通常呈现的是这种两种关系的混合变形,这种形态对于解决村庄的部分矛盾是有用的,尤其是在村庄的纠纷通常是按照一种"调节"方式处理的情况下。

以上几个概念对理解村庄的互动和治理具有重要的启发,一个没有资源基础、青壮年人口多外出务工的村庄,并无足够资源能够促成村内派系形成或者是村干部积极的私人关系的维护。在对村庄治理关系的理解中,村民对基层治理者的依赖程度和信赖程度都是重要的考虑指标,而由于村庄人口具有流动性,流动人口的公共资源的分配和公共诉求的满足对"固定的"村庄干部的依赖是暂时的,大城市更多的工作机会和更高的报酬使得大部分流动人口的经济实力和社会影响力远高于村庄治理者。对这种类型的村庄治理的分析,流动人口是关键的变量,同时对于流动人口来说,在外参与接触的雇佣关系甚至合同纠纷已经使他们对原本就"不足够信任"的村干部的"混合式"调解不能完全满意,但是如何很好地表达自

---

[1] 张静:《基层政权:乡村制度诸问题》,上海人民出版社,2007。

己的诉求似乎又是一片空白之地。

2. 流动的治理与诉求

与20世纪50年代至20世纪90年代中期包含政府、单位、个体在内的双重治理结构不同，20世纪90年代中期以后，治理的问题已经从对局部封闭的熟人社会的治理转向为对流动的、异质化的公共社会的治理，同时，多数资源的分配已经由行政组织垄断分配转变为由市场进行分配。[1]在这一社会背景之下，流动的村民表面上看似乎有更多的治理组织可选择，但实际上受制于自身教育程度和较少的公共性经验的积累——村庄的公共性纠纷在很多情况下也是通过"个人与公共两种关系的混合变形"来调解的。选择性的多元实际上造成了他们提出诉求的困难，公共事务的解决过程不再是和他们的日常经验紧密关联的，流动的村组使得村干部队伍的能力下降，村民自身又无法表达自己的诉求意愿和把诉求贯彻到底。更糟糕的情况是，村庄内的部分利益诉求还可以通过村庄治理组织传达，但是村庄的流动人口在外的需求似乎并没有相应的输送渠道。尤其是在市场关系、雇佣关系以及法律关系中，在需要公共关系的场合，也会存在因个人的顾虑和诉求方式的不清晰使得权益难以彻底维护的情况。若需求的输送渠道不完备，则会存在更大的社会隐患，因为收入差别是可以通过自己的努力改变的，但是制度上的差别是无法通过个人的努力改变的。[2]

村组内部对行政村组织领导的不信任以及村民自身的公共精神的缺乏，使村落组织处于一个无领导、无方向的空白地带，在这一地带，村民对领导处于不信任的状态，但又不知道具体该如何维

---

[1] 张静:《中国基层社会治理为何失效？》，《文化纵横》2016年第5期。
[2] 张静:《中国基层社会治理为何失效？》，《文化纵横》2016年第5期。

护自己的权益。在一个资源匮乏、劳动力流失严重的村组里,乡村的发展本并无依托优势,村庄的治理固然重要,尤其是在村民都有法治意识的情况下,应在乡村开展法治教育或者是提供基本性的公共服务的引导,使公共性贴近他们的生活以帮助他们形成对公共性的合理的认识;同时,乡村的发展也是村民的发展,村民自身有对美好生活的追求,公共教育活动的开展以及对公共服务渠道的疏通也赋予了他们实现美好生活的能力,赋予了他们彻底维护自己权益的勇气,当他们走进更宽阔的世界时,他们才能从内部生发出维护自己的权益的意识并将其实施到底。

三、与神的交往

村庄和神秘事物似乎有着更多的联系,事实上,在村庄贫乏的文化生活下,村民们的精神世界在很大程度上得到神秘力量的抚慰也在神秘力量中破碎。村民们的日常生活与"精致"等词往往是脱离的,但在与神圣事物产生关联的时刻,原本贫瘠的村庄生活就会展现出难得的精致的一面。这一神圣时刻是很容易嵌入村民们的日常生活的。

在涂尔干对神圣与世俗的划分中,神圣是充满禁忌和危险的,原始社会的人们在一切神圣的活动中实现集体性的欢腾和成员身份的周期性确认。村组里较大的有关神秘力量的活动,如白事、谢土活动,多是集体性的成员的参与。而一道菜的简单制作中的神秘性体验更像是村组中忙于家庭事务的女性的自我体验。以当地制作豆腐为例,从播种、施肥、除草、收割、磨粉、打浆、过滤、点卤,到最后的制成,几乎都是家中的女主人一人完成。在把黄豆磨成豆粉的这一期间,当地的习俗是会往黄豆瓣中加上几段干辣椒。在询问之前我们误以为这几段干辣椒是起调味作用的,但是一般在豆腐中也尝不到辣椒的味道。其实,在制作豆腐的过程中放入辣椒段也算是村民生活中难得的讲究。在当地传统的建筑布局中,客厅和厨房是紧紧挨着的,有的甚至客厅厨房卧室都在一间屋子。在制作豆腐的过程中难免会有客人串门,而串门客人的身份是未知的,当地人认为在泡水的黄豆瓣里加入几段辣椒能起到预防陌生人身上可能存在的破坏豆腐成形的"不干净"的东西的作用。即使在今天,在厨房和客厅早已分离的情况下,在可能带有"不干净"东西的客人不再踏入厨房的情况下,村内制作豆腐的女性们还保留着这一习惯。在制作过程中,她们独自经历着的神圣性体验像是来自她们自身的对自己的无声鼓励。在如今的村庄生活空间里,村庄人口流动带来的两性收入差距缩小,和在一些手工加工行业女性的收入甚至高于男性的情况,逐渐明晰了女性对家庭的贡献。但在过去的农业分工中,女性在家庭内的劳动付出往往是不被重视的,这种两性地位结构的不平等也体现在与神灵的沟通上,女性往往被排除在主要的神圣活动之外的。这样她们在家常菜的制作的过程中,便会加入自身独特的神圣体验,仿佛是弱者的自我心灵慰藉。

  在农村和城市之间穿梭的村民在接触城市文化之后也没有停止此类与神灵交往的仪式,在外的较高经济收入反而使他们有更强的经济能力去举行此类仪式。腊月末和正月初期间,村组的热闹不仅仅源于归家后神采奕奕的村民,还有邀请各路神仙的活动。村组的活动把村民们和"神秘的世界"联系起来,这些活动构成村民们对世界的一部分理解,化作村民们对自身命运的认知和改变命运的努力。不论是否流动,村组内有条件的村民都会在腊月杀猪迎接新的一年,并借此接拜庇佑家庭平安的各路神仙;节后除了年复一年的拜坟活动之外,富足的家庭还会花不少的钱给离世的亲人"清坟";

临行之前还会"谢土",把在奔波的日子中丢失的魂魄找回来。近几年,当社会结构性的问题投射在小小村组时,村民的生活中又生发出了新的慰藉方式,对就业和婚姻问题的祈求也逐渐融入村民的神圣活动中,此类仪式成为他们寻找稳定性的避风港。

村组的生活仿佛是由两条并行不悖的力量推动的,一条是有关科学的信仰,一条是对传统仪式的不断的实践。村组内所进行的许多仪式都在接受"封建迷信"等词语的批判,但在村民们作出信与不信的选择之时,大部分人都被劝说还是要信。科技的发展对村民们生活的改变是显而易见的,在应用科学技术的情境之下,他们扮演的角色像是命令的服从者,他们知道科学的力量是巨大的,但是对其背后的道理或者是具体的应用方式是不清楚的。而对于顺着传统沿袭下来的仪式活动来说,即使人们不知道背后的所以然,过程的参与和简单的联想也会使得参与的自主性和在场的体验感更强。因此,即使这些仪式受到诸多的批判,甚至村民们本身也怀疑仪式的作用,也学到一些诸如"心理安慰"等一系列用来解释仪式效果的词语,但是每到生活上遇到难以解决的事情时,他们对现代科学技术和传统仪式活动的选择几乎是并行且不相互排斥的,二者都可以成为他们试图改变命运发展方向的求助对象。这些行为从表面上看起来是封建的,但其实是村民在对其祛魅后的理性选择。如果仅仅用"被传统摆布"解释这些行为,也许会忽视村民对生活规则的理解。

(一)神灵世界中的福祸与愿望

目前学界对西南地区村落仪式的讨论大多集中在"民族研究"领域,研究内容集中于对少数民族文化仪式的参与和解读,对汉族仪式尤其是流动性村庄中在固定时间集中举行的汉族仪式的关注是比较少的。在调研的过程中我们发现，举行这类仪式是村民一年开销中占比很大的一部分，通常来说，在与神灵往来的物品上村民们都表现得很大方，在调研的过程中，作为买主的村民把商品的价格越讲越高的情况是很常见的，但他们平日去集市上买东西都是逢价必砍的。村庄中的神秘力量大致可以分为三类：掌管生产生活秩序的神灵、逝世的亲人和孤魂野鬼。除了在传统的节日对上述的神灵加以供奉之外，村民们对每一类神灵都有特定的供奉仪式。以对灶神、土地神等控制生产生活秩序的神灵为例，即使是流动的离开了家乡的村民，返乡后仍会买一头大约花费一万元的整猪，对猪的饲养方式的要求使得这样的一头猪在花费上相较于市场上贵三千多元，从杀猪到生猪肉的处理的各环节中，他们都会去敬奉各路神仙以保佑家庭风调雨顺、衣食无忧。

除了通过食物与家庭层面外的神灵产生联系之外，为逝世的亲人举办仪式活动也是村民们自身的生活条件得到改善后通常选择做的事情。村组村民几乎全是祖上逃难后在此定居的，对于逝世的亲人的纪念少见宗族性的活动，大多是纪念在村组内生老病死度过一生的亲人，纪念的活动也不局限于逝者的后代参与，村组内有劳动能力或者时间充足的人往往都会前来帮忙。创造与逝世已久的人的联系通常是通过名为"清坟"的仪式来实现的，清坟指清扫坟茔，具体做法是在亲人去世多年以后，自愿为亲人重新堆垒坟墓上的泥土、打扫墓地周边，并请做法事的先生为逝世者念经做法。一次活动的开销包括给做法事的先生的酬劳、前去清坟时带给祖先的礼物，以及给山上的劳动力做饭的花销和二十几个人一天吃喝的开销。而且，在清坟的时候往往要讲究一些礼数，比如，若计划给逝世的A清坟，那么也需要给A的父母、A的公公婆婆或岳父岳母清坟。在村组定居的时间越长，为了在给亲人清坟时做到"周全"，在清坟上的花费就越多。调查期间，有一户人家只是搬到村组的第三代，在清坟的时候就清了六所，十几个男性从早上七点忙到下午六点多，这一次清坟的花销将近两千元。除了加强当下的"孝"的文化观念之外，清坟的仪式中还有一种新的对未来的预期和向往。人们的联想是丰富的，在当地人的观念中，坟墓是会长的，长大了的坟墓被当地人称为"发坟"，"发"意指发财、发达，主要是指后代会更好。当地人更愿意相信坟墓的变大并非现实的人往坟上堆土使坟看起来更大，而是一种好的预兆，是对后代美好命运的预示。最后，对于散落的孤魂野鬼，人们认为它们是可憎的也是可怜的，偶尔会缠在清晨的赶路人身上，会附在婴儿身上，等待婴儿父母赠与一根红绳才肯离开。在纪念逝去的亲人的活动中，村民们也会为这部分看不见的神秘存在分一碗饭、烧一叠纸。

　　村民们的仪式活动中所折射出的神灵的世界是有秩序等级的，他们对最顶层的神灵完全抱着尊重的心态，生活中遭遇到了困难不会归因到这部分神灵的身上，这些神灵成为化解困难的存在；对于中层的逝去的亲人的魂魄，他们认为这类神灵偶尔由于后代照顾不周或者是逝去时自身所携带的怨念会对后代的生活带来损害；孤魂野鬼往往被认为是生活中遭到鸡毛蒜皮的困扰之事的原因。有意思的是，在一则对贵州安顺调研的报告中指出，当地人认为在存在宗族力量的姓氏的人家进行请神活动之时，他们逝世的亲人在另一个世界可能经由提拔谋得神灵职位。村组内较少的社会流动性似乎也限制了村民们对另一个世界的想象，在和《神判与官司：一个西南村庄降乩仪式中的讼争与教谕》一文中所描绘的情境相比，神仙的种类以及逝者的分类在我们所调研的村组中都显得单调许多。

（二）化解焦虑的仪式——谢土

在村庄人口流失较少时，由于物质生活的贫乏，村组内的活动就是茶余饭后的闲聊和婚丧嫁娶的酒席。外出人口经济收入的提高并未对村民们的精神文化活动带来太多的改变，平日里村中剩下的老弱病残村民的精神活动也仅限于闲聊和看电视，留守村民和外出务工村民收入的差距反倒使村民之间多了一道隔阂。村组内一项传统的被称为"谢土"的仪式在如今倒也举办得频繁，是人口流动之后鲜有的还能让村民们自发聚集在一起的活动。

1. 仪式含义

《论衡·解除》中有关谢土的记载为："世间缮治宅舍，凿地掘土，功成作毕，解谢土神，名曰解土。"谢土一般是因家户或者村落宗教建筑落成或修葺而产生的动土谢神活动。对闽南地区谢土仪式的一项调研中指出该地举行谢土仪式通常是在传统宗教建筑落成之时，谢土是为了得到掌管土地的七十二位土神的认可，举行的规模较大，通常包括时间安排、仪式宣传、搭棚用膳、宴请道士、仪式活动安排等程序。[1] 在贵州苗族、侗族文化中，通常是村寨举行的招龙谢土的集体性仪式。[2] 不同的是，对于我们所调研的村组的村民们而言，谢土的意义像是通过"道士先生"的力量所打开的神灵世界的许愿池，谢土这一活动超越了最初的房屋修葺后答谢神灵的含义，家庭单位内若是有灾难发生的预示，或是眼前的生活不顺心，以及业已遭遇灾难性事件时，就会组织这项传统的禳灾活动。而且，随着村民们经济水平的提高，这项活动逐渐从禳灾生发出祈

---

[1] 张是芽：《泉州当代传统宗教建筑营造工序研究》，硕士学位论文，华侨大学，2016。
[2] 严奇岩：《从碑刻看清水江流域苗族、侗族招龙谢土的生态意蕴》，《宗教学研究》2016 年第 2 期。

福的含义。

　　谢土需要邀请一名道士先生，道士先生通常是需要去临村镇邀请的，虽然本村组也有道士先生，但与神灵沟通的人身上往往需要一些神秘性，因此人们通常都是去临近村组邀请。一个家庭有关求神问道的活动一般都是交给同一个道士完成，人们认为道士先生是连接活着的家庭人员和另一个世界的亲人以及彼岸的神灵的中介，不好随意更换，且人们对新的道士先生也不一定信任。各家各户对道士先生的选择标准涉及以下几点：首先是做了法事之后家庭是否顺利；其次是做法事的功夫好不好；再者是和道士有没有可靠的关系，人们通常会选择不同行业的、具有远亲关系的人作为家庭的道士先生人选；最后才考虑到价格和花费。在法事活动中，双方通常不会事先谈好价钱，而是用一只大公鸡来调和，给的钱太少，公鸡就由道士带走，若给的钱已经很多了，道士先生便会婉拒主人的好意。"道士先生"和人类学研究中常提到的"萨满"在社会中扮演的角色相似，在日常生活中，道士先生也过着与大多数村民一样的生活，大部分道士先生会借助自己的身份开一间卖烟花爆竹、香蜡纸烛的店铺，平时也是和村民们做着一样的工作。在村庄中，这部分人的生活收入来源渠道比一般农民多，而且事关神灵也不常经历讨价还价。在科学文化进入村庄后，事实上，尽管村民们仍参加求神拜佛的活动，但是他们并不愿意把自己的孩子送去学这门"手艺"。

　　谢土活动具有大部分宗教活动所具有的凝聚团体成员和集体身份的周期性确认的功能。在举行这一活动时，若村组内的村民最近有这方面的需求，在未收到邀请的情况下也会来参加，同时，他们生活不顺利的亲戚也会远道而来参加活动。对于这一活动，人们大多采取"宁信其有，不信其无"的心态，他们认为，信神，即使神不存在，所需要付出的代价是很低的，但是若神真的存在他们却不相信的话，所需要付出的代价是极高的。小孩对是否参与活动则是没有自我选择的余地的，有的青年则会拒绝参与这项活动。

2. 仪式过程

生活中的一些反常只要被注意到了都会被村民们视为未来的预示，村民们在生活经验中已形成吉凶的预示图式。对于吉兆，如"发坟""野蜂安家""燕子筑巢""野狗进家"等，仅需默默等待时机的到来；而对于凶兆，如"黄牛进屋""修房见洞"等，则需要适当的干预。凶兆需要通过谢土来干预，对村民们来说，谢土可以在事情发生前，如求学、就业、结婚等人生较大的转折点之前进行；也可以在事中，如家庭成员患重大疾病家庭无法负担起医疗开销时或者被医院告知救助无效之后进行，而在这个过程中，虽然村民并不排斥仪式与医学治疗的并行，但是主持仪式的道士先生往往忌讳"身体见过刀子"，在医院动手术治疗无效的患者很难找到愿意主持谢土的道士先生；谢土还可在受到神秘力量的惊吓之后作为一种"治疗"。由于农村家庭在对抗风险时具有脆弱性，村民对凶险的预兆充满了恐惧，一次不幸带来的逆势累积可能摧毁一个家庭。

而谢土仪式所面向的灾难的驱除也是多向的，它更像是一个装满所有人可能怀有的愿望的盒子，即使村民是带着特定的目的举行谢土仪式，道士先生在仪式中也会进行把其他可能存在的灾害一并驱除的操作。仪式过程包括四个部分，首先是祭灶神，敬供灶神以保佑一家人衣食无忧。其次是掩火星，掩火星源于早期预防木头和泥土制成的房屋起火的思想，把火星掩埋就意喻着对火灾的驱除。再次是送花盘，这是谢土的主要部分，包括"滚蛋""占卜""改身"三个环节。最后是对离世亲人魂魄的安位，希望在另一个世界的亲人们继续保佑子代平安顺利。

对仪式的研究中有功能性和象征性两种解读范式。在《宗教生活的基本形式》中，持仪式功能性解释范式的涂尔干对仪式的解释路径可以概括为神圣与世俗的区分、神圣与禁忌的联系、仪式中禁忌的凸显以达到群体边界的确认、仪式中禁忌的暂时突破与集体欢腾性的到达、集体欢腾中成员身份的确认等一系列环节。象征性的解读范式有弗雷泽归纳的巫术的两种原则——接触律和相似律，以及特纳提出的成员在仪式过程中的"阈限"状态。这些理论视角为我们研究调研点仪式活动的开展提供了重要的启示。在具有流动性的村庄，村庄成员只有短暂的聚集，且对仪式象征物的想象受到城市生活或者是宣传媒介的影响，集体身份的边界和仪式象征的神经触觉都在变化。在遭遇疾病、车祸、求学问题、工作问题甚至生活不如意时，这项活动成为大多数村民的选择，而仪式的整个过程并不随着祈求的目的而有所改变。举办一次谢土仪式花费大概在 200 元到 350 元之间，仪式过程一般持续 5 个小时至 6 个小时，这样一场金钱和时间消耗都很少而且可以满足人们几乎所有愿望的仪式对村民很难没有吸引力。

村民们经常诉诸神秘力量追寻未来的答案，他们认为这是成本相对较少的理性的投资。或许鬼和神本身就是他们生活的组成部分，但与此同时科学也是，人们也信仰科学甚至用科学的话语对这种仪式活动嗤之以鼻。在接受了科学观念的情况下，在能够对生活中的神秘现象进行祛魅和反思的情况下，为何村民们还是如此热衷于此类活动？

（三）仪式愿望如何在科学信仰的张力中实现

即使在科学话语在村组中占据主导地位的情况下，村民们还是乐意举行此类活动。在访谈中，当我们追问举办此类仪式是否真的有效果时，村民虽然表面上表示不相信这种仪式的作用，但是实际上出于求得心理安慰或考虑到这只是低成本的尝试，还是愿意举行这样的仪式。这样一来，在科学话语对神灵世界祛魅后，在村民们的意识中已经形成对仪式的反思甚至试图对仪式背后的效果进行检验后，村组内这样的仪式活动仍旧盛行。放下科学还是迷信的争执，我们在这部分试图追问的是仪式到底对村民们的生活有没有实际的作用？这种作用可不可以放在现代社会中以科学的逻辑进行解释？具体的解释机制又是什么？

1. 内在焦虑的治疗：象征的想象、内源性麻醉剂的释放

李世武在《巫术焦虑与艺术治疗研究》一书中把民间的这种仪式定义为"艺术治疗"。实际上原始仪式中运用艺术形式不属于现代艺术治疗学所界定的"艺术治疗"，借用"艺术治疗"这一概念意在强调仪式的治疗效果，举行仪式是人类应对超自然力量带来的灾难时采取控制措施的表现，他们的实践从心理意义上来说有治疗焦虑的功能。我们可以把焦虑的起源分为原生性起源和次生性起源。原生性焦虑是生存问题引发的焦虑，大多与生计活动以及生命相关，如疾病、灾祸、婚姻等；次生性焦虑是巫术传统引发的焦虑，如有的巫术把某一社会成员指定为灾害的起源。对焦虑采取的治疗手段包括生产性巫术、保护性巫术和破坏性巫术，治疗的过程中常常采取象征性的符号，以达到想象和移情的效果。在我们所调研的村组内，各家各户举行这种治疗仪式是为了干预生活问题，仅限于对原生性焦虑的治疗，仪式的地位不如科学，但是对村民们而言，仪式同样能取得一定的成效。

仪式中象征性的符号对村民们的焦虑具有治疗作用，而且象征形式往往是生动直接的，如把火星放在罐子里掩埋就象征把火灾的

源头掩盖、通过鸡蛋在身体上滚动的动作达到让"不干净"的小鬼滚蛋的效果等等。象征的含义是丰富和易懂的,"火罐掩盖后""小鬼祛除后""魂魄归来后"不好的遭遇都过去了,"过去的一年该翻篇了"。虽然焦虑这个词对于村民们来说是陌生的,但这一仪式因具有沟通无意识与意识、可见世界与不可见世界、现实与主观意愿的独特功能,实际上成了治疗焦虑的手段。

已有医学人类学的研究得出,内源性麻醉剂的释放将会激活特定的情感和生理程序。这种内源性麻醉剂的释放会给仪式中的个体带来的确定感和归属感,这在某种程度上解释了为何集体仪式具有凝聚成员身份、使群体成员相互之间获得社会支持的功能。同时,内源性麻醉剂的释放有助于人们适应环境,强化在群体内实物生物性同步的能力,强化缓解疼痛以及忍受压力的能力,这有助于给人们带来一种身处共同体的体验,增进了社会关系,凝聚了群体成员,从而使仪式中的自我边界溶解,增进了自我和他者之间的认同,推动集体的整合和发展。

但仅仅从焦虑治疗的角度解读为何崇尚科学、逐步接受城市文化的村庄仍在举行仪式是不够的。若仪式的举行是为了驱除心中的焦虑,为什么人们在知道问题的根源后仍要选择仪式这一手段而不选择倾诉或者其他方式消除对未知的恐惧?举行仪式的村民也许不知道仪式治疗,即焦虑驱除的中间过程,但是若这一过程是可以通过科学解释的,那对于相信科学的村民来说,类似的仪式治疗为何仍对他们有着天然的吸引力?

2. 结构性的选择:经济能力与心理治疗的缺位

村民们对疾病治疗方式的选择可以显示出在关乎生命的事情面前医疗技术和仪式疗法谁更加可信。通常,村民们在身体不适时首先会选择借助医疗技术治疗,经济困难或者医院宣布救助无效的时候他们才会转向"神疗"。接受过仪式治疗的病人通常会坚持得比医生给的预期生存时间更久一些,这从某种程度上也增加了乡村中村民们对神秘力量有效性的确认。那么,仪式治疗是如何对疾病起到干预效果的呢?对治疗效果来说至关重要的免疫功能会受到生理和心理两方面因素的影响,生理上的如感染和创伤的性质,心理上的如病人对疾病性质的理解和病人的心理暗示。在仪式过程中,人经历了法术性的想象和语言实践后的精神的自我救援与自我确证。[①]换言之,仪式治疗起到的作用是在医学技术宣判了死亡的命运后对患者进行心灵的安慰和继续生存的鼓励。

在乡土社会,就疾病而言,人们会选择仪式治疗方式还具有一定的现实因素。首先是社会化的作用,对于成长在乡村社会的大部分村民来说,对仪式的接触是早于科学治疗方式的,他们对这种疗效力量的体验也许也早于对科学治疗力量的体验,在教育资源、经济发展和科普工作落后的乡村,现代医学对于村民而言依然是比较陌生的。其次是这一选择背后存在客观的经济限制,即使在参加农村医疗合作保险的情况下,农村家庭也难以承受重大疾病治疗所需要的费用。最后,医疗技术的限制和医患关系的紧张也推动着村民们寻求仪式的帮助,对心理治疗的忽视、治疗经验的不成熟,以及误诊、滥用药物、客观上无法攻克的疑难杂症等等问题,引发民众对现代医疗体系的信任危机。

仪式治疗方式在经济能力不足、教育程度有限、心理治疗缺失的乡土社会发挥着重要的作用。在乡村社会成长起来的个体也在这种仪式环境中潜移默化地接受了这些认知,即使在接受了一定的科

[①] 李世武:《巫术焦虑与艺术治疗研究》,中国社会科学出版社,2015。

学教育后，个体在成长时期的社会化过程中染上的神秘文化底色若没有新的疏解个人需求的方式也是很难褪去的。

（四）"独特"精神世界的可能的干预

犹如格尔兹所言，文化作为文本，体现着人们对这个世界的一种独特的理解与言说。① 通过仪式达到与神接近、驱除危险效果的体验展现了村民们对生活运行方式的一种理解，在他们的理解中，仪式甚至是在效果上可以与科学方式互补的干预手段。将这种文化持有者群体视为封建不化的是不合适的，他们体验着治疗的效果，这种体验是传统的，其持续存在也是因为在现代社会，农村还未完全发展出新的替代的方式。

但仅从治疗的角度去认识这种仪式也是不合适的，神灵世界运行的逻辑有时候会干扰对原本的事件发展逻辑的认识，使现实生活中问题的解决偏离方向。如对灾害的干预应该是去切断危险源而非把金钱花在祈求神灵之上而忽视对现有措施的改进；对于一些结构性问题如青年人的失业和婚姻等问题，把事实的发展趋势归因于个体，把个体推向超越认知的空间，是对个体的另一种精神折磨。或许这些仪式会把不幸的原因置于神秘的世界里来缓解个体的生存压力，为个体在巨大的社会结构面前提供一个能够暂时躲避的港口，但人们一旦接受了这种神秘世界的存在和这种躲避式和"交给神灵"式的处理方式，在面对现实生活中的问题时也会失去更多的自我面对和自我解决的能力。

相信科学、批判封建迷信的村落里对神秘力量的依赖，值得人们去反思现代科学在村落中传播的局限性和社会发展的不平衡性。

---

① 汤芸:《神判与官司：一个西南村庄降乩仪式中的讼争与教谕》,《云南民族大学学报（哲学社会科学版）》2012 年第 4 期。

对科学的理解需要较高的文化知识水平，科学在乡土社会的传播大多流于表面，即使村民选择接受，相比仪式，科学给他们的感受是更遥远的。对这种乡土治疗方式的追问目的是探讨人类心灵世界中的一个现代科学被误解或者遮蔽的领域，探讨他者对痛苦的治疗模式，为人类存在的多种可能提供参考。在谈及乡村发展时，对这种扎根在乡土社会中的文化进行去粗取精的批判是有必要的，这既是无偏见走进村民生活世界的方式，也是选择合适的方式引导农民实现现代化的突破。仪式治疗、与神的交往并非完全没有道理，仪式治疗中丰富的意象具有直达村民们内心的效果，进而能驱除他们自身可能都未意识到的焦虑，这种仪式治疗的效用研究可作为现代艺术治疗理论研究和治疗实践的突破口。同时，不可回避的是，乡村中兴盛的仪式治疗客观上折射了农村医疗资源和心理治疗意识的不足与缺失。

四、雏鸟悲鸣：同胞与个体教育获得

（一）"到大不细，两头受气"

家庭的韧性和家庭本位是乡土社会不变的关键要素。[1] 费正清认为："中国家庭是自成一体的小天地，是个微型的邦国。从前，社会单元是家庭而不是个人，家庭才是当地政治生活中负责的成分。"[2] 家庭单位的"政治属性"在物质贫乏的农村中对子代间资源的分配上尤其凸显，家庭单位内资源分配不公常体现于"到大不细，两头受气"的说法。20世纪80年代计划生育政策规定，农村夫妻只生育了一个女孩的可生二胎，我们所调研的村组中没有独生子女家

---

[1] 付伟：《家庭本位与村庄治理的底层逻辑》，《中国社会科学评价》2021年第4期。
[2] 费正清：《美国与中国》，张理京译，世界知识出版社，1999，第22页。

庭，在这一政策实行期间第一胎是女孩又生了二胎、三胎或者第一胎是男孩仍继续生育的家庭有 27 户。超生的家庭在村子内的全部育龄家庭中占比几乎达到一半，村民们常借外出务工生育孩子并把孩子寄养在亲戚家或是花钱请人带孩子，直到性别理想的孩子出生后再考虑把寄养的孩子接回身边，也有些孩子在父母归家的途中被"弄丢了"。生育观念和生育政策之间的张力拉扯着这些家庭，为了达到理想的家庭结构，他们提心吊胆在外躲躲藏藏，同时面临因寄养孩子产生更高的生活支出与事情败露后须缴纳的巨额罚款。

一些孩子出生时和亲生父母分离，幼儿时期父母带着他们离开了熟悉的寄养家庭，回到家后上有哥哥姐姐下有弟弟妹妹的环境使他们得不到父母足够的关注，再加上高额的罚款给农业家庭带来的负担也过早地落在他们的身上，他们因此对这个家庭产生的逃避之情使亲子之间的关系变得紧张。"当时送他们出去也是没办法的，送出去我们遭了多少罪啊，花的钱又多，谁知道在外面喂长大的孩子对待父母就像对待仇人一样，我家是嘛，村子里孙家、洪家送出去的孩子也是，谁家都一样，都不亲。"村子里也时常发生"中间的孩子"出走的情况，夜里父母们在疲惫和忙乱中向邻居求救，人们回忆最后一次和孩子见面的时间和地点，不一会村子里的小河和洞口便被十几只灯光微弱的手电照亮，找到孩子后我们得知的他们出走的理由往往出于对父母的胆怯。"今天的草没割完，回到家门口想了想很害怕就走了。""我在玩耍，被村子里的三娘看见了，她说会给我妈妈说，我很害怕。"家庭融入的困难、教育资源的限制以及繁重的农活使这部分孩子在学业上也难以有出色的表现，即使是在九年义务教育的政策背景下，他们也早早地离开了学校。村组所在的县城于 2010 年左右修建了工业园区，年纪小、辍学早的孩子大多在县城的工业园区内打工。"你说巧不巧，我们宿舍一共八个人，都是家里的老二，还都是在外婆家长大的。""不幸的人一生都在治愈童年"，在反思"中间出生的孩子"的命运时，我们时常被悲伤和无奈的情绪所淹没。如今，生育政策发生变化，但当我们去关注这些家庭内成长起来的孩子时，那段时期的遭遇仿佛已深深地刻在了他们的身上并且深深地拽着他们。

情绪化的认知唯恐过分偏离客观事实，在提及乡村发展的时候，尤其是在工业化的进程中，宗族和氏族等中层组织消退，家庭成为乡村基本的组织单位。家庭作为个体社会化的初级群体组织，对个体的心理成长和资源的接触有着直接的影响，家庭也决定了个体能够进入何种教育场所实现再社会化，影响个体职业获得。虽然如今乡村空心化越来越严重，但家庭对个体的羁绊并未消失，它表现在流动的个体的教育成就上，表现在儿童时期所建构的对社会的感知上。乡村发展是村落作为一个集体的发展，亦是带有村落印记的流动个体的发展。在工业社会中，教育是个体实现社会流动的重要通道，据此，本节试图走出村落本身的发展，把关注的重心放在流动的个体上，从更大的社会范围去分析出生顺序对个体教育获得的影响。

（二）影响个体教育获得的三个层次

在教育机会不平等的分析视角中引入对家庭内同胞结构的分析始于贝克尔提出的数量—质量权衡理论，后布莱克提出了资源稀释假说模型，将家庭内教育资源的分配与同胞数量结合起来考察。后续研究有：康利和桑德拉·布莱克等人研究发现同胞出生顺序、同胞性别等同胞间的差异将会对个体教育获得产生影响；叶华、吴晓刚和郑磊研究发现家庭内性别间的差异影响个体教育获得[1][2]；还有一些学者发现，出生顺序、血缘关系、出生间隔等因素也对个体的教育获得有显著影响[3][4][5]。

刘精明在对个体教育获得的影响因素的研究设计中，将自变量分为四个主要模块——文化资本效应、家庭结构效应、父代阶层地位效应、纯粹结构效应。[6] 结合本研究的现实背景和研究内容，我们将首先参照其中的纯粹结构效应概念，讨论性别、地区、民族等结构位置因素对个体教育获得的影响。同时，为了更全面地理解个体的教育获得，这部分将从宏观到微观对相关的理论视角与实证研究进行综述，在纯粹结构之外，补充父母结构和同胞结构两个维度。

1. 纯粹结构效应——外在于家庭的资源分配

纯粹结构效应是指，在社会宏观环境中，社会制度、文化、地理位置甚至性别等结构性要素对社会中的个体所享有的资源和机会进行了先赋性的定义。索伦森将结构位置直接给予个人资源和机会的这一特征称为纯粹结构效应（pure structure effect）——不同结构位置对"位置占有者"给予不同的位置报酬，处于一定的结构位置意味着占有这一位置所赋予的资源与机会。刘精明结合国内教育不平等现象，对纯粹结构效应这一概念进行了补充，认为纯粹结构

---

[1] 叶华、吴晓刚：《生育率下降与中国男女教育的平等化趋势》，《社会学研究》2011年第5期。
[2] 郑磊：《同胞性别结构、家庭内部资源分配与教育获得》，《社会学研究》2013年第5期。
[3] 张克中、陶东杰、江求川：《中国农村子女教育同胞竞争效应研究》，《教育与经济》2013年第6期。
[4] 陈立娟：《社会变迁中的兄弟姐妹教育获得》，博士学位论文，南京大学，2016。
[5] 张文宏、栾博：《同胞结构、代内文化资本传递与教育获得》，《社会科学战线》2018年第9期。
[6] 刘精明：《中国基础教育领域中的机会不平等及其变化》，《中国社会科学》2008年第5期。

效应表现为因处于外部结构的某种位置,便自然地被授予附着在该位置上的资源与机会,在自然环境、经济与文化发展以及社会制度的共同建构与制约的过程中,地理空间上的距离/位置被转换成了一种资源与机会的差异结构,这种结构外在于家庭养育过程,通过位置授予或对他人的剥夺而产生机会不平等,如区域差异、城乡差异等皆属此类。[1] 根据纯粹结构效应的概念,本研究将制度、文化、地理空间的结构资源分配等外在于家庭养育过程的资源分配机制都归纳到这一维度之下进行分析。

国外对社会制度变迁带来的结构性资源分配与教育平等的关系的讨论主要有工业化假设、社会再生产理论。工业化假设认为工业社会的发展将要求工人接受更高的教育,并根据成就的实现而非先赋性的特征来分配越来越多的职业角色,伴随现代化、工业化程度的提高,基于社会出身的教育不平等情况将减少。但这一理论很快受到了实证研究的挑战,哈尔西等人研究得出尽管社会为普及中学教育体系付出了巨大的努力,但中学入学率的社会经济不平等现象仍持续存在而并不是减少了。再生产理论假设认为工业化进程的加快、教育规模的扩张并未带来完全的教育机会均等化,教育分层现象持续存在。

国内学者立足于我国的社会制度和地区等差异开展了对社会变迁和教育平等的关系的讨论。周雪光提出与市场化社会相比,社会主义制度下个体的生活机遇不仅受到国家分配体制结构的制约,其个体特征对于生活机遇的影响也随着国家政治和政策的变化而变化。[2] 李春玲 2003 年在《社会政治变迁与教育机会不平等——家

---

[1] 刘精明:《中国基础教育领域中的机会不平等及其变化》,《中国社会科学》2008 年第 5 期。
[2] 周雪光:《国家与生活机遇——中国城市中的再分配与分层 1949—1994》,郝大海等译,中国人民大学出版社,2015。

庭背景及制度因素对教育获得的影响（1940—2001）》一文中通过全国抽样调查数据发现，从1940年至2001年意识形态与政府政策的变动导致了教育不平等的弱化或增强；[1]之后在2014年，李春玲又通过全国抽样数据考察了社会变迁背景下不同升学阶段城乡教育机会不平等的年代变化趋势，研究得出的理论模型支持了社会再生产理论假设。[2]叶华、吴晓刚主要分析了制度变迁下的男女教育的不平等变化趋势，发现随着生育率的下降，性别间的不平等趋势下降。[3]吴愈晓通过数据分析发现，城乡间存在因性别差异产生的教育不平等现象，且这种不平等和父母的资源以及同胞的组成显著相关。[4]

纯粹结构效应下影响教育获得的因素主要有社会变迁、制度变迁、城乡差异、性别差异、地区差异和民族差异，同时，纯粹结构效应中各因素之间也存在相互影响的关系。

2. 父母结构效应——家庭资源的纵向流动

作为个人社会化的重要单位，家庭的总体资源占有情况直接影响个体所获得的教育资源，家庭内部的资源分配也影响着在每一个体身上投入的资源。在对教育不平等的讨论中，家庭的资源条件经常被归纳为一种总体性的阶级地位与阶级境遇。[5]

《科尔曼报告》对影响白人学校中学生学业成就的各种因素作

---

[1] 李春玲：《社会政治变迁与教育机会不平等——家庭背景及制度因素对教育获得的影响(1940—2001)》，《中国社会科学》2003年第3期。

[2] 李春玲：《教育不平等的年代变化趋势(1940-2010)——对城乡教育机会不平等的再考察》，《社会学研究》2014年第2期。

[3] 叶华、吴晓刚：《生育率下降与中国男女教育的平等化趋势》，《社会学研究》2011年第5期。

[4] 吴愈晓：《中国城乡居民教育获得的性别差异研究》，《社会》2012年第4期。

[5] 刘精明：《中国基础教育领域中的机会不平等及其变化》，《中国社会科学》2008年第5期。

了相关排序,其中家庭社会经济背景的差异是最重要的原因。科尔曼还提出了理性选择理论,认为社会成员的教育获得是一个将成本和收益、个体能动性与结构约束性进行比较衡量的理性决策的结果。"理性人"在作出教育决策时受到教育回报率、教育成本、升学失败风险概率和当前教育投资可能引起的地位下降等因素的影响。不同阶层的家庭对投资高等教育的不同倾向源于他们的理性考量,自身所在阶层的资源、机会和局限使阶层间的差异持续存在。[①] 不同阶层的家庭所感知到的教育成本不同,相同的费用对低社会阶层的家庭造成的压力更大;另外,所处的社会阶层造成的文化资本的欠缺也对教育获得有影响,这一点又增加了低社会阶层家庭的教育投资风险。布劳和邓肯提出的地位获得模型以路径分析法进一步分解了各个先赋性因素和自致性因素对个人"目前职业地位"的影响,根据模型的路径分析的结果,父亲教育水平在很大程度上会影响到子代的教育获得,家庭资源的代际传递是以父代给予子代更好的受教育机会从而使其获得有优势的职业地位的方式进行传递。

郭丛斌、闵维方通过对国家城市经济调查数据的研究发现,家庭文化资本和经济资本占有量与子女接受教育层次存在相关性。[②] 李煜研究认为,恢复高考后,家庭教育背景成为改革初期教育不平等的主要原因;1992年社会主义市场经济推行,在教育体制受市场化冲击的情况下,家庭阶层背景对教育的影响显现,资源转化与文化再生产双重模式并存,共同成为教育不平等的产生机制。[③] 对父母

[①] 文东茅:《我国高等教育机会、学业及就业的性别比较》,《清华大学教育研究》2005年第5期。
[②] 郭丛斌、闵维方:《家庭经济和文化资本对子女教育机会获得的影响》,《高等教育研究》2006年第11期。
[③] 李煜:《制度变迁与教育不平等的产生机制——中国城市子女的教育获得(1966—2003)》,《中国社会科学》2006年第4期。

陪伴时间维度的分析有袁梦、郑筱婷对农村父母外出务工影响儿童教育获得的分析，研究得出这一选择具有缓解经济约束的正向"收入效应"和家庭陪伴不足的负向"照料效应"。①屈廖健、邵剑耀、傅添运用CGSS2012、2013和2015数据对高等教育获得的不平等状况进行研究得出，家庭文化资本和政治资本对子女接受高等教育有显著影响，且文化资本对个体接受高等教育的影响更为显著。②

在父母结构层次，总结国内外相关研究可得出父母的经济资本、文化资本、政治资本以及父母的陪伴时间是影响个体最终教育获得的因素。

3. 同胞结构效应——家庭内资源的横向稀释与流动

同胞结构效应将分析的视角聚焦在家庭基本单位内同胞间资源的分配与流动上，关注到了作为基本单位的家庭的内部教育资源的不平等。西方学者较早地开展了这方面的研究，对家庭内同胞资源差异的理论分析视角主要有贝克尔提出的数量—质量权衡理论，布莱克提出资源稀释假说等。后来的研究者在不断的经验研究中又划分出了数量结构、间隔结构、长幼结构、性别结构以及血缘关系结构等维度用以测量。③④

美国芝加哥大学的贝克尔提出的数量—质量权衡理论是在莱宾斯坦提出的孩子效用成本理论的基础上加入了孩子质量成本要

---

① 袁梦、郑筱婷:《父母外出对农村儿童教育获得的影响》,《中国农村观察》2016年第3期。
② 屈廖健、邵剑耀、傅添:《谁在高校扩招中获益最多？——高等教育机会获得的群体差异及影响因素研究》,《高校教育管理》2021年第3期。
③ 陈立娟:《社会变迁中的兄弟姐妹教育获得》,博士学位论文,南京大学,2016。
④ 张文宏、栾博:《同胞结构、代内文化资本传递与教育获得》,《社会科学战线》2018年第9期。

素对家庭的生育行为与生育决策要素进行考察，他认为儿童净成本分为数量成本和质量成本，净成本的正负决定了儿童的性质，当父母提供的抚育费用大于儿童为家庭提供的收益时，儿童为耐用消费品，反之则为耐用生产品；儿童的数量与质量之间存在替代关系，现代经济快速发展，抚养儿童的机会成本和时间成本的上升使儿童质量替代儿童数量的趋势出现。① 布莱克把分析视角聚焦到了性别维度，提出预算约束假说，认为男孩和女孩的养育成本差异也会影响家庭的预算约束以及孩子的教育获得。施特劳斯和托马斯研究得出在一些文化当中，婚姻支付以嫁妆为主造成了养女儿的成本更高，因此，在既定的家庭资源下为了给女儿将来的婚姻做准备，用于教育投资的资源就被挤占了。同时也有学者基于社会融合角度对该理论进行了补充，如贝尔曼等人提出的"补偿假说"，假设父母厌恶子女间收入的不平等，那么父母就会给在劳动力市场上处于弱势地位的孩子投入更多的资源，以此补偿其禀赋上的劣势。有学者跳出理性与性别分析的框架，如罗森伯格提出了少数性别假说，认为无论男女，同胞中少数性别的孩子会受到父母的优待，进而其教育获得也相对较多。而康利则认为，同性同胞的存在会形成一种竞争性的、以成就为导向的环境，而异性同胞会形成一种更友善的、不那么进取的环境。

在与西方已有研究对话的基础上，国内的研究通过同胞结构这一概念，系统地理清了家庭内部子女组成的具体形式，具体可以将同胞结构这一概念分为数量结构、性别结构、出生间隔与出生顺序四个子维度。

首先是同胞数量结构与教育获得。在这一维度，学者们的解释

---

① 祁月、史慧静：《"质量—数量权衡"理论在家庭规模对儿童生长发育影响研究领域中的应用》，《中国学校卫生》2020年第5期。

比较统一,一个人的兄弟姐妹越多,越不利于其教育获得。无论区域性的调查研究还是全国数据库的应用研究都证明了同胞数量对个体教育获得存在显著的负效应。如龚继红、钟涨宝基于湖北农村的家庭调查发现,子女少的家庭的家长在教育上的人力投入比子女多的家庭多[1];吴愈晓研究得出家庭或父母能够提供给子女的教育资源(包括经济资源与时间投入等)是有限的,因此,子女的数量越多,分配至每一个孩子的资源量就越少,因而子女的教育成就也就越低。[2]

其次是同胞性别结构与教育获得。性别差异产生的养育成本差异也会对家庭的预算约束以及子女的投资产生很大的影响,性别结构对家庭资源分配的影响主要存在两种假说。受我国传统"重男轻女""养儿防老"观念的影响,国内研究中对男孩偏好假说的认同比较普遍。张秀武概括了性别结构家庭资源分配分层的影响机制[3]:第一,劳动市场上的性别歧视,降低家庭对女性的教育投资;第二,因为父权制思想的存在,女性常被建构成家庭和社区生活中的辅助角色,父母对女孩的教育投资热情本身就低,吴愈晓认为这种性别角色的建构甚至有可能使家庭中的女儿在早期社会化的过程中对女性"主内"的角色形成固定的认识,自发地降低自身的受教育意愿[4];第三,在传统养儿防老的观念中,儿子相对女儿要对父母承担更大的赡养义务,而目前在我国,子女养老仍然是主要的养老途径,这使得父母更倾向于将家庭资源投资在男孩身上。叶华、吴晓刚、

---

[1] 龚继红、钟涨宝:《农村家庭子女性别结构对家庭教育投资行为的影响——湖北省随州市农村家庭的调查》,《青年研究》2005年第3期。
[2] 吴愈晓:《中国城乡居民教育获得的性别差异研究》,《社会》2012年第4期。
[3] 张秀武:《同胞结构影响流动人口家庭子女教育获得的性别差异——基于全国流动人口动态监测调查的研究》,《社会科学辑刊》2020年第4期。
[4] 吴愈晓:《中国城乡居民教育获得的性别差异研究》,《社会》2012年第4期。

吴愈晓、郑磊、方超、曾迪洋、黄斌等人，立足中国城市化、工业化进程，教育扩张，计生政策控制同胞规模使家庭资源约束性得以缓解的社会背景，认为在我国传统文化观念的作用下，男孩偏好当下仍作用于同胞性别结构维度的资源分配。①②③④

最后是出生间隔、出生顺序与教育获得。出生间隔与出生顺序通常是同时放在同胞结构中进行综合考察的。根据资源稀释假说，出生间隔越紧密，对家庭资源稀释作用越大，越不利于家庭的集中投资。台湾有学者对台湾的数据进行了分析，得出家庭更可能牺牲年长孩子的教育机会（尤其是年长的姐姐）以支持年幼孩子（尤其是男孩）的教育，且兄弟姐妹数和出生间隔都对女性的教育获得有不利的影响。张文宏、栾博则引入代内文化资本分析同胞间资源的流动，同胞的文化资本对个人的教育获得有显著的正面作用，且出生间隔越紧密，正面影响越大。⑤张兆曙、戴思源研究认为中国农村多子女家庭的教育资源分配中"末孩优势"的形成，是"代际倾斜"和"代内供给"两种资源协调机制的结果。⑥

在已有研究的基础上，本研究将个体教育获得的影响因素归纳到以下三个层次中，即纯粹结构效应、父母结构效应和同胞结构

---

① 叶华、吴晓刚：《生育率下降与中国男女教育的平等化趋势》，《社会学研究》2011年第5期。
② 吴愈晓：《中国城乡居民教育获得的性别差异研究》，《社会》2012年第4期。
③ 郑磊：《同胞性别结构、家庭内部资源分配与教育获得》，《社会学研究》2013年第5期。
④ 方超、曾迪洋、黄斌：《家庭规模、同胞结构与学龄儿童教育获得——来自中国教育追踪调查的经验证据》，《华中师范大学学报（人文社会科学版）》2020年第2期。
⑤ 张文宏、栾博：《同胞结构、代内文化资本传递与教育获得》，《社会科学战线》2018年第9期。
⑥ 张兆曙、戴思源：《中国农村家庭教育资源分配的"末孩优势"及其影响因素》，《人口学刊》2018年第5期。

效应，结合生育政策转变的社会背景，探究同胞结构性要素以及其他先赋性要素对个体教育获得的影响。本研究根据被调查者拥有的同胞数量把研究对象分别纳入一孩家庭、二孩家庭和多孩家庭（拥有两个以及两个以上的同胞）的范畴来比较分析教育获得影响机制的变化，以求更全面地理解家庭规模间个体教育获得的影响机制和各个先赋性结构层次对个体教育获得的影响程度。本研究主要是想回答以下几个问题：（1）对出生在特定家庭类型的个体而言，先赋性因素对其教育获得的影响机制是怎样的？哪些因素会随着家庭规模变化作用于个体的教育获得？（2）对于多孩家庭和二孩家庭，同胞结构层次中的哪些因素有利于个体教育获得？哪些因素将对个体教育获得产生消极影响？多孩家庭中中间出生的孩子的教育获得是否显著低于最大的孩子和最小的孩子？（3）纯粹结构性要素、父母结构性要素和同胞结构性要素对多孩家庭中的个体教育获得影响程度是怎样的？三者之间存在什么样的关系？

（三）研究假设

研究假设包括两个部分，第一个部分是不同规模的家庭间个体教育获得的对比——对于不同家庭类型的个体来说，影响其教育获得的因素有哪些？在一孩、二孩、多孩家庭之间作用系数的强度将如何变化？第二个部分是比较三种结构效应对多孩家庭中个体教育获得的作用强度。

1. 不同规模的家庭间个体教育获得的对比

不同规模的家庭间回归模型的比较主要是基于资源稀释假说，即在资源受到约束的情况下，随着同胞数量的增多，个体获得的教育资源受到的稀释作用越强。

假设 1：家庭规模越大，各要素对个体教育获得不平等的作用越强。

当增加一个同胞时，对二孩家庭中的个体来说，血缘结构、性别结构、出生间隔结构以及出生顺序结构便形成了。个体所享受到的资源受到父母组成的影响，与同胞同父同母相较于与同胞非同父母来说，教育资源投入受到父母结构的制约可能较小；根据代内资本传递和家庭发展周期，最大的孩子在最小孩子出生前"独占"资源的优势将在最大的孩子对最小的孩子的代内资本的传递中抵消，所以相较于出生顺序，出生间隔对同胞的教育获得的影响更为显著；由于男孩偏好观念的影响，有弟弟和哥哥时资源稀释的作用更强。综上，对二孩家庭类型作出以下研究假设。

假设 2：血缘关系和出生间隔对二孩家庭中的个体的教育获得有显著影响；

假设 2a：有非同父母但有血缘关系的同胞不利于个体的教育获得；

假设 2b：出生间隔对个体教育获得的影响比出生顺序更大；

假设 2c：相较于男性同胞，有女性同胞更有利于个体的教育获得。

多孩家庭中的个体的教育获得除了受到纯粹结构层面和父母结构层面的影响之外，同胞结构层面的每个维度对多孩家庭的个体的教育获得均有显著的影响，而且这种影响是双向的，同胞可能稀释家庭资源，也存在代内资本传递的可能。即同胞结构层次的各个维度对多孩家庭的个体的教育获得均有显著影响，具体的影响机制假设如下。

假设 3：同胞结构层次的各个维度对多孩家庭的个体教育获得均有显著影响；

假设 3a：同胞对个体的教育资源具有显著的稀释作用；

假设 3b：非同父母但有血缘关系的同胞对个体的教育获得具有抑制作用；

假设 3c：当同胞间出生间隔小于 4 年时，同胞资源竞争激烈，对教育资源的稀释作用明显；

假设 3d：出生相对顺序与教育获得之间呈现"V"形关系，中间出生的孩子教育获得程度最低；

假设 3e：同胞性别对个体教育获得的影响程度同时受到性别偏好和代内资本的性别差异传递的影响，拥有异性同胞不利于个体的教育获得，对拥有姐姐对个体来说教育资源的稀释作用最弱。

2. 多孩家庭中三种结构效应对个体教育获得影响的比较

纯粹结构效应、父母结构效应和同胞结构效应对个体教育获得均有显著的影响，且三个层次之间存在相关关系。结构方程模型主要是在理论综述的基础上，对同时具备三个完整结构层次的多孩家庭建立的理论模型，以检验各个结构层次对个体教育获得的影响，研究假设如下。

假设 4：纯粹结构效应、父母结构效应和同胞结构效应对个体教育获得有显著影响，且父母结构效应对个体教育获得的影响程度最大。

（四）数据、变量与研究模型

1. 数据

本节以 CFPS（China Family Panel Studies）中国家庭追踪调查 2010 年基线调查成人数据库为中心数据库，在分析特定变量时将匹配 CFPS2010 年家庭数据库和 CFPS2016 年成人数据库。CFPS2010

年基线调查对象出生年份的跨度为 1900 年至 1994 年。由于新中国成立前后社会环境差异较大并且学制也难以统一，本研究将选取 1950 年及以后出生的调查对象作为本次分析的样本。

2. 变量

（1）因变量

教育获得：本研究旨在理解家庭间和家庭内的个体教育获得的平等性，根据 CFPS 数据库提供的信息，将采用受教育年限作为个体教育获得的测量指标。CFPS2010 年成人数据库采集了受访者受教育年限，而在其 2016 年的追踪调查中，受访者的教育信息是以受访者调查时点接受的最高学历测量，在 CFPS2010 家庭样本中关于父母亲的教育程度采集的也是父母最高学历。受教育程度与教育年限之间的转换见表 7-6。

表 7-6 受教育程度与受教育年限换算

编码	受教育程度	受教育年限换算
1	文盲/半文盲	0
2	小学	6
3	初中	9
4	高中	12
5	大专	15
6	大学本科	16
7	硕士	19
8	博士	22

（2）解释变量

同胞结构、父母结构和纯粹结构三个层次下的各个维度都将作为本研究中的解释变量。对同胞结构效应的测量主要涉及同胞数量、出生间隔、出生顺序，性别结构和血缘关系五个维度，由于本研究涉及一孩、二孩和多孩家庭，因此，在构建模型时，依据家庭规模的不同纳入了不同的变量。在以往的经验研究中，纯粹结构层次下的出生年份、居住地区、户口性质、民族成份和性别一般是作为独立的控制变量进行测量的。对父母结构效应的测量涉及经济资本、政治资本、文化资本和陪伴时间四个维度，陈立娟对家庭文化资本的测量主要是依靠父亲的受教育年限，而叶华、吴晓刚、张文宏、栾博等人研究发现，母亲的受教育年限相较于父亲对个体教育获得的影响更为显著，在对家庭文化资本的测量中，本研究将分别测量父亲和母亲的受教育年限。

同胞结构层面的变量如下。

①同胞数量：CFPS2010 调查了受访者的兄弟姐妹数量信息，同胞数量即拥有多少个兄弟姐妹。

②出生间隔：参照其他研究者的划分依据，当受访者与同胞间的出生间隔小于 4 年时，出生间隔为紧密；大于或等于 4 年时，出生间隔为宽疏。且在我国的教育体制下，高等教育阶段是教育支出最高的一个阶段，一般的高等教育年限为 4 年。数据处理过程中，将受访者与其所有的同胞进行排序，计算极差，用极差除以同胞数量减去 1，所得结果小于 4 即同胞出生间隔紧密，大于或等于 4 即出生间隔宽松。

③出生顺序：和以往的研究测量绝对的出生顺序，即个体的出生位次不同，本研究对出生顺序的测量是基于资源稀释假说理论视角，以及代内资源流动的视角。在一个家庭的演变中，在第二个孩子出生之前最大的孩子作为家里唯一的孩子将受到资源的聚集性投入；对于最小的孩子来说，他们将在哥哥姐姐离家后得到更多的家庭资源的支持，而且我国的文化中存在一定的幼子偏好。相比之下，中间出生的孩子从出生直到离家，都会受到哥哥姐姐和弟弟妹

妹对家庭资源的稀释的影响。本研究将根据同胞信息，对受访者与其同胞进行排序，最终划分出最大、中间、最小的相对出生顺序。

④性别结构：本研究把被访者的性别纳入了纯粹结构层面，而同胞架构层间的变量依旧包括性别结构，这是为了检验少数性别偏好理论在我国社会情境下的适用性。因此在本研究根据是否有异性别同胞将性别结构设置为虚拟变量。

⑤血缘关系：CFPS 基线调查将同胞关系分为以下四类，同父同母、同父异母、同母异父和非血亲关系。本研究在数据处理中，将同胞关系分为同父同母和非同父母两类。

纯粹结构层面的变量如下。

①出生年份：CFPS2010 调查了受访者出生年份信息，即受访者出生年份。

②居住地区：CFPS2010 调查了受访者出生时、3 岁时以及 12 岁时的居住信息，由于结构方程分析对样本缺失值的要求比较高，本研究将选取填答有效率最高的出生时的居住省份作为地区测量标准，将其分为中、东、西三个地区，东部地区为参照组。

③户口性质：选择受访者初步接触教育资源即受访者 3 岁时的户籍信息，农业户口为 0，非农户口为 1。

④民族成份：民族成份作为控制变量分为少数民族和汉族，少数民族为 0，汉族为 1。

⑤性别：根据受访者的填答信息进行编码,女性为 0,男性为 1。

父母结构层面的变量如下。

①家庭 ISEI（社会经济地位指数）：主要使用父亲的 ISEI，父亲的 ISEI 信息缺失时，则用母亲的 ISEI 替代。

②家庭政治资本：家庭问卷调查了受访者父母的政治面貌，包括共产党员、民主党派、共青团员、群众。根据陈立娟的研究，共

产党员和民主党派的身份可使个体有更多机会参与政治行动,在一定程度上代表本人的政治资本,且家庭中的政治资本是可共享的。父母其中一位是中共党员或者民主党派人士即代表该家庭拥有政治资本,有政治资本为1,无为0。

③父母文化资本:本研究分别将父母亲的最高学历转化为父母亲的受教育年限。具体的转化规则见表7-6。

④父母陪伴时间:CFPS2010以周为单位,调查了受访者4岁至12岁期间与父母非共同居住的时间。考虑到长时期内家庭男女分工的差异,将分别测量父亲和母亲的陪伴时间。

（3）样本描述统计

表7-7是针对本研究涉及的测量变量的样本描述统计。因本研究涉及不同规模家庭的比较分析,在三种类型的家庭下对同胞结构的测量存在差异。出生于一孩家庭中的个体没有同胞,因而不存在对同胞结构层面的测量;出生顺序（最大=0）、有哥哥、有姐姐、有弟弟是对二孩家庭中同胞结构的部分维度的测量;性别结构、相对出生顺序（最大、中间、最小）、兄弟姐妹的数量是对多孩家庭下的样本进行的同胞结构层面的测量。

表7-7 样本描述统计

变量	样本量N	均值	标准差	最小值	最大值
教育获得	16292	8.099	4.790	0	22
纯粹结构层面					
性别	16293	0.490	0.500	0	1
出生年份	16293	1966.471	15.705	1950	1994
地区（东）	16281	0.430	0.495	0	1
地区（中）	16281	0.310	0.461	0	1

续表

变量	样本量 N	均值	标准差	最小值	最大值
城乡	16262	0.230	0.421	0	1
民族	16283	0.930	0.251	0	1
父母结构层面					
政治资本	16293	0.130	0.338	0	1
家庭 ISEI	12488	28.400	7.396	19	90
F_edu	15318	4.898	4.470	0	22
M_edu	15459	2.995	4.091	0	22
F_非居住	16155	14.348	61.870	0	384
M_非居住	16178	9.105	51.533	0	384
同胞结构层面					
血缘关系	12899	0.950	0.218	0	1
同胞数量	16293	2.410	1.969	0	13
出生间隔	12899	0.497	0.500	0	1
出生顺序（二孩）	2877	0.464	0.499	0	1
有哥哥	2878	0.234	0.424	0	1
有妹妹	2878	0.214	0.410	0	1
有姐姐	2878	0.229	0.420	0	1
性别结构	10021	0.280	0.795	0	1
最大	10021	0.240	0.425	0	1
最小	10021	0.220	0.412	0	1
中间	10021	0.548	0.498	0	1
哥哥数量	10021	0.860	1.017	0	7

续表

变量	样本量 N	均值	标准差	最小值	最大值
姐姐数量	10021	0.890	1.036	0	8
弟弟数量	10021	0.950	1.005	0	7
妹妹数量	10021	0.880	1.028	0	8

3. 研究模型

根据不同的研究目的，本研究将运用以下两个模型进行数据分析和理论模型检验。

（1）多元线性回归模型

在对一孩家庭、二孩家庭和多孩家庭的对比研究中，因变量受教育年限是连续变量，本研究将通过 SPSS 软件对所划分的三种家庭进行多元线性回归模型（Multivariable Linear Regression Model）分析，其表达式为：

$$Y_i = \alpha + \beta_1 X_1 + \beta_2 X_2 + \cdots + \beta_K X_K + \varepsilon$$

其中，α 为截距，X 为 0 时 Y 的取值；X_k 表示第 K 个解释变量，β_K 表示第 K 个解释变量的系数，即第 K 个变量增加一个单位时，Y 数值的变化，ε 为误差项目。

在本研究中，Y 因变量代表受教育年限，X_k 代表三个层次下的出生年份、居住地区、户籍性质、父亲受教育年限、母亲受教育年限、同胞数量等自变量。

（2）结构方程模型

结构方程模型（Structural Equation Modeling）是一种多元回归分析方法，其又被称为隐变量分析模型，一般用来检验显变量（观察变量）与隐变量（潜在变量）、隐变量（潜在变量）与隐变量（潜在变量）之间的关系。结构方程模型是一种实证分析模型，需要在理论指导的前提下建构假设模型，具有理论先验性的特点。在结构方程模型的分析中，我们将把通过文献梳理总结出的纯粹结构效应、父母结构效应、同胞结构效应以及这三个层次对教育获得的影响作为模型理论假设核心，通过 CFPS 数据样本的使用对理论模型进行检验。

根据上述研究内容，现将研究框架拟定如下，见图 7-1。

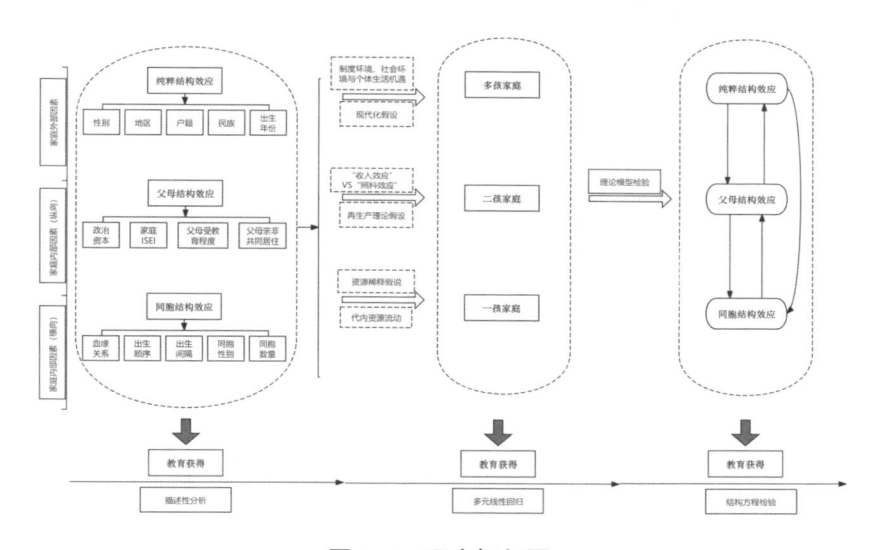

图 7-1 研究框架图

（五）研究结果与讨论

1. 家庭规模间个体教育获得对比

模型 1、模型 2 和模型 4 是未引入同胞结构层次的分析的回归结果，做三类家庭间的横向对比；模型 3 和模型 5 分别在模型 2 和模型 4 的基础上引入了同胞结构层次的变量，以与其做对比。

表 7-8　一孩家庭、二孩家庭、多孩家庭线性回归模型对比

	一孩家庭	二孩家庭		多孩家庭	
	模型 1	模型 2	模型 3	模型 4	模型 5
纯粹结构层面					
性别	0.826***	0.928***	0.915***	1.737***	1.726***
	(−0.121)	(−0.126)	(−0.128)	(−0.076)	(−0.078)
出生年份	0.125***	0.095***	0.096***	0.092***	0.085***
	(−0.004)	(−0.005)	(−0.005)	(−0.003)	(−0.003)
地区（东）	1.136***	1.195***	1.204***	1.054***	1.005***
	(−0.163)	(−0.165)	(−0.166)	(−0.098)	(−0.098)
地区（中）	0.282	0.611***	0.625***	0.882***	0.859***
	(−0.184)	(−0.174)	(−0.174)	(−0.102)	(−0.102)
城乡	2.698***	2.81***	2.816***	3.299***	3.248***
	(−0.147)	(−0.167)	(−0.167)	(−0.105)	(−0.105)
民族	1.200***	0.628**	0.61**	0.67***	0.546***
	(−0.284)	(−0.263)	(−0.263)	(−0.151)	(−0.152)
父母结构层面					
政治资本	0.514**	0.648***	0.651***	0.713***	0.729***
	(−0.192)	(−0.195)	(−0.195)	(−0.113)	(−0.113)
家庭 ISEI	0.011*	0.037***	0.037***	0.03**	0.029**
	(−0.007)	(−0.009)	(−0.009)	(−0.01)	(−0.01)
F_edu	0.136***	0.167***	0.164***	0.159***	0.155***
	(−0.02)	(−0.018)	(−0.018)	(−0.011)	(−0.011)
M_edu	0.116***	0.149***	0.149***	0.146***	0.142***
	(−0.02)	(−0.019)	(−0.019)	(−0.014)	(−0.014)
F_非居住	0.000	−0.001	−0.001	0.000	0.000
	(−0.001)	(−0.001)	(−0.001)	(−0.001)	(−0.001)

续表

	一孩家庭	二孩家庭		多孩家庭	
	模型1	模型2	模型3	模型4	模型5
M_非居住	-0.001	-0.004***	-0.004***	-0.003**	-0.003**
	(-0.001)	(-0.001)	(-0.001)	(-0.001)	(-0.001)
同胞结构层面					
血缘关系			0.376		0.343**
			(-0.407)		(-0.165)
同胞数量					-0.641***
					(-0.137)
出生间隔			0.077		0.15**
			(-0.128)		(-0.082)
哥哥数量			-0.209		0.539***
			(-0.17)		(-0.142)
姐姐数量			-0.060		0.706***
			(-0.175)		(-0.145)
妹妹数量			0.323+		-0.462***
			(-0.175)		(-0.145)
弟弟数量					-0.53***
					(-0.146)
性别结构					0.000
					(-0.056)
最小					0.166
					(-0.124)
最大					0.371**
					(-0.123)

续表

	一孩家庭	二孩家庭		多孩家庭	
	模型1	模型2	模型3	模型4	模型5
常数项	−241.263***	−182.809***	−184.658***	−177.497***	−164.243***
	(−7.87)	(−9.18)	(−9.314)	(−6.225)	(−6.86)
N	3394	2878		10021	
R^2	0.594	0.434	0.435	0.289	0.293

注：***$p < 0.001$；**$p < 0.01$；*$p < 0.05$；+$p < 0.1$，括号内是标准误。

（1）一孩、二孩、多孩家庭间个体教育获得的对比

在对三类家庭的划分中，随着家庭规模增大，性别、户籍和地区对个体教育获得的影响强度变大；父母结构层次下各个维度对个体教育获得的影响显著且在家庭间对个体教育获得的影响较为稳定。

（2）多孩家庭中个体教育获得

在多孩家庭中，同胞数量、血缘关系对个体教育获得有显著的影响。在其他条件不变的情况下，同胞数量每增加一个，教育获得将减少0.641年；有非同父母的血缘关系的同胞的个体相较于拥有的全是同父母血缘关系同胞的个体教育获得少0.343年；同胞间出生间隔大于等于4年比出生间隔小于4年的教育获得多0.15年；哥哥姐姐对个体的教育获得有显著的正向影响，尤其是姐姐，每多拥有一个姐姐，个体受教育年限增加0.706年，弟弟和妹妹与个体的教育获得呈负相关关系，弟弟的数量对个体教育获得的不利影响最为显著，每增加一个弟弟，教育获得将减少0.53年；相对出生顺序位于中间的孩子与最大的孩子相比，教育获得显著减少0.371年，出生最晚和出生于中间的两个变量与教育获得差异的关系不显著；同胞性别结构对个体教育获得影响不显著。在家庭内资源的投资决策的过程中，同胞间性别结构未能打破社会文化定义的男女两性差

异，在纯粹结构层次中的性别结构得以控制的情况下，家庭内的资源分配不存在同胞间的少数性别偏好。

若以个体教育获得作为衡量一个家庭资源投资的标准，出生于三孩家庭中的个体折射了"越穷越生、越生越穷"的纯粹结构效应和父母结构效应，同时也在一定程度上证实了"到大不细、两头受气"的中间出生的孩子的遭遇以及社会上的男孩偏好观念。

2. 不同结构层次下教育获得模型的建构与检验

（1）模型建构

从纯粹结构层次到同胞结构层次，是从宏观的社会环境具体到微观的同胞组成来分析影响个体教育获得的因素。只要处于社会结构中，无论是父母结构层次还是同胞结构层次的各要素，都受到纯粹结构层次中社会制度、社会文化对资源价值的定义和资源机会的分配的影响。如我国从"文化大革命"时期到改革开放后，家庭政治资源和经济资源在个体教育获得中的影响强度存在变化；我国20世纪80年代以来实施的计划生育政策对家庭生育决策甚至有决定性的影响，生育政策通过影响家庭生育决策进而影响到同胞结构。在父母结构层次也有可能以家庭的教育形式弱化纯粹结构对资源的定义，有研究表明随着父母受教育年限的提高，性别间教育获得差异缩小；随着同胞数量的增多，血缘关系的变化也可能会改变父母结构层次和纯粹结构层次的资源影响路径。总之三个层次既独立又具有一定的相关性。本研究提出了三种结构效应下的个体教育获得模型，见图 7-2，模型中单向直线箭头表示因果关系，双箭头曲线意指相关关系。

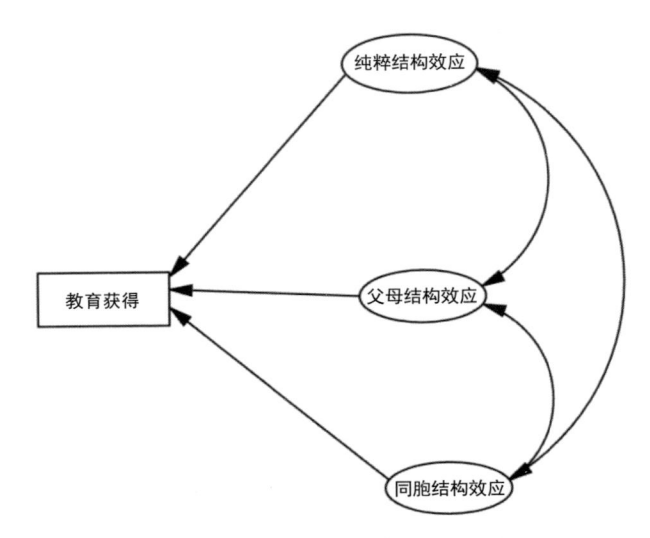

图 7-2　个体教育获得理论建构模型图

（2）模型检验

①数据使用与统计处理

这部分采用 SPSS26.0 和 Amos24.0 对 CFPS 中拥有三个及以上的同胞的样本数据进行统计分析。数据分析将结合 CFPS 基线调查的成人数据库和家庭数据库以及 CFPS2016 年更新的成人数据库的教育信息，在剔除变量缺失值之后，共得到 10021 个样本数据。

结合前面的回归分析结果，不显著的变量不再纳入模型检验，显著性较低不利于模型的信效度检验的变量也将被删除。纯粹结构效应作为一个潜在变量，包括出生年份、性别（女性 =0）、民族（少数民族 =0）、户籍（农业户口 =0）、地区（东、中、西，西部地区为参照组）。父母结构层面的分析剔除了在回归分析中对教育获得没有显著影响的父亲非陪伴时间，母亲非陪伴时间缺失值较多，在分析过程中也将被剔除。家庭 ISEI、家庭政治资源、父亲和母亲的受教育年限将作为观察变量完成对父母结构层次的测量；同胞结构层次的核心变量是同胞数量，同胞数量反向赋值不符合逻辑推断，因此同胞结构层次将整体作为反向得分出现在模型的分析中,包括血缘关系(同父同母=0)、出生间隔(间隔宽疏=0)、同胞性别(全同性别=0),最小的孩子作为参照组以分析同胞出生顺序。

②模型检验结果

通过 SPSS 进行因子分析,KMO 系数值为 0.547,Bartlett 球形检验值 P 值为 0.000,通过显著性检验,研究数据可进行因子分析。

表 7-9　模型拟合指数

统计检验量	拟合的标准或区界值	检验结果
卡方值	至少大于 0.05 水平	P=0.000
GFI	> 0.9	0.9
RMR	0.05 — 0.08	1.085
CFI	> 0.9	0.854
NFI	> 0.9	0.546
CMIN/DF	< 3	92.78

参照陈文娟、姚冠新、徐占东(2012)对 Amos 构建效度的统计检验量和区域值界定[①],数据模型结构检验结果见表 7-9。图 7-3 为非标准化模型分析结果,误差项均为正值。

[①] 陈文娟、姚冠新、徐占东:《大学生创业意愿影响因素实证研究》,《中国高教研究》2012 年第 9 期。

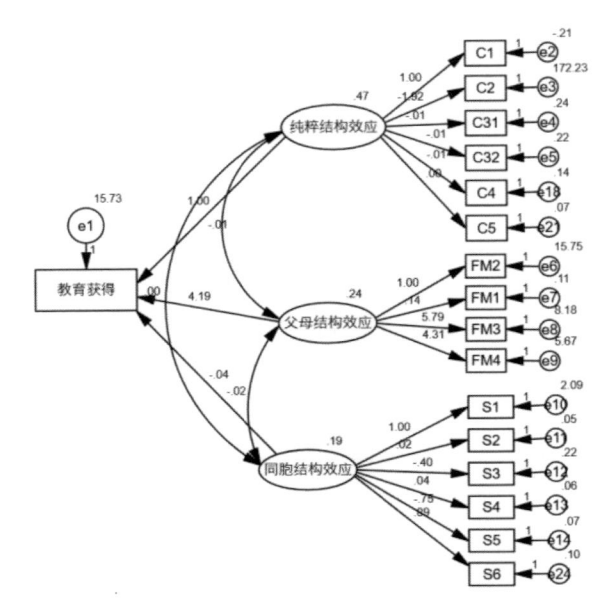

图 7-3　非标准化模型分析结果

根据模型的拟合检验结果可知，研究模型和研究数据之间 GFI 检验通过，由于模型检验所使用的并非针对该研究题目专门设计的问卷，且根据缺失值剔除了大量的个案，被剔除的个案对样本代表性可能会产生影响，进而影响模型的结果，所得出的模型的拟合值未达到区界值要求，且在 SPSS 因子分析中克隆巴赫 Alpha 系数值比较低。但除了模型的配适度之外，AMOS 还提供了各个影响路径的非标准化系数，非标准化系数的显著性以及模型路径系数标准化值，具有探索性分析的价值。

模型分析过程中，设定纯粹结构效应潜在变量对因变量教育获得的回归系数为 1，据表 7-10 可以看出父母结构和同胞结构两个层次对个体教育获得的影响显著。

表 7-10　非标准路径分析和研究假设检验结果

			Estimate	S. E.	C. R.	P
教育获得	<—	纯粹结构效应	1			
教育获得	<—	父母结构效应	4.234	0.432	9.791	***
教育获得	<—	同胞结构效应	-0.314	0.115	2.738	**

注：***$p < 0.001$；**$p < 0.01$；*$p < 0.05$；+$p < 0.1$。

（3）教育获得模型分析与解释

①父母资源在教育资源分配中具有关键性作用

根据表 7-11 的分析结果，三种结构效应对出生于多孩家庭的个体的教育获得有显著的影响；个体教育获得受到父母结构效应影响的程度最大，标准化路径系数为 0.459，其次是纯粹结构效应，对个体教育获得影响程度最小的是同胞结构效应。

表 7-11　假设路径及其标准化路径系数

假设序号	假设内容		标准路径系数
4a	纯粹结构效应	教育获得	0.152
4b	父母结构效应	教育获得	0.459
4c	同胞结构效应	教育获得	-0.038

父母结构层次的资源与个体的教育获得之间的关系是更直接和稳定的，客观社会结构对教育获得的影响低于家庭教育投入和家庭理性选择的影响，同胞结构层次的变量对家庭资源起到稀释的作用，同胞结构层次中各要素对个体教育获得的影响也受到社会宏观环境、家庭占有资源总量的限制。

②三个结构层次间存在结构化关系

除了研究各个层次对教育获得的影响路径系数之外，层次间的相关关系也是本研究的一个分析要点。在分析家庭内外先赋性结构因素对个体教育获得的影响时，对各结构层次之间的关系分析具有理解理论要素之间关系的理论价值和理解社会组成部分之间运作方式的现实意义。

表 7-12 展示了三个结构层次间非标准路径分析相关统计量，三者之间存在显著相关关系。

表 7-12 三个结构层次间非标准路径分析

结构层次关系	Estimate	S.E.	C.R.	P
父母结构层次 <—> 纯粹结构层次	-0.015	0.003	-4.339	***
父母结构层次 <—> 同胞结构层次	-0.032	0.006	-5.454	***
同胞结构层次 <—> 纯粹结构层次	-0.007	0.004	-1.791	**

注：***$p < 0.001$；**$p < 0.01$；*$p < 0.05$；+$p < 0.1$。

表 7-13 三个结构层次间非标准路径分析

结构层次关系	标准路径系数
父母结构层次 <—> 纯粹结构层次	-0.044
父母结构层次 <—> 同胞结构层次	-0.12
同胞结构层次 <—> 纯粹结构层次	-0.019

对于多孩家庭来说，三个层次之间具有相关性，但是比较微弱，父母结构层次和同胞结构层次之间的相关性为 -0.12，作为整体行动的决策者的家庭在生育决策和教育投入中存在质量和数量的权衡，社会环境与二者具有相关性，相关性很小。纯粹结构层次具有定义资源的能力，对该层次的测量包括年份的测量，年份背后是制度的变迁与资源价值定义的变化，在我国不同时期，对经济、政治等资源的定义存在差异，为父母结构层次的变量赋值时，未考虑这一差异，因此，这可能弱化了二者之间的关系。

（六）结论与讨论

当分析的视角离开村落，全国性的数据所展示的个体的教育获得呈现了这样一幅图景——随着家庭规模的增大，性别、城乡、居住地区会加剧家庭间个体教育获得的不平等，家庭再生产的力量对个体教育获得的影响最大，同胞间教育资源分配具有稀释竞争与流动互补的双向性。当面对这些数据带来的结果时，我们的心绪又回落在村庄上，无法不将其与村组的许多人的命运联系起来。他们出生于西部农村的大家庭，从出生的那一刻起，社会分配规则带来的所有的劣势都落在了他们的身上。随着工业化的发展，这部分人或许已经离开村落，暂时流动到城市，但在提及乡村发展时，带着最深村落印记的他们或许是需要关注的对象。当然，多孩家庭模型解释中 R^2 不到 0.3，这一数值较小意味着三个结构层次的变量对多孩家庭中子女教育获得的影响并不大，尽管其中可能存在一些误差，但我们期望社会就是如此，个体更少地受到结构性约束，而可以依靠自身的能动性获得更大的成就。